UM BRINDE À EQUIDADE
celebração da evolução humana

2ª Edição

Editora Appris Ltda.
2.ª Edição - Copyright© 2025 dos autores
Direitos de Edição Reservados à Editora Appris Ltda.

Nenhuma parte desta obra poderá ser utilizada indevidamente, sem estar de acordo com a Lei nº 9.610/98. Se incorreções forem encontradas, serão de exclusiva responsabilidade de seus organizadores. Foi realizado o Depósito Legal na Fundação Biblioteca Nacional, de acordo com as Leis nºs 10.994, de 14/12/2004, e 12.192, de 14/01/2010.

Catalogação na Fonte
Elaborado por: Josefina A. S. Guedes
Bibliotecária CRB 9/870

L638b
2025
	Lessa, Deilza
	   Um brinde à equidade: celebração da evolução humana / Deilza Lessa. – 2. ed. – Curitiba: Appris: Artêra, 2025.
	   283 p. ; 23 cm.
	
	   ISBN 978-65-250-7697-3
	
	   1. Igualdade. 2. Equidade (Direito). 3. Empatia. 4. Direitos humanos 5. Preconceitos. 6. Racismo. 7. Feminicídio. 8. Machismo. 9. Discriminação contra obesos. 10. Homofobia. 11. Violência contra as mulheres. 12. Minorias. 13. Populações vulneráveis. 14. Justiça. I. Título.
	
	                                                                  CDD – 305.5

Editora e Livraria Appris Ltda.
Av. Manoel Ribas, 2265 – Mercês
Curitiba/PR – CEP: 80810-002
Tel. (41) 3156 - 4731
www.editoraappris.com.br

Printed in Brazil
Impresso no Brasil

DEILZA LESSA

UM BRINDE À EQUIDADE
celebração da evolução humana

2ª Edição

Curitiba, PR
2025

FICHA TÉCNICA

EDITORIAL	Augusto V. de A. Coelho
	Sara C. de Andrade Coelho
COMITÊ EDITORIAL	Ana El Achkar (Universo/RJ)
	Andréa Barbosa Gouveia (UFPR)
	Jacques de Lima Ferreira (UNOESC)
	Marília Andrade Torales Campos (UFPR)
	Patrícia L. Torres (PUCPR)
	Roberta Ecleide Kelly (NEPE)
	Toni Reis (UP)
CONSULTORES	Luiz Carlos Oliveira
	Maria Tereza R. Pahl
	Marli C. de Andrade
SUPERVISORA EDITORIAL	Renata C. Lopes
REVISÃO	Bruna Fernanda Martins
DIAGRAMAÇÃO	Amélia Lopes
CAPA E ILUSTRAÇÃO	Walter Lemon
REVISÃO DE PROVA	Ana Beatriz Fonseca

AGRADECIMENTOS

Querido amigo professor e escritor *Alberico Rodrigues*, você foi de grandiosa importância para a conclusão desta obra. Quando manifestou interesse em ler o manuscrito deste meu livro, em primeira mão, fiquei extremamente feliz e honrada! Conheço bem a sua luta na direção do Espaço Cultural *Alberico Rodrigues*, mas seu desprendimento foi de intensa generosidade, considerando seu precioso tempo para essa tarefa.

Concluída sua leitura, quando você me disse: "Seu livro deve ser lido pela humanidade dada a importância dos temas abordados com veracidade", fiquei lisonjeada, pois, sendo você uma referência da literatura brasileira, como professor e autor, sua definição me deu a certeza de estar no caminho certo. Encarei o desafio com coragem para esta publicação!

Meus sinceros agradecimentos por seu companheirismo e apoio!

Profundo agradecimento à minha querida amiga do coração, jornalista *Adriana Perroni*, que brilhantemente prefaciou este livro, com seu extraordinário profissionalismo e competência. E que, generosamente, mesmo com sua vida corrida, contribuiu de modo espetacular com etapas de grandiosa importância desta obra.

Intensos agradecimentos às *tantas mulheres maravilhosas e corajosas*, minhas amigas, vizinhas e conhecidas que gentilmente contaram suas histórias de vida, experiências e realidades impressionantes, ferramentas essenciais para a realização deste livro.

Gratidão às minhas amadas filhas, *Monica e Simone*, que contribuíram de modo especial e fundamental para esta realização!

Enorme agradecimento à Unibes Cultural, essa maravilhosa casa, ícone da Cultura e Arte de São Paulo (Brasil), que me abraçou com o presente do lançamento deste meu livro.

Gratidão a Deus pela oportunidade da criação desta obra!

A autora

APRESENTAÇÃO

Contos que transbordam de amor para tocar corações, germinar flores e amores!

Este livro oferta um brinde à mulher, esse ser esplêndido, mas tão sofrido, excluído, marginalizado e perseguido há séculos! E nos últimos tempos essa violência tem crescido e atingido níveis alarmantes, desde agressão moral, psicológica, física, até feminicídio. Decadência humana em pleno século XXI que não podemos aceitar!

É também um brinde aos homens de bem e a todos os gêneros bem-intencionados!

São contos que somam vivências de mulheres em diferentes etapas da vida delas (dos dez aos cem anos de idade), com ocorrências inusitadas, numa abordagem de suas tantas faces e facetas com plena originalidade e coragem.

São relatos que falam de amor, crença, valores, luta, dor, desejo, respeito, inclusão, preconceito, injustiça, esperança, igualdade com equidade, diversidade e muito mais, expressados por elas com sentimentos nunca revelados com tanta veemência em busca de liberdade e justiça.

As histórias deste livro foram inspiradas na realidade, especialmente para homenagear as mulheres, bravas lutadoras e guerreiras, de muitas origens e estilos, de todos os tempos. Mas vão além, contemplam diversos grupos de pessoas vulneráveis, que necessitam de acolhimento.

Retratam ainda o difícil momento da pandemia, suas consequências, seus impactos e reflexos, no comportamento das pessoas, suas perspectivas e um alerta para a evolução do ser humano e um futuro de paz.

Esta obra foi escrita com sentimento e intenção de puras sementes de amor e justiça, alicerçada na fé de que esse plantio traga ampla colheita de bons frutos. Os frutos de amor, justiça e paz que tanto o mundo precisa.

É edificante quando a arte da literatura reflete a realidade e a incorpora em nossa vida para nos dar a oportunidade de viajarmos em tantos mundos que já vivemos ou desconhecemos, ampliando nosso horizonte, tendo como objetivo o importante cumprimento do seu papel.

É a literatura dando voz a quem precisa e denunciando injustiças, na busca de um mundo melhor e mais justo!

A autora

PREFÁCIO

Cara leitora, caro leitor!

Em tempos de negação de direitos, retrocessos e da enorme angústia causada pela pior crise sanitária do século, esta obra é um presente para quem deseja se tornar um ser humano melhor neste planeta. Não se trata de autoajuda, longe disso, mas nas páginas que sucedem esta breve introdução há personagens inspirados em histórias reais que, certamente, inspirarão reflexões sobre inúmeras injustiças que fazem parte do dia a dia do nosso povo, do nosso país e do mundo. Não posso deixar de avisá-lo(a), porém, que algumas realidades descritas no caminho até a última página podem causar desconforto, indignação ou até mesmo arrependimento, afinal nem sempre nos damos conta de quanto nossas atitudes provocam dor em alguém.

Torço para que você esteja preparado(a) para o mergulho que está prestes a fazer. *Um brinde à equidade* aborda temas sensíveis e, muitas vezes, polêmicos da sociedade contemporânea, na perspectiva de mulheres que, mesmo diante de inúmeras dificuldades ao longo da vida, não se curvaram. É um livro que propõe empatia, respeito ao próximo e acolhimento. Como não se emocionar com as palavras da mãe amorosa que, após ser abandonada pelo marido, criou sozinha os três filhos e, quando eles cresceram, ela descobriu a solidão em um lar onde só restam as lembranças?

Racismo, homofobia, gordofobia, etarismo. Como colocar a cabeça em paz no travesseiro se bem perto de nós há alguém sendo discriminado simplesmente por ser considerado fora do "padrão"?

Os contos desta obra colocam o dedo em diversas feridas. Escancaram as consequências da desigualdade social e de gênero, e criticam a existência, em pleno século XXI, de um sistema patriarcal que insiste em impor às mulheres uma posição inferior à dos homens, tanto no mercado de trabalho quanto nos relacionamentos amorosos. Também debatem a hipocrisia existente no fato de que, hoje, pautas de interesse exclusivamente feminino estão para ser decididas por homens. O machismo ainda impera em muitos ambientes corporativos, nas ruas, dentro das casas. O crescente número de casos de agressões contra mulheres e feminicídios é um retrato dessa realidade.

Escrito nos meses em que a pandemia da Covid-19 ocupava diariamente os noticiários — do início ao fim, com números crescentes de contaminações e mortes pela doença, e concluído em 2022, o livro também faz uma reflexão sobre as possíveis consequências do longo período de isolamento. Muitas delas acabaram se confirmando. Não foram anos fáceis, mas, certamente, muitos de nós tiramos da dor, da dificuldade de adaptação e das perdas, lições importantes que nos fizeram evoluir.

Desejo que esta obra lhe proporcione uma grande experiência. De que vale a leitura de um livro se, ao final dela, não nos sentimos transformados de alguma forma, não é mesmo?

Adriana Perroni

Jornalista

SUMÁRIO

Nordestina, preta e pobre, virei a mesa e ganhei no jogo da vida! 13

Quem sou eu? Não sou hétero, você pensa que é fácil? Entenda 25

Alguns amores, dissabores, muitas dores, na busca da felicidade no amor! 45

Só porque sou gorda? E daí? A minha gordura te incomoda? 66

Discriminação, violência contra a mulher e a origem do machismo, veja por que... 78

Sofri assédio sexual e moral até os 70 anos e, quando criança, fui estuprada 113

Filhos crescem e desaparecem... Síndrome do ninho vazio 137

Meu país não me acolhe...Preciso de um abraço! Quem quer me abraçar? 149

Juventude e mercado de trabalho, engolir sapos ou matar leões? 162

Realidade da mulher cinquentenária ou ++ 174

Saúde, prioridade, complexidade, desafio, vida ou morte! 185

Idade é problema? Tenho 98 anos, consegui essa dádiva! 202

Lei da atração, física quântica e agradecimento antecipado como prova de fé! 218

Casamento não é loteria, é ganhar ou perder! 232

Pandemia – aviva século XXI 240

Feliz Ano Novo! Que sejamos pessoas melhores! 265

Feliz 2022, 2023, 2025, 2050, 2100, até o infinito! 275

Considerações finais 278

Convite 280

NORDESTINA, PRETA E POBRE, VIREI A MESA E GANHEI NO JOGO DA VIDA!

Você pode pensar que minha história é igual a tantas outras, e poderia ser, mas não é! *Eu mudei a minha história*, mas sei que tive e tenho muita sorte. A sorte que falta a tantas mulheres pretas. Porém, não somente isso, é preciso ter gana, determinação, propósito, persistência, muita luta com fé, capacidade e resistência.

Desde criança sofri discriminação por ser mulher e racismo por ser negra. Procurei saber quando e por que começou a escravidão e a discriminação contra a mulher no mundo, mas nunca obtive resposta coerente para essas incoerências. Pela minha ingenuidade de menina, acreditava que quando me tornasse adulta não teria mais que me preocupar com essa discrepância. Enganei-me. Em 2022, com mais de meio século de vida, sofro preconceitos dessa natureza.

Acompanho fatos absurdos que as manchetes das mídias mostram diariamente sobre desrespeito contra a mulher. E as mulheres negras são as maiores vítimas da violência, sejam elas militantes dos direitos humanos na luta dos menos favorecidos, sejam apenas trabalhadoras e donas de casas. Esse genocídio segue mundo afora e não podemos aceitar. Observe que interessante...

O belo filme *Estrelas além do tempo*[1] retrata a história real de três cientistas negras que nos anos 1950 trabalharam na Nasa com importante contribuição e destaque. *Setenta anos depois estamos vivendo um retrocesso com elevado racismo e machismo, fato vergonhoso!*

Importante lembrarmos que o regime de escravidão é milenar e, embora a Lei da Abolição exista há mais de um século no Brasil e em outros países, e há mais de trinta anos tenha sido sancionada no Brasil a Lei do Racismo[2], em 1989, ambas as leis só carecem de ser aplicadas na prática. Até porque mais da metade da população brasileira se declara negra e, segundo dados do IBGE de 2020[3], 56% da população brasileira é negra. *É muita representatividade para nós negros ainda sofrermos tanto racismo!*

Mas a mão de obra escrava segue camuflada, passou para a categoria de subempregos de baixa remuneração, destinada a pessoas negras, principalmente, e a pessoas de algumas nacionalidades, etnias, grupos que são discriminados, como alguns gêneros e pessoas idosas.

É também comprovado maior índice de pessoas negras na informalidade.

Então me pergunto: *a quantas anda a diversidade, a inclusão e a igualdade no meu país, meu Brasil?*

Tenho uma amiga branca que trabalhou como gerente numa rede de lojas, cujo proprietário era um homem branco e racista. Só tinha mulheres trabalhando nas suas lojas porque ele as considerava mais produtivas. Havia homens trabalhando só na área de depósito e transporte. Certa vez minha amiga contratou uma mulher negra. A moça trabalhou uma semana, até que o patrão viu, chamou minha amiga e lhe disse:

— Quem é essa tiziu? Quem a contratou?

Minha amiga respondeu:

---

[1] ESTRELAS além do tempo. Direção: Theodore Melfi. Produção: Donna Gigliotti, Peter Chernin, Jenno Topping, Pharrell Williams, Theodore Melfi. Estados Unidos: Fox 2000 Pictures, 2016. Filme (127 min).

[2] BRASIL. Lei n.º 7.716, de 5 de janeiro de 1989. Define os crimes resultantes de preconceito de raça ou de cor. **Diário Oficial da União**: seção 1, Brasília, DF, 6 jan. 1989.

[3] PRUDENTE, Eunice. Dados do IBGE mostram que 54% da população brasileira é negra. **Jornal da USP**, 31 jul. 2020. Disponível em: https://jornal.usp.br/radio-usp/dados-do-ibge-mostram-que-54-da-populacao-brasileira-e-negra/. Acesso em: 10 jan. 2025.

— Eu contratei!

O tal patrão racista lhe disse:

— Então trate de demiti-la já e nunca mais contrate essas neguinhas para trabalhar nas minhas lojas, nem que seja na área de limpeza, entendeu?

Minha amiga respondeu-lhe:

— Desculpe, mas a moça está trabalhando bem, não tenho razão para demiti-la.

O homem, enfurecido, respondeu:

— Então não demita, eu a demito, e também demito você.

Tenho uma amiga preta que, assim como eu, sofreu e sofre com o racismo. Aliás, que pessoa negra nunca sofreu com racismo? Ela me contou recentemente que, na busca de trabalho, deixou de botar sua foto no currículo porque percebeu claramente que nunca a chamavam, e sem a foto sim. Porém, após apresentação pessoal, não havia evolução no processo seletivo. Sempre davam alguma desculpa.

Sou vizinha de um casal branco que adotou duas crianças pretas. Eles me contaram algumas histórias de racismo desde a adoção dos filhos, há anos e na atualidade. Seus filhos, quando crianças, sofreram racismo em algumas escolas, praticado por crianças, pais de crianças e até por professores. Foram barrados em parques, ou quando os pais chegavam com os filhos em determinados lugares percebiam os olhares de censura e até abandono do lugar.

Atualmente os filhos deles são adolescentes e passam com certa frequência por situações vexatórias, constrangedoras, de racismo com seguranças de supermercados, farmácias, outras pessoas, em diversos lugares, principalmente quando estão sozinhos. É fato, a contínua reprodução do racismo segue!

Agora convido você a conhecer a minha história, que começa aqui. Saí do Nordeste, do meio da Caatinga, ainda menina, cansada de viver com tanta miséria. Prometi a mim mesma e aos meus pais que iria vencer e tirá-los daquela vida medonha. Para isso, eu precisava me transformar, criar uma conexão favorável e sabia que só conseguiria essa mudança por meio dos estudos, da educação. Para mim, estava bem claro que eu precisava estudar e lutar muito.

Conheci muitas meninas, nas mesmas condições que eu, que infelizmente se prostituíram ou entraram para o mundo das drogas. Mas eu não queria ter essa vida. Menina negra, pobre, nordestina e sem estudo, o que eu podia esperar do futuro?

Fui trabalhar, aos dez anos de idade, como empregada doméstica, numa casa de família e agradecia a Deus todo dia por essa família ter me empregado, pois, naquela época, há mais de meio século, era comum muitas famílias não empregarem pessoas pretas.

Para minha sorte era uma família de mente aberta e bom coração, que entendeu meu desejo e me permitiu estudar. Tive amigas negras e brancas que trabalhavam como empregadas domésticas, mas seus patrões as proibiam de estudar, e ainda diziam às meninas pretas, "negrinhas metidas, estudar para quê?" Outros as exploravam na carga horária de trabalho, o que as impossibilitava de estudar. Fui agraciada, trabalhei muitos anos com a mesma família e também estudava. Concluído o ensino médio, eu queria mais. *Queria cursar uma faculdade, e essa minha decisão foi de fato um divisor de águas na minha vida!*

A filha mais velha dessa família ia cursar faculdade em outro estado e seus pais buscavam equacionar tal necessidade. Eles não tinham parentes na cidade onde a filha estudaria, nem podiam mudar-se para lá devido aos negócios da família. Como sempre fui muito madura e ajuizada, eles confiaram a mim os cuidados com a filha. Sabiam do meu desejo de cursar uma faculdade e, assim, pediram-me que fosse morar com a garota em outro estado. Depositaram em mim todo o crédito para eu cuidar dela. Fiquei grandemente gratificada com tamanha confiança, consideração e, claro, aumentava ainda mais a minha responsabilidade. Eu sabia que não poderia jamais falhar. Iria continuar como empregada que cuidaria da casa, da comida e das roupas da jovem. Porém à noite eu podia cursar a minha tão sonhada faculdade, e meus patrões pagariam meus estudos. Uma verdadeira bênção!

Quando eles me fizeram essa proposta, me disseram:

— Rizia, você aceita tomar conta da nossa filha em nosso lugar?

Eu na hora pensei: "Meu Deus! Essa é uma oportunidade rara para minha condição! Sou mesmo uma garota de muita sorte!". De imediato aceitei o desafio, agradeci e segui viagem com a jovem para o nosso destino. Embora a filha dos meus patrões fosse apenas um pouco mais nova que eu, cuidei dela como quem cuida de uma filha. Cumpri o papel que me foi confiado com grande estima, comprometimento e êxito.

Anos depois estávamos formadas na faculdade e logo imaginei que a partir dali nosso vínculo estaria encerrado. Isso me deixava triste porque tínhamos nos tornado amigas e eu me apegado demais à garota. Mas eu sabia que pertencíamos a realidades completamente diferentes e não alimentei expectativas. Para minha alegria, não nos separamos, permanecemos amigas. Ela namorava um rapaz, filho de empresário, eu estagiava há um ano numa grande empresa. Veja minha gratificante surpresa! Certo dia eu e a Helena, durante uma conversa informal, descobrimos que a empresa na qual eu estagiava era do pai do seu namorado. Ela então me ajudou e dessa forma fui efetivada. Era o empurrão de que eu precisava! *Abracei a oportunidade como quem abraça um grande amor!* Minhas perspectivas apontavam que muito eu precisava remar contra as marés, que eu tinha que cavar minha acessibilidade. Lutei com afinco e determinação, ofereci o meu melhor, e tempos depois recebi mais promoções e cheguei à gerência.

Fiquei anos trabalhando naquela empresa. Consegui oferecer aos meus pais uma vida digna e tranquila na velhice deles. Sofri preconceitos por ser mulher negra e nordestina! Não dá para escapar das pessoas preconceituosas e racistas. Havia colegas de trabalho que nas minhas costas riam do meu sotaque nordestino e me chamavam de macaca. Riam e faziam piadas do meu cabelo crespo e da cor da minha pele. Eu ignorava, fingia não ter conhecimento daquelas barbaridades e seguia em frente, rumo aos meus objetivos, e continuei a estudar, fiz pós, mestrado e doutorado. Saí dessa empresa após muitos anos de trabalho a convite de outra empresa do mesmo segmento e saí como vencedora!

A propósito, colegas de trabalho que zombavam de mim e agiam com total falta de respeito, praticando racismo, não foram bem-sucedidos.

Estagnaram-se em suas profissões. Eu jamais os prejudiquei de nenhuma forma em minha gestão. Sempre acreditei que a vida exerce a verdadeira lei de causa e efeito. Eles não levaram suas carreiras profissionais com a devida seriedade e comprometimento.

Nessa outra empresa ingressei como gerente, os tempos eram outros. Evidentemente que o preconceito e o racismo continuavam, mas minha capacidade fazia a diferença para as pessoas me respeitarem. Conquistei patamares nunca imaginados por mim, uma mulher negra, pobre e nordestina. Sabia que tinha o meu valor, mas sei que Deus me permitiu ir além.

Anos depois fui promovida a diretora e mais adiante passei a vice-presidente. Já tinha motivo de sobra para celebrar minha vitória por assumir cargo de VP de uma grande organização de segmento, com predominância de homens. Eu pensava: "Meu Deus, como sou abençoada e grata por tudo o que tenho e conquistei. Mas agradeço principalmente por ser o que sou, mulher lutadora, desafiadora, resistente e competente". Dessa forma conquistei respeito e reconhecimento, sendo negra, nordestina e mulher, numa sociedade de desigualdade social e cultural severa! Atuo num segmento predominantemente masculino e alcancei sucesso com louvor, ocupando alto cargo de comando na liderança de pessoas diversas, e assim eu pensava: "Se eu morresse hoje já me daria por satisfeita!" Avaliava que havia vencido etapas grandiosas, apesar de ter tido todas as condições de ser fadada ao fracasso. Mesmo assim, por vezes, me batia o medo de falhar. *Ser mulher é sinônimo de: é proibido falhar. Preta, então, muito mais!*

O fantasma da solidão me incomodava. Não tinha mais a alegre companhia da boa amiga Helena, que havia se casado. O mundo girava, o tempo corria e tudo fazia parte daquela longa trajetória de aspirações, necessidades, sede de viver e vencer, pois *a vida não oferece espaço para fracos ou fracassados.* Eu sabia que já havia me tornado uma vencedora, mas precisava ajudar outras pessoas.

Importante lembrar que não existe o "cheguei a nada". Você constrói uma estrada, uma jornada, mas seu histórico quase nunca lhe será a garantia de alguma coisa. Será no máximo uma referência. Você precisa no dia a dia construir o seu hoje e provar que permanece capaz para prosperar no amanhã, sem esquecer jamais de ajudar o próximo a chegar lá.

O tijolo por tijolo é o nosso pão de cada dia, de hoje, de amanhã e de sempre! Uma obra gigantesca e infinita. Provar diariamente o quão você é capaz é a frase de ordem (sempre), e não é tarefa fácil na selva de leões, lobos, cobras e raposas preconceituosos e racistas! E, se você nada disso tem a oferecer à vida, considere-se morto, pois já está pronto para sucumbir!

E se a vida não tiver nenhuma simpatia nem admiração por você, sua história, você estará fadado ao insucesso e à morte precoce. Triste e trágico? Pode ser, mas é a realidade. Foi e tem sido assim a minha vida e a de milhões de pessoas.

Se você não nasceu em berço de ouro, não se casou com uma pessoa nascida em berço de ouro nem ganhou na loteria, a receita já foi preestabelecida pela lei da vida e é severa. Não dá para mudar essa regra! Você tem que fazer muito bem-feita a sua lição de casa. Eu compreendi essa ordem dos fatos desde pequenina. Mesmo antes de entender essa lógica já agia seguindo o conceito por puro instinto.

Ainda criança ajudava meus pais em seus pequenos e modestos negócios. Fazia brinquedos de ossos de cadáveres de animais, pintava-os e os vendia por pequeno preço para crianças pobres, porém não mais do que eu, que vivia na extrema pobreza. Gostava de sentir-me útil e de ajudar meus pais a ganhar algum dinheiro. Eu dizia e ainda digo todo dia para mim mesma: *"Sou como soca de cana, me corte que eu renasço sempre!"* Essa frase eu ouvia no Nordeste quando criança e adotei para minha vida por ela se encaixar perfeitamente no modo como vivia. Adiante assisti ao TUOV — Teatro Popular União e Olho Vivo –, do grande dramaturgo César Vieira, e novamente ouvi essa frase. Desconheço a autoria desta frase, talvez seja do próprio TUOV:

"A vida lhe dá vida e espera que você a viva com força, perseverança, fé, garra e siga sua luta insaciável até o alcance da vitória!" Esse é o retorno e a dívida que cada um de nós precisa saldar com ela!

Após anos a fio de muita luta no mundo corporativo, numa caminhada longa compenetrada, galguei novos horizontes, atingi melhores e relevantes patamares. Evidentemente que a disputa e a competição permaneciam, mas, de certa forma, mais amenas, porque me sentia fortalecida pelo conhecimento e pela experiência adquiridos. Tinha mais traquejo e habilidade para tramitar nas áreas inimigas. As preocupações e responsabilidades eram outras, porque os tempos, os valores e as necessidades também haviam se transformado. Pude ter o prazer de usufruir do resultado do meu trabalho no mundo corporativo, no qual ainda impera o machismo, e eu, mulher, nordestina e negra, estava inserida nele em destaque. Uma verdadeira glória!

Reconheço como é difícil para uma mulher nordestina e negra se destacar em qualquer área numa sociedade racista e machista, e eu cheguei ao topo no mundo corporativo, e é com muito orgulho que afirmo ter reunido condições, competência e respeito para tornar-me uma sumidade no "mundo dos homens, dos negócios". Digo mundo dos homens porque o machismo é implacável! Mas abomino essa prática e sempre lutarei para mudar essa mentalidade retrógrada.

Sou considerada por muitos uma mulher milagre. Cheguei ao grau máximo hierárquico de uma grande e renomada organização, de segmento, até então, dominado por homens. E, após anos de trabalho, dedicação, elevado conhecimento e vasta experiência, abri minha própria empresa do mesmo segmento e hoje tenho mais de 300 colaboradores, equipe de muita diversidade e não apenas de gênero. Venci e deixo aqui o meu recado: *Tentaram me fazer de vítima, não me vitimei. Quiseram me limitar, não acreditei nem aceitei. A limitação é uma mentira que não me limita!*

Combati a discriminação com inteligência, dignidade e competência. Asseguro que a vítima do preconceito não deve se sentir vitimada, acuada ou inferiorizada e jamais se entregar, se dar por vencida. *Seja você também a soca de cana!* Sempre acredite que a maior vítima é seu atacante, porque é um infeliz dominado pela pobreza do preconceito e da ignorância. Não me considero uma mulher milagre por ser mulher, nordestina e negra. Sou apenas uma mulher lutadora que nunca desistiu. *Ser mulher é sinônimo de resistência vitalícia, e preta muito mais!*

Você, pessoa negra, se orgulhe sempre do que você é, mas não negue a existência do racismo (não se iluda, ele existe). Negar a existência, omitir que nunca sofreu ou sofre com esse mal é alimentar preconceito racial, pessoal, mesmo que inconscientemente. Negar o racismo existente não o resolve, não é se enganando com negacionismo que se resolve essa questão, mas sim se conscientizando e lutando para combatê-lo.

Foque o seu objetivo com garra e determinação, sem dar ouvidos à estupidez da ignorância que afunda tantas pessoas. Deixe que elas acabem por descobrir que estão naufragadas no mar da própria destruição. Lute com sua imensa força interior, que habita em você. Tenha foco e fé, que certamente alcançará a vitória.

Lembre-se de inúmeras mulheres negras maravilhosas, em todo o mundo, grandes guerreiras de diversas nacionalidades, origens e culturas, que lutaram e venceram. Cito aqui primeiramente nomes de algumas mulheres negras guerreiras brasileiras, mas também outras mulheres negras espetaculares de tantos países que se destacaram, fizeram ou ainda fazem importantes histórias.

Sei que é uma pequena amostra entre tantas mulheres negras fantásticas, mundo afora, com belas histórias no decorrer dos tempos. A lista é imensa e lamentavelmente não poderei citar todas, não caberia neste livro. Agradeço a todas as mulheres do mundo, independentemente de nacionalidade, etnia, gênero, crença, religião ou condição qualquer, que lutaram e lutam pelos seus direitos e por um mundo melhor e mais justo. *A elas minha eterna gratidão e respeito!*

Dandara de Palmares — Lutadora contra o sistema escravocrata, século XVII.

Maria Firmina dos Reis — Primeira romancista negra, abolicionista. Publicou livro em 1860.

Antonieta Barros — Primeira deputada estadual mulher e negra.

Ruth de Souza — A Primeira-dama negra do teatro brasileiro. A primeira atriz brasileira a disputar um prêmio internacional.

Glória Maria — Primeira jornalista e repórter negra na televisão brasileira em 1971.

Djamila Taís Ribeiro dos Santos — Filósofa, feminista, negra, escritora e acadêmica brasileira.

Carolina Maria de Jesus — É uma das mais importantes escritoras negras de literatura.

Conceição Evaristo — De grande importância para a literatura brasileira contemporânea.

Conheça o talento dessas oito cientistas negras brasileiras do ramo de exatas, humanas e biológicas, que superaram o machismo acadêmico e o racismo:

Enedina Alves Marques — Primeira mulher negra a se formar em Engenharia no Brasil.

Viviane dos Santos Barbosa — Desenvolveu pesquisa com catalisadores, projeto premiado.

Maria Beatriz do Nascimento — Dedicou sua vida para que a temática étnico-racial ganhasse visibilidade no Brasil.

Sonia Guimarães — A primeira negra brasileira doutora em física pela University of Manchester Institute.

Simone Maia Evaristo — Bióloga e citotecnologista.

Luiza Bairros — Forte voz no combate à discriminação racial no Brasil.

Anita Canavarro — É presidenta da Associação Brasileira de Pesquisadores(as) Negros(as).

Katemari Rosa — É física e professora na Universidade Federal de Campina Grande (UFCG).

Para concluir, destaco algumas mulheres negras extraordinárias de tantos países que nos inspiram e nos honram com seus exemplos de magníficas atuações, que fizeram ou ainda fazem importantes histórias para um mundo melhor.

Ellen Johnson Sirleaf — Liberiana, ganhadora do Nobel da Paz, é a primeira mulher chefe de Estado da África.

Michelle Obama — Grande motivadora para outras mulheres, exemplo de profissionalismo.

Mae Jemison — Embarcou na missão STS-47, ônibus espacial da Nasa. Foi a primeira astronauta negra da história no programa de formação de astronautas da Nasa (1992).

Rosa Parks — Tornou-se símbolo da luta pela igualdade racial em 1955, nos Estados Unidos.

Toni Morrison — Foi a primeira mulher negra a receber um prêmio Nobel de Literatura.

Oprah Winfrey — Foi eleita pela revista *Forbes* a mulher mais rica do ramo de entretenimento.

Viola Davis — Atriz com quatro indicações ao Oscar, reconhecida pela Academia.

Wangari Maathai — Foi a primeira mulher africana a receber o prêmio Nobel da Paz.

Hattie McDaniel — A primeira pessoa negra a ganhar um Oscar em 1939, como atriz coadjuvante no filme *E o vento levou*.

bell hooks[4] — Foi professora, pensadora, escritora e ativista negra norte-americana.

Chimamanda Ngozi Adichie — É uma escritora nigeriana que defende o feminismo.

Essas são apenas algumas das tantas mulheres pretas magníficas que fizeram e fazem nobres histórias há séculos no mundo!

Como mulher negra que sou, estou feliz com minhas conquistas e com as conquistas de tantas mulheres pretas. Somos mulheres bem-intencionadas, lutadoras na construção de um mundo melhor.

Todos nós temos o dever de ser agentes de transformação social.

---

[4] Esse é o pseudônimo de Gloria Jean Watkins, escolhido em homenagem a sua mãe e avó, grafado em minúscula num posicionamento político dela de dar ênfase a seus livros, não a sua pessoa.

Após essa pequena mostra de grande valor, podemos traduzir com plena convicção que a *mulher preta é heroína, vidas negras somam importante valor e muito importam!*

QUEM SOU EU?
NÃO SOU HÉTERO,
VOCÊ PENSA QUE É FÁCIL?
ENTENDA

Escuto muita gente falar, dar palpite, criticar, censurar, julgar e até condenar as pessoas que não são hétero, que são de outros gêneros e não são compreendidas. Essas pessoas sofrem muita discriminação, preconceito, bullying, ódio, intolerância, violência moral, psicológica, física e até assassinato. Muitas pessoas se referem a nós com censura e desrespeito por termos escolhido ser como somos. *Mas isso não é verdade! Não escolhemos!* Afirmo que ninguém escolhe ser LGBTQIA+. Se existe alguém que fez essa escolha espontaneamente, desconheço, e olha que meu conhecimento desse universo é bem amplo.

Momento oportuno para citar uma triste realidade do Brasil e de outros países. A homofobia já matou milhões de LGBTQIA+ e segue matando. O Brasil tem liderado esse triste ranking nos últimos anos[5].

Faço parte desse triste universo de risco. Sou uma mulher lésbica. Sei que sempre fui assim, nasci assim, mas a certeza veio só na minha adolescência. Sofri e sofro em cada poro as maldades sem consistência da sociedade. Por isso resolvi contar a minha história principalmente para

---

[5] ESTEVES, Alessandra. Brasil é campeão no ranking de crimes contra pessoas LGBTQI+. **Agência Brasil**, Brasília, 11 maio 2023. Disponível em: https://agenciabrasil.ebc.com.br/radioagencia-nacional/direitos-humanos/audio/2023-05/brasil-e-campeao-no-ranking-de-crimes-contra-pessoas-lgbtqi. Acesso em: 14 jan. 2025.

exemplificar de maneira detalhada o que é e como é. E garanto que não é uma escolha nem uma opção, é uma condição pela afinidade e identificação de gênero inata, constatada, latente, predominante; é assim que eu lésbica entendo com convicção.

Considero importante e fundamental enfatizar não ser uma opção e vou explicar de modo esclarecedor, com precisão, nessa minha história, para que não haja mais dúvida sobre o tema, porque enxergo que a falta de informação adequada faz crescer a homofobia.

Desde pequena, mas principalmente a partir dos meus dez anos, já notava particularidades que me difeririam das outras meninas da minha idade. Desde hábitos, forma de pensar, agir, sentir, entre outras muitas situações. Tenho irmãos, todos héteros.

Na minha adolescência passei a usar as roupas do meu irmão para incômodo dos meus pais e de todos da família. Fase em que eu era uma garota que não gostava de maquiagem, nem de vestidos ou de trajes femininos. Gostava de vestir-me com roupas masculinas.

Importante esclarecer que nem toda lésbica se veste com roupas masculinas — não é a vestimenta que aponta, define ou identifica a orientação sexual de uma pessoa.

Foi na adolescência que me descobri tendo interesse por outras meninas. Queria conhecê-las em todos os sentidos. Essa curiosidade e desejo eu não sentia por garotos.

Na minha escola tinha um menino muito bonito e as garotas se atiravam para cima dele e ele demonstrava interesse por mim. Comentavam que ele queria me namorar e eu fugia dele. Até que um dia, numa festa de formatura da escola, minha mãe fez questão de produzir-me como uma adolescente comum, a rigor, ou pior, "como uma menina devia vestir-se", em conformidade com seu entendimento. Contrariada fui do jeito dela naquela festa. Sentia-me fantasiada, mas para agradá-la encarei o desafio.

O garoto apareceu, me tirou para dançar. Dançamos e ele foi bem bacana. Tive a oportunidade de conhecê-lo um pouco e gostei dele. Ele tinha bom papo, era extrovertido, contudo não houve interesse de minha parte em namorá-lo.

No final da festa continuamos a conversar e ele me beijou. Permiti e até correspondi ao beijo, porque naquele momento queria ter aquela experiência, mas sinceramente não gostei. Achei o beijo nojento e saí correndo. Nossa! Foi o meu primeiro beijo e um desastre! Creio que o garoto nada entendeu daquela minha postura.

Depois desse dia fiquei meses sem falar com ele e o evitava. Entendi que o tal beijo concedido por mim foi o impulso necessário que eu precisava, do tipo, "a hora da verdade". O teste para que eu tomasse uma atitude. A partir desse dia percebi claramente que de fato havia algo diferente comigo — aquele garoto era o sonho de muitas meninas do meu colégio e não senti absolutamente nada por ele, antes, durante nem depois do beijo! Literalmente não houve atração e nenhum interesse. Pelo contrário, durante o beijo lembrei-me de uma garota encantadora (aos meus olhos), na qual, com frequência, me pegava pensando de modo especial. Diante disso, perguntei a mim mesma: "Vamos refletir e entender tudo isso? Creio que é chegada a hora de você se descobrir, se entender, ajustar-se e saber quem você é de fato, não acha?" Como uma louca respondi em pensamento para mim mesma: "É claro que sim! Não dá mais para viver com todo esse conflito!"

Obviamente eu já desconfiava da probabilidade de ser lésbica, mas não suportava essa possibilidade e só de pensar entrava em pânico e rezava todo dia para não ser. Eu até era homofóbica e me odiava por me sentir assim, pois nunca cultivei preconceitos de qualquer natureza. Nessa época eu não entendia que minha homofobia era uma autodefesa. Meu grande temor de ser lésbica me fazia alimentar ódio de pessoas LGBTQIA+. Essa constatação só veio depois!

Procurei ajuda terapêutica na expectativa de me conhecer melhor, me entender, alcançar a imensidão daqueles meus desejos instintivos indesejáveis, mas também para reduzir o terrível sentimento de ódio causado pela homofobia que tão mal me fazia. O sofrimento que o turbilhão de dúvidas e sentimentos ruins me causava era gigantesco. Foi um período muito conturbado e sofrido. Perguntava-me: "Afinal, o que sou?" Nasci fadada a ser uma mulher por ter nascido com o sexo feminino, mas tenho que ser feminina, nos moldes que a minha família deseja, porém com a cabeça que pensa como homem? É isso? Não!"

Não era isso! Seria o quê? Por acaso eu estava me transformando em homem? Seria isso?

Não! Também não era nada disso! Então, o que era aquele enigma? Estava equivocada, desesperada com a probabilidade da confirmação, repleta de dúvidas. Com o passar do tempo, muita terapia e estudo, fui me enriquecendo de informação, lendo e sendo orientada, até que adquiri conhecimento sobre mim mesma, sobre meu corpo, minha forma de pensar, ser e agir, e finalmente descobri que sou lésbica!

Não foi o que planejei para a minha vida, e se pudesse escolher não o seria pela dificuldade existente para a pessoa LGBTQIA+ se estabelecer e ser acolhida pela sociedade! Sofri grande impacto e fiz terapia por mais alguns anos, na busca de aceitar-me dentro dessa nova descoberta de quem eu sou, já que não havia outra escolha.

Entendi que o fato de gostar de garotas não me fazia pensar como homem ou tornar-me um. Eu nasci menina e continuaria a ser mulher. No entanto, descobrir e admitir que sou lésbica foi um martírio! Demorei em aceitar essa realidade e por muito tempo fui vítima de mim mesma, dos meus preconceitos e da minha autorrejeição, sentimentos que me dilaceravam e me aprisionavam.

Nessa fase descobria de modo esclarecedor que a minha homofobia era oriunda de intuir que eu era lésbica e pela não aceitação da minha realidade. Ou seja, era ódio de mim mesma. Eu não me aceitava nem respeitava os LGBTQIA+. Logo, eu não me respeitava! Eu era preconceituosa, ignorante, considerava-me uma aberração da natureza e não me alcançava da forma que de fato era e sou. E creia, muitos homofóbicos são assim por essa razão, não são héteros, já sabem ou intuem, e procuram se blindar, se escondem atrás do preconceito, da intolerância e do ódio para mascarar seu verdadeiro gênero, muitas vezes de modo inconsciente. Conheci muitos assim!

Quando me vi desnuda diante do meu eu real, sofri demais, questionei-me e também a Deus com muitos "por quês?". E essa minha autorrejeição me trazia descontrole, embate e combate, o que me deixava ainda mais infeliz.

Quase toda pessoa que passa por essa experiência certamente entra num longo estágio de dúvida, incompreensão, sofrimento, questionamento, medo e até vergonha por não fazer parte do mundo "considerado normal", comum ou tradicional, ditado pelos protocolos das convenções da sociedade ditadora de regras. O receio é gigantesco do que a família, os amigos e a sociedade vão achar. E ela própria, principalmente, como se encaixará nessa sua nova realidade perante o mundo?

A pessoa consciente dessa sua realidade já passou por um caminho longo, turbulento, espinhoso, e a aceitação acontece após muito autoquestionamento, resistência, sofrimento, luta, mergulho interior, profundo estudo e autorreflexão (do seu eu e do quem sou eu) até o entendimento e aceitação! Esse alcance, muitas vezes, só acontece bem adiante e por não haver alternativa. A pessoa já tentou dissipar a existência desse sentimento, desejo e sinalização, por anos, mas sem êxito. As tendências foram mais fortes que ela, portanto, tentativas sem sucesso obrigaram-na a aceitar-se dentro da sua exata forma de gênero, sua orientação sexual para sua libertação. E aqueles que persistem na relutância permanecem contrariados, escravizados, oprimidos, presos, perdidos, não se encontram nem são felizes... *Estão fora do eixo, desconectados da sua essência!*

Existe muito LGBTQIA+ desordenado, sem conectividade porque não se aceita nem assume a sua realidade e, contrariando a natureza da sua essência, continua se enganando ou tentando fugir da sua realidade. Casam-se com o sexo oposto, constituem família, têm filhos, até que não suportam mais o peso da farsa de viver um personagem da ficção na vida real, sem se estabelecer nem firmar sustentabilidade real. Separam-se, libertam-se, se assumem dentro da sua realidade de gênero. Finalmente se reconectam com sua essência e se encontram. Conheci diversos casos assim. Mas nada disso é fácil e exige muita coragem, vasta luta e longo e árduo caminho.

Atualmente o preconceito ainda é grande, mas muita coisa já melhorou. É até permitido o casamento entre duas pessoas do mesmo sexo no

Brasil e em alguns países, equiparação aos LGBTQIA+. A homofobia é criminalizada, está atrelada a Lei de Racismo (Lei n.º 7.716/1989), os casais homoafetivos têm direito à adoção, entre outros avanços. Quem acreditaria nisso há cem anos? Os jovens LGBTQIA+ da atualidade sofrem preconceito, mas devido a lutas, conquistas e leis conseguem se assumir com maior facilidade que os não héteros do passado, os quais hoje são idosos e muitos seguem isolados, acuados, prisioneiros dos seus conflitos.

Conheço um "casal" nascido nos anos 1960, casados há quarenta anos. Tiveram dois filhos do sexo masculino, um hétero e um gay. O pai abomina o filho gay. O relacionamento deles é superficial, escasso, triste, desgastante, repleto de desentendimentos, ressentimentos, preconceitos, conflitos. Embora o filho gay não more na casa dos pais, quando se encontram não se entendem, apenas se toleram.

O pai esconde que tem um filho gay. Pai e filho sofrem demais com essa dor. Mas o pior ainda está por vir! Esse casal é amigo de minha mãe e recentemente a mulher confessou a minha mãe que ela e o marido vivem há mais de 25 anos sem relações íntimas. Porque o marido, com muito custo, pressionado por ela, revelou ser gay. No entanto, pediu encarecidamente à esposa que nunca se separe dele e guarde seu segredo.

Eles dizem se amarem mesmo vivendo nessas condições, mas não é o que demonstram, porque se maltratam até publicamente. Permanecem juntos numa relação infeliz, por conveniência, puro medo e preconceito; cada um toca sua vida, mas estão constantemente se agredindo com palavras, numa atmosfera pesada, desarmonizada. Consequências de problemas de sexualidade não resolvidos, preconceito, mágoas e revoltas, conforme presenciei. Tal condição me fez lembrar da *Lei de Maslow* (das cinco necessidades básicas do ser humano, a fisiológica é a principal).

E toda essa teia de sofrimento do casal e da família foi criada pelo medo do marido e pai que nunca teve coragem de enfrentar a sua realidade.

É triste demais saber que o pai do filho gay esconde que também é gay, que nunca se assumirá nem será feliz, bem como o filho tem dificuldade de ser. E boa parte da infelicidade do filho é causada pelo pai que não é feliz porque dá maior sustentação ao seu preconceito, não se permite enxergar o grande mal que causa ao filho, a ele próprio, à esposa e a toda família.

Penso que há correlação: esse pai passou a ter sérios problemas mentais e foi internado.

Por isso digo que *fácil é ser o considerado tradicional, comum, convencional, pela sociedade ditadora que julga assim tudo estar no seu lugar.* A pessoa que nasceu hétero nasceu com o gênero sexual em perfeita comunhão consigo próprio, com o padrão rotulado tradicional e normal pela sociedade. E tudo já está automaticamente aceito a seu favor, regularizado, sem necessitar garimpar, lapidar, sofrer, lutar contra o preconceito, pela conquista do seu espaço, de sua condição e seus direitos.

Estar fora do contexto convencional é preparar-se para uma guerra sem fim, que requer elevada coragem para o enfrentamento do *tsunami* de preconceito, rejeição, discriminação que o mundo oferece. É também encarar os seus próprios preconceitos, que, muitas vezes, passam a ser o seu maior e pior opressor e inimigo.

A pessoa, ao intuir ser LGBTQIA+, quando evidencia suas tendências de preferências, sofre com a dúvida e como arma de defesa e combate parte para a resistência, depois sofre com a comprovação. Daí até chegar à aceitação é seguramente uma travessia de longa e sofrida batalha.

Ela própria não esperava, não contava nem estava preparada para o enfrentamento dessa realidade. Período conturbado que precisa se encontrar, completar-se, aceitar-se, assumir-se como é e reestruturar-se para derrubar barreiras, tabus, enfrentar as discriminações, vencer desafios e etapas na vida, mas, principalmente, conseguir ser feliz como pessoa que é na essência do seu eu, dentro dessa sua nova realidade, da qual, antes, não tinha ciência ou certeza.

Tarefa nada fácil porque a pessoa se sente como se tivesse que nascer de novo!

De certa forma é mesmo um renascimento! Só que terá que renascer consciente de que não faz parte do comum considerado pela sociedade convencional e que deve aceitar-se e amar-se como de fato é! Aceitar dói menos que omitir, camuflar ou se enganar. Só a verdade liberta!

As pessoas homofóbicas que rejeitam, desprezam, desconsideram, agem com intolerância, desenvolvem ódio e não respeitam os LGBTQIA+, às vezes, agem com radicalismo e violência, sem nem mesmo, antes de julgar e condenar, procurar entender como e por que tudo acontece. São homofóbicos que não se dão a oportunidade de pensar que nenhuma pessoa decide aleatoriamente em sã consciência ser gay, lésbica ou tantas outras diversidades de gêneros existentes. *Reafirmo que a pessoa não escolhe nem opta por ser gay lésbica ou qualquer gênero!*

O homofóbico não procura conhecer a origem da causa, apenas exerce preconceito, censura, rejeição e ódio na promoção de condenação e violência!

Você, homofóbico(a), saiba: é impossível uma pessoa hétero um dia acordar e, de repente, simplesmente do nada, resolver mudar seu gênero de sexo e dizer: a partir de agora serei gay, lésbica, bi, trans, ou outros tantos gêneros existentes, de livre e espontânea vontade. Evidente que ninguém escolhe padrões não convencionais nesse quesito, pela simples razão de ninguém querer mudar radicalmente a sua vida e percorrer caminhos inacessíveis e espinhosos. A pessoa que difere do considerado rotulado comum, se pudesse escolher, seguramente escolheria ser hétero, tradicional, padrão, em conformidade com os protocolos sociais, simplesmente por ser mais prático gozar naturalmente dessa anuência. *E, assim, permitir-lhe-ia ficar na zona de conforto, poupada de transtornos, sofrimentos e luta vitalícia, bem como a sua família, porque a sociedade é mesmo severa nessa questão, conforme vemos nas mídias.*

A família sofre e também precisa se preparar. Falo por experiência própria, mas também por ter presenciado inúmeras experiências de pessoas LGBTQIA+ com as quais convivi e tive oportunidade de ouvir. Evidentemente, como em tudo na vida, deve haver exceção; talvez exista alguém não hétero que nunca se queixou nem questionou estar, segundo a sociedade, fora do padrão convencional, e nunca sofreu com isso, e de pronto aceitou sua realidade e é feliz, mas eu não conheci ninguém desse universo assim até o presente.

Simplifico ao dizer que a pessoa comum já tem os desafios naturais da vida; agora imagine quando uma pessoa não pertence ao grupo considerado convencional, tradicional, esperado pela sociedade. *Os obstáculos são enormes e sua jornada um eterno campo de batalha!* Trabalhei numa empresa onde um colega de trabalho gay sofria diariamente com piadinhas preconceituosas. Ele ignorava, mas sentia-se muito mal. Eu sofria por vê-lo naquele estado de sofrimento, e muitas vezes ele chorava. Comigo não mexiam porque não sabiam da minha orientação sexual. Há pessoas LGBTQIA+ que não parecem sê-lo, não demonstram ser, e outras sim.

Por ter vivenciado muitos casos, reafirmo que a pessoa LGBTQIA+ primeiro sofre consigo própria, se recusa a aceitar-se, se repudia, passa a não gostar de si mesma e tenta ignorar a forte tendência latente que guarda consigo. Reluta, não admite, sofre com a possibilidade de não ser hétero e depois sofre ainda mais quando a certeza surge diante de si. Em boa parte dos casos que presenciei, as pessoas nessa situação necessitavam de ajuda terapêutica para conseguir equacionar toda essa complexidade. "Em alguns casos" utilizam outros recursos, como remédios controlados, terapia e até internação.

Acompanhei diversas ocorrências terríveis e até alguns suicídios, outros que se frustraram nas tentativas fracassadas e adquiriram mais sequelas e agravamento do sofrimento.

Mas quando a pessoa aceita sua realidade e passa para a fase da coragem de contar para a família, etapa difícil e para muitos a mais dolorosa, que deixa profundas cicatrizes para sempre... Atenção, amigas e amigos do clube LGBTQIA+ do qual faço parte. Não se chateiem com o que digo aqui, mas é preciso que eu diga: nenhuma mãe, nenhum pai sonha ou deseja ter um filho de gênero que difere do padrão tradicional rotulado pelas convenções sociais, no caso um LGBTQIA+. Mães e pais sempre esperam que seus filhos sejam o "considerado modelo tradicional, comum, hétero". E é compreensível, independentemente até do fator preconceito, que, claro, muitos pais têm. Mas é evidente que os pais vão preferir o considerado normal pela sociedade, por ser mais prático, básico, comum e aceito, a lidar com situações desconhecidas e ter que enfrentar a saga de tantas contrariedades pelo mundo afora e entre pais e filhos.

Lembro-me perfeitamente do dia em que comuniquei a minha mãe que sou lésbica. Ela fingiu não ter entendido (creio que precisou de tempo naquele momento para digerir a informação), mas certamente ela já sabia, apenas não queria ouvir nem admitir. Muito menos ter a certeza pelas palavras saídas de minha boca. Ela me disse:

— Minha filha querida, eu agradeço a Deus todos os dias por ter me dado filhos comuns. Portanto, pare com essa bobagem, você só está confusa. É muito comum na sua idade estar desordenada das ideias sobre infinidades de questões; a adolescência é uma fase difícil, para uns mais que para outros.

Quando passou aquele primeiro instante impactante do choque, minha mãe abraçou-me chorando e disse-me:

— Filha, desculpe-me por ter falado como lhe falei. Quando ouvi o que você me disse, me senti sem chão e não sabia o que dizer. Esqueça, por favor, e tenha certeza de que vou amar você em qualquer circunstância. — Ela continuou: — Sei que tive uma menina linda que é você, que dei o nome de Juvenita, a minha querida Juju. Claro que meu desejo era ver você casada e com filhos, num casamento tradicional entre um homem e uma mulher e que você me daria netos. Mas desde que percebi algo diferente em você, ainda criança, eu pedi a Deus para estar enganada. Porém, naquele momento me prometi que, se você não fosse hétero, eu estaria com você, a apoiaria e a amaria da mesma forma. E que lhe ajudaria em qualquer necessidade que você tivesse para admitir, assumir e se aceitar, porque tenho plena consciência do quão é difícil tudo isso para você minha filha. — Minha mãe disse mais: — Filha, eu sei que a culpa não é sua. No passado achei que era minha culpa, mas sei que também não é. Li muito sobre a diversidade de gênero. Sei que não existe culpado. — Ela continuou a falar e me deu o maior presente, quando me disse: — Querida filha, por alguma razão Deus quis que você fosse como é. E você é uma filha de Deus como todos os outros filhos dEle. Porém, é especial, por algum propósito, Ele quis que você fosse como você é. Então, cabe a nós, seus pais e todos da família, aceitarmos essa sua realidade, de coração aberto, sem maiores questionamentos ou sofrimento e apoiá-la. — Ela continuava a falar: — Sei o quanto você já sofreu por tudo isso, lamento que você tenha tido essa provação de vida, mas saiba que tudo que desejo e quero é vê-la feliz. Depois de muita luta sinto que você se encontrou, se aceitou e que hoje gosta de ser como é.

Eu estava comovida com as palavras de minha mãe e ela muito emocionada continuou a falar:

— Minha filha, por tudo que você já sofreu e enfrentou só posso dizer que me orgulho de você, por sua fibra, sua luta e superação com dignidade. Eu não sei, se fosse comigo, se eu conseguiria. Para mim isso só já prova como você é forte, corajosa, guerreira e que luta por sua vida!

As palavras de apoio de minha mãe e posteriormente a compreensão e apoio do meu pai e irmãos me foram de valores imensuráveis! Foi o completo acolhimento para minha condição!

Realmente tive o privilégio e a sorte de ter uma família que me aceitou como sou. Todos da minha família entenderam minha realidade como essência do meu eu, de minha natureza, da mesma forma que eu.

Agradeci muito a Deus pela compreensão e apoio da minha família. Sei também que existem tantos outros gêneros que necessitam de transformação no corpo e rosto, e essa é uma luta ainda maior porque nem todos podem ou conseguem realizar. Mas torço de coração para que essas pessoas encontrem o apoio necessário.

Existem famílias que, diante da descoberta de filhos LGBTQIA+, espancam-nos, expulsam-nos de casa, deserdam-nos, cortam os laços familiares em definitivo. Simplesmente os abandonam, os descartam como se fossem lixo, ladrões ou bandidos criminosos. *Infelizmente, para a mulher LGBTQIA+ é ainda mais difícil. É comum encontrar homens desse universo unidos bebendo na fonte do machismo. Sim, lamentavelmente também há machismo nesse grupo.*

Conheci uma moça homossexual muito infeliz porque, além da dificuldade que teve para aceitar-se, quando se aceitou e teve coragem de contar a sua mãe e pai, foi literalmente espancada e expulsa de casa no ato. Estava sem trabalho e procurando um lugar para morar. Temporariamente ela vivia na casa de sua irmã, mas era provisório. Ela dizia que, se não conseguisse logo trabalho, certamente se tornaria moradora de rua. Isso sim é um crime cruel! Justo a mãe e o pai, os primeiros que deviam ser protetores incondicionais de seus(suas) filhos(as), agem com intensa crueldade. São mães e pais movidos por preconceito, pela falta de conhecimento e não entendem o sofrimento e a realidade do(a) filho(a), que, em muitos casos, continua a sofrer por sua orientação sexual (alguns sofrem para sempre).

São mães e pais mal-informados, que, diante dessa constatação na vida dos(as) filhos(as), consideram a situação pura safadeza e acreditam que resolverão com ameaças, agressões e punições severas de diversas ordens. Outros ainda censuram e condenam o(a) filho(a) LGBTQIA+ como doente mental. Acreditam que o(a) filho(a) sofre de moléstias, deformidades congênitas, distúrbios ou desvio psiconeurológico, disfunção cerebral, entre outras doenças mentais, e buscam tratamento de cura, como se fosse uma doença, ou ainda porque acreditam na cura gay.

Certa vez escutei a conversa de uma mãe que dizia para sua amiga:

— Sei que sou uma mulher privilegiada. Tenho um casamento maravilhoso e filhos comuns, todos héteros. Meu maior medo era ter filhos LGBTQIA+. — E acrescentou: — Não porque eu seja preconceituosa, mas porque sei que a sociedade é cruel e massacrante no tocante a esse tema. — Ela continuou a falar: — Sei que o(a) filho(a) sofre e a mãe principalmente, mais até que o pai. A mãe sempre se culpa por achar que deve ter errado ou merecido um(a) filho(a) assim. Muitas mães e pais veem o gênero LGBTQIA+ como uma verdadeira maldição, aberração da natureza ou punição.

Essa mãe se expressava de modo tão sensibilizado e acrescentou:

— Tenho amigas que têm filhos gays, outras têm filhas lésbicas e de outras diversidades de gêneros que me relataram a árdua e eterna batalha que é travada na vida dos(as) filhos(as) e na vida delas.

Ao ouvir a manifestação dessa mãe, confesso que de imediato a considerei uma hipócrita, preconceituosa camuflada, mas refleti melhor e foi como se eu estivesse ouvindo minha mãe falar. E minha mãe não é nada preconceituosa! Entendi o contexto da preocupação daquela mãe. Sei que a sociedade é mesmo discriminadora de forma cruel com os LGBTQIA+. Muita gente é dissimulada, esconde que é preconceituosa, camufla, mas não vamos nos iludir, o preconceito segue forte.

Já sofri discriminações terríveis, principalmente na época em que eu gostava de usar roupas masculinas. Estava perdida, confusa e tentando me encontrar, ou talvez, até mesmo, tentava chamar a atenção de minha família, num apelo de pedido de socorro porque a cruz era pesada demais para sozinha carregar. Porém, ao mesmo tempo não queria me abrir com ninguém. Essa fase faz parte do passado. Há muito adotei a vestimenta feminina. De forma espontânea aprendi a gostar de me vestir de modo bem feminino, mas nem por isso deixei de gostar do mesmo sexo. Tenho trinta anos, sou bonita e com frequência rapazes me abordam interessados em me namorar, e quando lhes revelo meu gênero sexual eles ficam admirados e me dizem:

— Mas você é tão feminina... não podia imaginar.

Eu lhes respondo:

— Isso não tem nada a ver com a minha condição, identificação de gênero, ou minha orientação sexual. Quero aproveitar para compartilhar algumas experiências que tive.

Respeito a denominação existente de orientação sexual estabelecida por especialistas. Mas em conversa com algumas pessoas héteros e LGBTQIA+ constatei que muitas delas entendem essa expressão como de ordem orientativa sexual do gênero assumido por uma pessoa LGBTQIA+, ou seja, *elas entendem e acreditam que os não héteros receberam ensinamento de orientação sexual para se tornarem de gêneros LGBTQIA+.*

Esse entendimento errado aguça o preconceito dos homofóbicos que também entendem dessa forma, pelo que me disseram. Um perigo, não é? Pois bem! Como presenciei essa interpretação equivocada, sinto-me na obrigação de compartilhar com você a informação acima e, costumo dizer, condição ou identificação de gênero determinante ou predominância de gênero. Mas repito, não sou especialista, nem pesquisadora da área em questão. Sou apenas uma mulher lésbica que humildemente está tentando contribuir de alguma forma com esse importante tema na busca da redução do preconceito. É apenas minha colaboração com base no que presenciei e ouvi, e que considerei sério e viável dividir essa minha experiência, sem nenhuma e qualquer outra intenção. Tão somente por entender que de nada vale um conhecimento ou experiência se não for compartilhado.

Voltando ao tema LGBTQIA+, realmente não é fácil. A pessoa é invadida claramente por uma tendência muito forte de desejo e necessidade de adotar o gênero latente nela e, por mais que ela lute, não aceite e rejeite, essa forte tendência persiste de forma **determinante porque é fator predominante!** E essa frequente, efetiva e potente necessidade faz a pessoa aceitar, admitir, absorver e incorporar definitivamente a realidade de gênero que nela aflora.

"Dito isso, acredito ter esgotado toda e qualquer argumentação de entendimento distorcido. Está claro e explícito que a pessoa foi obrigada a aceitar, admitir e a incorporar a sua realidade de gênero (orientação sexual), que está na sua essência e ponto!"

Importante dizer que não pretendo com essa minha revelação, em hipótese alguma, fazer apologia à diversidade de gênero. Nem tampouco estimular ou incentivar qualquer pessoa a fazer "experiências de gêneros" aleatoriamente ou vulgarmente sem necessidade, estudo profundo, apenas por curiosidade, de modo desordenado, descabido, por modismo, sem responsabilidade, conforme às vezes é até mostrado em filmes e seriados de TV, envolvendo adolescentes e adultos, descompromissados da seriedade com a verdade desse complexo e delicado universo.

Defendo que esse tema deva e mereça ser tratado com respeito e conhecimento por profissionais especializados, estudiosos, e nunca exposto sem adequado compromisso, tão somente no intuito de busca de experimentos de prazer, como modismo, de forma irresponsável sem medir as consequências dessa exploração, divulgação e estímulo à propagação da diversidade de gênero, com desvio da verdade desordenadamente, para obter ibope. Isso pode gerar muitas dúvidas e aumentar conflitos, principalmente em crianças e adolescentes, pois a questão por si só já é complexa e delicada para exibição com irresponsabilidade e sensacionalismo.

O acolhimento e apoio devem ser dirigidos com respeito às pessoas LGBTQIA+. Elas, como qualquer outra pessoa, necessitam de família, escola, trabalho, saúde, amor, vida social, com o devido respeito de todas as pessoas. As empresas precisam abraçar essa diversidade, contratando e promovendo a inclusão com interação social interna. Mas existem preconceito e discriminação que ainda travam esse processo. Faltam estímulo e ensinamento específico para a boa educação desse tema. Só a educação de qualidade é capaz de transformar e salvar. Enfatizo ser meu desejo apenas e tão somente esclarecer e contribuir com acolhimento às pessoas LGBTQIA+, que são como são pela natureza da sua essência.

A medicina nos apresenta e revela estar na essência do ser. Logo, não dá para simplesmente suplantar ou ignorar.

Hoje a ciência e a medicina são capazes de explicar o "fenômeno de gênero sexual" e como ele acontece no período de gestação, conforme você poderá observar alguns estudiosos, pesquisadores, neurocientistas, neurobiologistas renomados da área que apresentam algumas evidências. Há estudos sobre desmistificação que abrange outros gêneros de sexo e identificação da genética no DNA. A disforia de gênero, entre outros estudos, segue em andamento para o grupo LGBTQIA+.

Alguns especialistas estudam esse tema, como, por exemplo, o neurologista holandês Dick Frans Swaab, entre outros. Medicina e ciência têm se preocupado com esse tema e o estudado. *Entendo que só alcançamos avanços e melhorias por meio de estudo, pesquisa e constatação de fatos para entendimento, aceitação, esclarecimento à sociedade, para obtermos acolhimento e voz a grupos minoritários. Vamos respeitar a ciência.*

Momento oportuno para trazer aqui recente novidade sobre conquista de gênero no Brasil: gênero "não binarie" é incluído em certidões de nascimento.

Essas foram apenas algumas informações que considerei importante apresentar aqui com único objetivo de mostrar as sinalizações de mudanças, ajudar os LGBTQIA+, héteros, familiares, homofóbicos e pessoas em geral a entender melhor a complexidade do delicado e incompreendido universo dos LGBTQIA+.

Meu propósito é alertar, aliviar dores, dissipar o ódio, reduzir preconceitos e ofertar apoio, acolhimento, compreensão e amor a essa causa que muito já sofreu e sofre marginalização pela falta de informação adequada.

Sabemos que a discriminação pesa contra os LGBTQIA+ e está em toda parte, inclusive dentro das igrejas/diversas religiões. Do ponto de vista espírita, pelo que li, estudei e aprendi, espírito não tem sexo. A doutrina espírita explica que todo ser humano passa por diversas encarnações. Nelas, o espírito encarna ora como sexo feminino, ora como masculino, para que possa ter real conhecimento na sua essência de como é de fato ser do gênero feminino e masculino, para que o espírito (que é neutro) aprenda a respeitar ambos os sexos na sua plenitude para sua evolução.

Quanto às pessoas LGBTQIA+, ainda na visão espírita (conforme o que estudei, aprendi e entendi), isso acontece pela necessidade de experimento do espírito que, por algumas razões de vidas passadas, aceitam ou são designados a cumprir esse papel como providência do plano espiritual, para aprendizado alicerçado na paciência e resiliência, fundamentado no processo evolutivo. E que nada é por acaso ou simplesmente um desejo carnal sem embasamento. O planeta terra precisa de pessoas de todos os gêneros para interação, experiência, prova, expiação e evolução.

É fato: há muita complexidade e mistérios, além da nossa compreensão, entre o plano espiritual e os planetas de que não temos ainda entendimento, mas que vale respeitar.

Diante de constatações de estudiosos renomados do universo da medicina, ciência, filosofia, teologia e religião, entendo que toda e qualquer perseguição, ódio e violência cometidos contra pessoas LGBTQIA+ é de extrema ignorância. São atitudes maldosas, criminosas, desumanas, que ferem os direitos humanos e que devem ser punidas com rigor.

Defendo ainda que todas as mães e pais devam estar atentos, desde a gestação do(a) filho(a) que esperam, quanto à possibilidade de nascimento de bebê não hétero, e procurar se preparar para eventuais situações desgastantes. Dessa forma, desde cedo, ao perceber essa tendência na criança, mãe e pai devem procurar ajudá-la em todos os aspectos, evitando maiores traumas. E, após a constatação da tendência LGBTQIA+ do(a) filho(a), devem agir sem preconceito, e, assim, mães, pais e filhos possam se compreender, se respeitar e se aceitar com amor. Desse modo, se evitariam dores, conflitos, sequelas, violência, e a vida de todos, mães, pais e filhos(as), certamente teria menos sofrimento.

Sou apenas uma pessoa, mulher e lésbica, que não faz parte do considerado comum, que sofre na pele a discriminação e observa a hipocrisia, a injustiça e a doença da cegueira que assola a sociedade sobre essa pauta. Adquiri conhecimento após anos de terapia e estudos sobre esse importante tema. Assim, quero compartilhar, somar com pessoas LGBTQIA+, que não são padrão de modelo social, que sofrem preconceitos e não escolheram ser como são! *São resultados ou oriundas da razão da natureza pertinente!*

Entendo ainda que, para que elas se encontrem, tenham paz e sejam felizes, precisam assumir a sua *realidade de gênero!* Mas é imprescindível que elas sejam respeitadas e acolhidas, pois, creia, são corajosas, guerreiras, já sofreram muito e são dignas do nosso respeito. Assumir publicamente sua intimidade, se expor que difere do considerado comum nesse importante quesito, é sem sombra de dúvida um ato heroico de coragem e merecedor do nosso respeito. Fica aqui a importante pergunta: *você seria capaz?*

Peço também que as pessoas que não nos respeitam parem, pensem, reflitam que elas não estão isentas de ter na sua família pessoas LGBTQIA+, conforme já citado. *Pode nascer a qualquer tempo, em qualquer família, um bebê não hétero, disso nenhuma família está imune ou livre!*

Converso com muitos amigos e amigas de gêneros diversificados e todos, sem exceção, me revelaram que o que aconteceu com eles foi exatamente o que aconteceu comigo, que aqui relatei, de modo duro, penoso e sofrido! E assim afirmo:

Não sou hétero! E daí? Fui e sou corajosa e guerreira! Aprendi a lidar com a minha realidade com resignação. Ultrapassei barreiras, superei meus próprios preconceitos e me aceitei como sou. Infelizmente, muitos diante dessa situação até se suicidam! *Amo viver e nunca pensei em tirar minha própria vida nem tenho razão para tanto! Encontrei-me e hoje me amo!*

Sou uma mulher realizada, casada há seis anos, eu e minha companheira somos muito felizes. Consegui também realizar meu desejo de ser mãe por meio da inseminação artificial. Gostamos tanto da experiência de termos filho que adotamos a segunda criança. Pude dar a minha mãe os netos que ela tanto queria.

Meu casamento e a família por mim constituída não são nada tradicionais ou convencionais, mas garanto que somos felizes — e família ideal é família feliz, não é?

Hoje me sinto forte, sou vencedora, não dou importância a balelas por compreender que essas intolerâncias são por falta de conhecimento e pura ignorância, como um dia fui ignorante.

Não posso terminar esse meu conto sem mencionar a terrível e comovente manifestação de dois amigos gays casados. Eles sofreram ofensas e agressões de um homofóbico (na companhia de seus filhos ainda crianças) quando almoçavam num restaurante. O casal de gays respondeu a ofensa do agressor com maestria em dizer para todos ouvirem que eram gays, casados, que têm dois filhos e uma família para zelar, e que sua família não é menos importante do que a de qualquer outra pessoa.

Esses dois homens gays têm dois filhos adotados (são filhos do coração). Muitos homens héteros não registram nem honram seus filhos biológicos, nem na certidão de nascimento. Esse casal de gays adotou duas crianças! Entendo que eles merecem ser aplaudidos pelo nobre feito e jamais desrespeitados porque são gays!

A falta de informação na época de meu pobre conhecimento transformou-me numa pessoa amarga, intolerante, doente e ignorante, mas a educação me salvou! *Você, homofóbico, que agora conhece um pouco desse universo, salve-se também!*

Anteriormente mencionei nunca ter conhecido nenhuma pessoa LGBTQIA+ que tivesse se aceito naturalmente, sem sofrimento algum. Faço aqui uma ressalva.

Recentemente uma jovem lésbica de 20 anos me declarou que tanto ela quanto seus amigos LGBTQIA+ da mesma faixa etária se assumem com naturalidade, consideram fazer parte de um grupo de pessoas absolutamente comum e aceito sem discriminação pela sociedade. E ainda que ela e seu grupo consideram não haver atualmente preconceito dessa natureza e que hoje ninguém de sua geração quer ser hétero e que o preconceito só existe na cabeça de pessoas mais velhas...

Fiquei admirada com essa manifestação! Por um lado, feliz em saber que esses jovens nada sofreram e seguem felizes. Por outro lado, realmente admirada, pois o preconceito e a violência são fatos existentes e crescem conforme vemos com frequência nas manchetes e noticiários em diversas mídias, e promovido por pessoas jovens, inclusive. Mas vamos torcer para que essa aceitação aconteça em larga escala o quanto antes!

Também, recentemente, uma vizinha e amiga, de 27 anos, apenas com pouco mais de idade da garota citada, me revelou ter assumido há pouco tempo que é lésbica, mas confessou-me que sofreu demais até a aceitação e que, mesmo após ter aceitado, tem dificuldades com essa sua realidade perante a família e outras pessoas, em diversos aspectos.

Esse tema é de fato delicado e polêmico. Por tudo que presenciei ao longo de minha vida, penso que cada pessoa LGBTQIA+ tem suas próprias experiências com mais ou menos dificuldades.

Importante entendermos que, como em qualquer gênero, os LGBTQIA+ não estão imunes nem fogem à regra de errar. Existem, nesse contingente, pessoas boas e más, esclarecidas e de baixa informação. Defendo que ninguém deva ser preconceituoso, mas principalmente quem já sofre de discriminação, como é o caso dos LGBTQIA+, que já deviam ter aprendido com o sofrimento próprio a não produzir ou promover preconceitos e discriminação. Mas não! Existem nesse universo pessoas avessas e tóxicas. Conheço algumas, verdadeiras lástimas, que são vítimas de discriminação e mesmo assim produzem e reproduzem essa infâmia! Tenho amigos gays que vivem fazendo discurso sexista, também produzindo e postando imagens e mensagens de machismo de forma alienada e ignorante. Já procurei por tudo fazê-los entender seu grave erro, mas seguem nessa cegueira. Certo dia um deles me disse:

— Não sou machista, só gosto de mexer com você.

Respondi-lhe:

— Faça-me o favor, que desculpa esfarrapada, bote a mão na consciência e vá se curar! Tenha vergonha, rapaz, se enxergue, reflita sobre suas atitudes e cresça...

Infelizmente há LGBTQIA+ extremamente machistas ignorantes. Uma vergonha inconsequente e incoerente.

Sem dúvida, pelo que pude observar há anos nesse meu universo LGBTQIA+, parte dessas pessoas se sente até inferiorizada, infelizmente, pelas tantas discriminações sofridas e longas batalhas de vida. Muitos são conscientes, possuem postura sem nenhum preconceito de qualquer ordem. Importante lembrar que *a ignorância, o preconceito e a violência desconstroem a moral social!*

E assim, tudo o que nós seres humanos LGBTQIA+ do bem pedimos é respeito. Respeito é a base de tudo para a vida.

Respeitem-nos da mesma forma que nós respeitamos os héteros!

Não podemos seguir guiados por essa cegueira ou anestesia, que causam desordem!

Agora que você conhece minha história, que é semelhante à de milhares de pessoas pertencentes ao grupo LGBTQIA+, mundo afora, pode entender todo o contexto desse universo e não tem mais desculpa para discriminação, preconceito, ódio e violência. Respeite a diversidade, ame o próximo!

Meu conto é de amor que esclarece e busca o justo, num desejo de tocar corações frios, duros, secos e vazios de amor e olhar repletos da cegueira! E que esses sejam tocados pelo amor e consciência para que possam enxergar a luz!

ALGUNS AMORES, DISSABORES, MUITAS DORES, NA BUSCA DA FELICIDADE NO AMOR!

Minha vida amorosa sempre foi conturbada, fragmentada, repleta de tentativas, atropelos e desencontros. Tentativas para ser feliz no amor sempre são válidas, não é mesmo?

Antes do meu casamento tive alguns flertes, namoricos, mas nenhum namoro sério. Era muito jovem, casei-me cedo demais. Antes de casar, gostava de me divertir como qualquer garota normal em plena juventude. Meu primeiro namoradinho foi na escola primária, apenas por troca de olhares, bilhetes (umas duas vezes nos pegamos nas mãos e um único beijo na face). Éramos crianças de apenas dez anos, não podia ser diferente. Mudei de cidade e perdemos contato.

Quarenta anos depois ele me reencontra na internet. Estava casado, com filhos adultos. Eu, já divorciada, também com filhos adultos. Nesse reencontro ele afirmava que nunca me esquecera, que muito me procurou e que não era feliz no casamento. Que se casara aos 23 anos a pedido da garota que se tornara sua esposa, sem nem mesmo namorá-la antes. Aceitou casar-se com ela devido às tantas cobranças da família e dos amigos que, até então, nunca tinham lhe visto com uma namorada.

Na ocasião do reencontro ele dizia ter casado virgem. Nunca havia nem beijado uma garota antes da esposa porque tinha esperança de me reencontrar. Nossa! Dava para acreditar? Estranho, não é? Enfim, não dei importância para esse detalhe esquisito. Da mesma forma que ele, eu estava feliz em reencontrá-lo, também por saber que ele nunca me esquecera. Acreditei nisso. E assim renasceu em nós a chama daquele romance precoce iniciado e interrompido em nosso passado infantil.

Ele morava ainda no mesmo estado de quando éramos crianças, eu em outro estado. Passamos a nos falar diariamente pelo *Facebook*, *WhatsApp* e telefone durante meses. Nossos sentimentos se reacendiam a cada dia e nossas conversas eram para nós os momentos mais agradáveis, intensos e prazerosos do nosso dia. Trocávamos fotos dos anos em que ficamos distantes e também fotos daquela atualidade do reencontro. Eu logo passei a sonhar... Coisas de romantismo de mulher. Já imaginava que ele seria mesmo o homem certo para minha vida, minha cara metade e que nosso reencontro não acontecera por acaso. Ele também pensava assim e fazíamos planos para o futuro. Não fiz absolutamente nenhuma cobrança, mas ele me dizia que ia falar com a esposa sobre ter me reencontrado, pois ela sabia da sua paixão de sempre por mim, por quem ele estava ainda mais apaixonado, e que ele não se sentia bem com a nossa situação (namoro às escondidas) e que após esclarecer tudo com ela viria a meu encontro. Deixei-o à vontade para essa questão. Ele afirmava que seu casamento era de fachada e que vivia com a esposa como dois amigos (sem vida íntima, praticamente desde o início do casamento).

Achei esquisito, considerei um clichê de homem casado e suas malandragens, mas nada questionei, apenas fiquei atenta. Porém, ele de fato separou-se e divorciou-se! Após o divórcio, por diversas vezes, ele dizia que vinha me ver, que sentia saudade e estava ansioso, mas sempre acontecia algum imprevisto, e sua vinda era adiada. Até que, meses depois, ele veio! Mas no contato pessoal ele era bem diferente. Fiquei admirada e intrigada. De certa forma, preocupada e também decepcionada!

Pessoalmente ele não era nada falante, nem romântico ou brincalhão como à distância, por mensagem ou telefone, e se mostrava pouco receptivo e distante. Achei-o estranho demais! Em nossos momentos mais íntimos, comportava-se como um adolescente inexperiente, sem iniciativa, nenhuma desenvoltura, arisco, temeroso, muito esquisito, repleto de medos e tabus.

Voltou para a sua cidade, seguimos com nossa conversa diária e ele voltara a ser aquele homem interessante. Nessa ocasião ele dizia querer muito ficar perto de mim, que pretendia mudar-se para minha cidade. Eu já estava insegura dos meus sentimentos, devido a seu comportamento. Tempos depois ele veio novamente visitar-me, e de novo se portava de forma estranha como da primeira vez. Aí falei com ele sobre isso. Nossa! Quanta surpresa!

Acabou revelando-me que o amor que sentia por mim era grande demais, que me endeusava e via-me como uma espécie de santa numa redoma e que era assim que queria cultivar o nosso amor. Que não conseguia estar comigo plenamente pela grandeza e pureza do seu sentimento. Que sentia muita saudade de mim e comprava passagens para visitar-me, mas as cancelava porque era invadido por enorme insegurança e medo de estar comigo. Sentia taquicardia, tremedeira, mal-estar e outros sintomas horríveis que o acompanhavam até o aeroporto. Assim, não conseguia embarcar e voltava para sua casa triste, arrasado e revoltado.

E para provar que me dizia a verdade, mostrou-me as tantas passagens que comprava e cancelava. Sim, era verdade! Ele não era mentiroso, era problemático. Fiquei estarrecida com sua revelação e lhe sugeri procurar ajuda profissional. Ele relutou em aceitar a minha sugestão. A partir disso, para proteger-me, resolvi afastar-me, desacelerei... Meus sentimentos por ele foram esfriando, se transformando e já não conseguia mais vê-lo como antes.

A princípio passei a evitá-lo até que eu conseguisse equacionar a nossa relação (alcançar a dimensão dos meus sentimentos e dos sentimentos dele; medir prós e contras, botar tudo na balança e concluir qual o melhor rumo a tomar). Pedi-lhe um tempo para refletir. Ele não entendeu, não aceitou. Ligava-me diariamente, quando eu não atendia, ele insistia ligando descontroladamente por horas consecutivas, obrigando-me a desligar o telefone. Nosso relacionamento à distância durou cerca de um ano. Numa de nossas conversas ele manifestou que queria permanecer "namorando" dessa forma, que iria continuar a me endeusar e a me amar do seu jeito. Embora eu tenha tido dificuldade de entender essa forma dele de me amar, meio "platônica", estranha, não o julguei, respeitei-o. Mas fui franca e lhe disse não.

Não queria compartilhar com ele aquela forma de viver um romance e sugeri permanecermos amigos.

Ele resistiu, não concordou, argumentou que nunca me veria apenas como amiga. Tentei explicar-lhe o que se passava, com exemplos e bons argumentos para permanecermos apenas como amigos e que ele precisava resolver questões importantes de seu mundo interior.

Procurei fazê-lo enxergar que ele havia ficado preso no passado, no namorico infantil que tivemos. Que estava vivendo uma espécie de mundo do faz de conta, uma mistura de complexo infantil mal resolvido ou síndrome de Peter Pan — ou algo dessa natureza, e que eu não era especialista na área da neuropsicologia para poder ajudá-lo da forma correta, porém achava importante que ele buscasse ajuda. Ele não aceitava minhas percepções e chateou-se comigo. Fui firme em minha decisão e depois de algum tempo creio que ele me entendeu.

Passamos a nos comunicar cada vez menos. Não creio que nos tornamos "amigos". Ele sempre me dizia que continuava a me amar e que me amaria para sempre, do seu jeito. Também dizia que, se não terminasse sua vida comigo, não terminaria com mais ninguém, e isso não lhe permitia ser apenas meu amigo. Enfim, entendi perfeitamente que não era para ficarmos juntos, ele não era a pessoa certa para mim nem eu para ele, não havia afinidade, sustentabilidade, nem a menor possibilidade! Tempos depois paramos de nos falar e perdemos contato. Observe meus relacionamentos amorosos! Só loucura!

Eu tinha desejo precoce para romance, desde menina. Era uma garota muito carente e sonhadora com um amor de verdade. Queria viver uma grande história de amor, desses romances memoráveis que marcaram a história do cinema ou da literatura.

Com 12 anos morava num vilarejo e, nos fins de semana, nas noites de lua cheia, juntavam-se vizinhos e amigos nas calçadas das casas, e juntos tocavam e cantavam. Adorava aqueles momentos e acabava assim de pronto por apaixonar-me pelo violonista ou pelo cantor daquela noite e cultivava aquela paixão platônica e inocente por algum tempo, e, claro, não chegava a lugar algum. O sentimento surgia e morria depois de alguns dias. Outras vezes eu ficava tão encantada com determinadas canções que mexiam demais comigo, a ponto de sentir-me tão envolvida que parecia estar apaixonada por alguém que eu nem sabia quem (creio que era paixão pelas canções mesmo).

Certa vez, aos 14 anos, me apaixonei por um cigano que cantava e dançava lindamente, como se fosse o belo ator *John Travolta* no filme *Os embalos de sábado à noite*[6]. O cigano estava de partida da cidade e queria levar-me com ele e sua família! Não é que fiquei balançada em ir? Só rindo de como eu era uma adolescente carente, vulnerável e doida. Ainda bem que minha mãe percebeu toda a minha movimentação e impediu minha aventura. Na época fiquei chateadíssima com ela, mais adiante passei a agradecê-la por ter me livrado daquele rompante de impulsividade e imaturidade, típico da adolescência.

Ainda com 14 anos tive um flerte passageiro (uma paquera). O garoto desapareceu por dias sem me dar nenhuma notícia. Quando reapareceu não me explicou o porquê do seu sumiço, mesmo eu insistindo em saber. Sem entender a razão e sem explicação alguma, achei estranho, perdi a confiança nele e resolvi encerrar aquele relacionamento que parecia que ia iniciar. Dias depois, uma amiga em comum contou-me que ele fora nadar num rio e perdeu a dentadura. Precisou de dias para fazer outra e foi essa a razão do seu sumiço, e que não me contou por vergonha. O quê?! Pensei: "Nossa, pobre garoto". Não podia imaginar que ele tão jovem havia perdido os dentes! Continuei pensando, como pode perder os dentes tão cedo? Fiquei sem saber.

Acompanhe, então, os desencontros da minha vida amorosa. Só rindo para não chorar!

Tempos depois pensei em juntar-me ao movimento hippie que passava pela minha cidade, com número grande de pessoas de várias idades, e havia muitos jovens interessantes.

---

[6] OS EMBALOS de sábado à noite. Direção: John Badham. Produção: Robert Stigwood. Estados Unidos: Paramount Pictures, 1977. Filme (118 min).

Eu queria ser livre, tinha uma sede de liberdade enorme, queria sentir a liberdade correr nas minhas veias. Sair pelo mundo afora em busca de conhecimento, aprendizagem, quem sabe conhecer alguém muito especial, mas me faltou coragem. Nessa época já estava mais madura e considerei não possuir estrutura para tanto, tive receio de não me adaptar.

Casei-me cedo, aos 18 anos, e como não fui nada feliz no meu casamento, como sonhava, em menos de um ano de casada sentia-me infeliz.

Em uma tarde ensolarada, saí do trabalho mais cedo para uma consulta médica. Estava andando na rua quando escuto me chamarem:

— Nara, Nara!

Era voz de homem. Olhei e era um ex-namorado que tive aos 16 anos. Um belo argentino (na época, nosso namoro acabou porque ele viajava muito para fora do país e quase nunca dava para nos vermos). Ele fez a maior festa ao me reencontrar e convidou-me para um café. Nessa ocasião eu ainda era muito ingênua e só pelo fato de ele ter sido meu namorado e eu estar casada (mesmo infeliz), não me sentia confortável em aceitar seu convite, mesmo que fosse para um simples café. Assustada, eu disse não. Inventei desculpa para justificar aquela minha recusa, agradeci e o deixei falando sozinho. Saí rápido dali, como um foguete, como se fugisse dele, pois minha carência era enorme. Naquele momento do convite para o café, fui invadida por um medo medonho! Era como se o meu marido (na época) fosse aparecer naquele instante e me flagrar conversando com meu ex-namorado, não entendesse a casualidade daquele inesperado encontro e ali ocorresse uma tragédia. Depois refleti melhor e me arrependi de ter fugido daquela forma. Percebi que eu já estava ficando paranoica pela situação que vivia na minha vida conjugal e via fantasma por toda parte.

Meu ex-marido, quando usava drogas, perdia o controle, fazia terríveis cenas de ciúmes e me ameaçava. Arrependi-me de ter dito não ao meu ex-namorado, pelo qual fui apaixonada. Se eu não estava feliz no casamento e no passado tinha gostado do belo argentino, por que não tentar de novo? Separaria do marido e ficaria com o argentino, não é? Mas não, fui boba e perdi a oportunidade. Sempre me achei "burrinha" no quesito romance. E não para por aqui, consegui ser ainda mais tola!

A experiência que relatarei a seguir é a que mais me marcou, doeu e ainda me dói quando me lembro dela. É o que podemos chamar de "alto preço da burrice". Conheça como fiquei impedida de amar e de ser feliz no amor por longo tempo. Permanecia casada e infeliz.

Certo dia estava no trabalho e tive uma dor de dente. Não pude ir ao dentista naquele dia porque estava com muito serviço. Tomei apenas analgésico, marquei dentista para o dia seguinte e novamente não pude ir. Porém, à noite, a caminho da faculdade meu dente passara a doer intensamente de maneira insuportável. Ao chegar à rua da minha faculdade, observei uma clínica odontológica do outro lado da rua e fui até lá. Para a minha sorte, havia um dentista e pôde atender-me. Fui atendida por um dentista muito simpático, extremamente atencioso, meigo, gente boa mesmo!

Na hora que nossos olhares se cruzaram, senti algo de muito especial, como se fosse uma espécie de amor à primeira vista, e intuí que da parte dele acontecera algo também. Percebi de imediato o quanto tinha interesse pelo dentista e ele por mim, e tal sentimento me deixava apavorada, insegura, mas inegavelmente muito atraída. Entendia claramente que o dentista mexia demais comigo e eu era uma mulher casada... Sabia que, pelas circunstâncias do meu casamento falido, eu era um alvo carente e vulnerável. O que fazer? Pois é! Ainda aquele marido viciado atrapalhando a minha vida e eu não conseguia separar-me dele, embora já tivesse tentado.

Mesmo infeliz no casamento, não tinha coragem de trair meu marido, por questões de princípios e valores. E não conseguia me separar dele por medo de suas tantas ameaças se eu tentasse a separação. Eu era tão boba que ainda assim tinha pena dele! No fundo, eu considerava que ele bem que merecia ganhar um belo par de chifres por todo o sofrimento que me causava e quem sabe assim ele acordasse, criasse coragem e força de vontade para mudar sua conduta, aceitando tratamento. Ele não me fazia feliz nem me libertava. Eu, ingênua, suportava, esperava, acreditava que ele ia mudar.

A propósito, precisei de tratamento de canal e eu pensava: "Melhor não aceitar o tratamento com esse dentista. Sei que esse clima que hoje se instalou entre nós, já no primeiro dia, poderá evoluir." Eu andava sofrida, desiludida, desencantada, fragilizada. Sabia que possuía todas as ferramentas favoráveis para um envolvimento de amor galopante com aquele dentista carismático e sedutor. Mas precisava fazer o tratamento de canal que ele já iniciara e havia me livrado daquela terrível dor. Mesmo assim eu pensava em recusar o tratamento por me dar conta do perigo existente, mas não sabia o que dizer para interromper.

Na verdade, eu queria que houvesse tudo entre mim e o dentista! Mas, de repente, lembrava que era casada e isso me fazia recuar. Era algo que tinha que ser decidido ali, na hora, logo, porque ele acabava de iniciar o tratamento, me dizia o diagnóstico, me passava o preço e já marcava meu retorno. Eu, sem controle nem coordenação das minhas ideias, completamente zureta pela inusitada situação de encanto ou deslumbramento e paixão, apenas lhe disse:

— Está bem!

Nada questionei e, abobada, concordei com tudo.

Saí do consultório com a boca anestesiada, sem dor, encantada com o belo dentista, feliz com a possibilidade de romance; ao mesmo tempo que me batia a preocupação de ser casada. Estava aflita, confusa, com muito medo de me apaixonar perdidamente pelo dentista, e o que fazer? Passei a dar importância demais àquela situação, com receio de todo clima de encantamento e desejo que naquele consultório nasceu no primeiro encontro progredisse e eu me perdesse completamente nos braços do agradabilíssimo e sedutor dentista... Atordoada pensava: "Aonde essa história passional que começa agora irá me levar? O que me reserva o futuro?" E pensava mais: "Meu casamento nunca foi bom, foi um erro, desde o princípio só decepções!" Meu marido matou todos os meus planos, desejos e sonhos de vida conjugal, todos jogados no lixo por ele. Até cheguei a pensar que ele tinha outra pessoa e banquei a detetive algumas vezes; depois contratei um profissional e o resultado constatado foi vício de drogas mesmo!

Eu sofria demais por fazer parte de um casamento em luto, arruinado por um homem viciado. Queria muito que fosse diferente, desejava ser feliz no casamento e não era. Ele e sua família jamais me revelaram esse drástico vício. Só descobri após o casamento, que lástima!

Eu tinha desejos, projetos, fantasias e ideais de vida conjugal não realizados e carregava muita frustração. Não sabia mais que tipo de sentimento ainda conseguia sentir por meu marido. O que eu sabia era que o dentista havia mexido imensamente comigo, penetrado em meu coração e não parava de pensar nele.

Em minha segunda ida ao consultório, o dentista novamente foi encantador.

Olhava-me de forma acolhedora, com explícitos sinais de desejo, e meu coração entrava em estado de bateria de escola de samba com cuíca, pandeiro, repique, surdo, tamborim e tudo mais. Nossa! Ao mesmo tempo que desejava aquele belo dentista, tentava disfarçar minhas emoções e sentimentos, para que ele não percebesse, se é que era possível.

A atmosfera era propícia, o som ambiente do consultório de elevado bom gosto. De repente começa a tocar o belo e magnífico *Bolero de Ravel*[7]! Amo essa música, ela literalmente me transcende, incrivelmente me transporta para outra dimensão, então viajei!

Quando a música acabou, voltei à Terra e pensei: "Minha nossa! Até no gosto musical temos afinidade", e comentei com ele que amava o *Bolero de Ravel*, e ele me disse:

— Fico feliz que você goste, eu gravei essa seleção de música especialmente para você e tinha certeza de que o *Bolero de Ravel* seria uma das suas preferidas.

Fiquei extasiada com tamanha sensibilidade dele e passamos a falar mais sobre música, de forma encantadora.

Após terminar o tratamento daquele dia e antes que eu fosse embora, ele pegou minha mão, beijou-a delicadamente, olhou-me profundamente nos olhos e me disse:

— Até a próxima semana, querida!

Meu Deus! Saí do consultório desnorteada, com sentimentos de alegria, desejo e medo. Eu passava o dia inteiro e a noite também só pensando nele!

---

[7] RAVEL, Maurice. **Bolero**. 1928. Partitura musical.

Vivi realmente o retrato falado da letra e linda melodia de autoria e interpretada pelo nosso querido cantor e compositor *Paulinho Moska*, de título *Somente nela*[8]! Eu não pensava mais em mim mesma, somente nele. Na cama com meu marido, eu pensava no dentista, era o rosto do dentista que eu enxergava no rosto do meu marido, numa loucura avassaladora da mais profunda volúpia! Socorro! Minha nossa! O que era aquilo?

Na semana seguinte, de volta ao consultório pela terceira vez, logo que entrei, ele me disse:

— Hoje eu tenho uma surpresa para você.

Fiquei sem entender, porém curiosa, perguntei-lhe:

— Uma surpresa para mim? O que é?

Ele não respondeu. Foi até a outra sala, voltou com flores e me entregou. Fiquei admirada sem entender nem saber o significado daquele gesto e nem sabia o que dizer, mas perguntei-lhe:

— Para mim, mas por quê?

Ele respondeu-me:

— Você não sabe por quê?!

Nossa! Eu fiquei desconcertada, não sabia como agir nem o que dizer diante daquela resposta dele e pensava: "Bom, essa resposta me dá a certeza de que ele já percebeu que estou apaixonada por ele." Nisso a escola de samba de pronto invadiu novamente o meu coração! Em seguida, ele me fez um convite:

— Vamos jantar amanhã? Você pode faltar na faculdade?

Meu Deus! Meu coração parecia que ia sair de dentro de mim. Eu, muito lisonjeada, porém encabulada e nervosa, por ser casada, precisava revelar a ele esse fato, do qual ele não tinha conhecimento. Não podia mais adiar! O momento era aquele, e que medo de revelar e definitivamente perdê-lo... Mas era necessário. Com minha boca e a garganta secas e o coração quase explodindo, disse-lhe:

— Não posso, sou casada!

---

[8] SOMENTE nela. [Compositor e intérprete]: Paulinho Moska. *In*: CONNEXION. Intérprete: Paulinho Moska. Rio de Janeiro: Natasha Records, 1993. CD (4 min 33 s).

De imediato percebi a brusca transformação em seu semblante. Ficou quieto por algum tempo, em seguida ele me disse:

— Casada, assim tão novinha? Não imaginei! Que pena!

O incrível é que eu usava aliança o tempo todo, mas ele não devia ter identificado devido a outros anéis que eu também usava. Enfim... Foi um momento difícil para ambos! Fiquei muda por algum tempo, com a bateria completa da escola de samba dentro do peito, não sabia o que dizer e consegui emitir apenas um infeliz:

— Pois é!

Minha nossa! Como eu estava sem noção das coisas e completamente boba, deixava escapar todas as oportunidades de tentar ser feliz no amor. Na sequência foi ele quem ficou mudo! Também, o que mais ele poderia dizer?

Iniciamos o tratamento daquele dia, ele completamente diferente das outras vezes, fazia seu trabalho no mais absoluto silêncio. Eu me mantinha muda, claro, de boca aberta e anestesiada, com o coração a mil por hora. Não sei como consegui permanecer ali ao seu lado com o coração explodindo de paixão, desejo, insegurança, temor, frustração e pesar! *"Corria em minha espinha um arrepio"*, conforme outro trecho da mesma música do Paulinho Moska. E, de fato, eu nem pensava em mim, somente nele.

Enquanto me mantive no consultório, perto dele, passavam inúmeros pensamentos por minha cabeça, e nenhum capaz de resolver a situação. Estava movida por tantas emoções e sensações, sem saber o que fazer, dizer ou como agir. Havia ficado impossibilitada, impotente, paralisada. Queria tanto dizer-lhe tudo que estava sentindo, esclarecer sobre meu fracassado casamento, mas simplesmente não assimilava nada nem conseguia dizer qualquer coisa que fizesse a diferença.

Travei, pensava demais, agi de menos e o perdi!

Ao terminar o tratamento daquele dia, ele se mostrava triste, e muito sério me disse: — Espero que você me entenda, mas eu não posso continuar a tratar seu dente. De fato, me apaixonei por você logo que a vi e não imaginava que você fosse casada, lamento muito! — Ele prosseguiu: —

Creio que você ainda precise de mais uma ou duas idas ao dentista para conclusão do canal. Procure outro dentista, mas não precisa me pagar mais nada. Está tudo certo!

Fiquei impactada, não havia pensado na dolorosa possibilidade de ele me dispensar assim, não esperava jamais por aquela decisão... Entrei em pânico, não sabia o que fazer, estava simplesmente coberta de incertezas, sentimento de perda, desconforto, vazio.

Não conseguia dizer nada e saí dali numa tristeza imensa e com bronca de mim. Fui invadida por um sentimento torturante de perda irreparável de um possível grande amor para viver, conforme sempre desejei, e queria ter tentado com ele, mas tive que matar esse sentimento na pancada e engoli em seco minha tristeza. Sentia-me fraca, covarde, idiota. Minhas condições emocionais e psicológicas estavam comprometidas. Estava tão impotente a ponto de não me permitir dar nenhum passo para um amor que eu queria tanto, e nem faço ideia do que ele pensou naquele momento pela minha total ausência de manifestação. Certamente não deve ter entendido nada! Claro que não levei as flores!

Lamentei demais pelos nossos sentimentos terem sido enterrados vivos daquela forma abrupta. Foi um luto dolorido. Aceitá-lo e vivê-lo foi muito difícil! Sentia-me arrasada, fracassada e fiquei assim por muito tempo. Engoli a dor daquela paixão não vivida e do meu fracasso por não ter sido capaz de agir com coragem, inteligência e prontidão.

Fiquei tão traumatizada e crente literalmente de que a paixão emburrece. Podia ter esclarecido tudo sobre meu casamento mórbido, ter ficado com ele e me separado do meu marido já naquela época, pois a separação foi inevitável. E como me culpei por não ter tido sabedoria para lidar com aquela oportunidade de viver uma história de amor!

Tempos depois, já divorciada, fui procurar o dentista no consultório, mas não tive sorte. Ele não trabalhava mais naquela clínica. Não descobri seu paradeiro, mas nunca o esqueci.

Fiquei anos desiludida, sem me interessar por nenhum homem.

Depois me apaixonei e vivi um amor platônico por um homem que eu tinha dúvida se ele era ou não gay. Encantei-me com ele, por sua sensibilidade, inteligência e sua forma afetuosa de ser. Concluí que, se ele não fosse hétero e quisesse ter um romance comigo, eu não me incomodaria. Eu até achava que ele se interessava também por mim e com frequência me convidava para sair. Éramos bons amigos, nossas saídas eram sempre divertidas, ríamos muito, falávamos sobre tudo. Íamos a teatro, cinema, cafeterias e tantos outros lugares. Ele era muito prestativo, gentil, mas nunca falávamos sobre nossa vida íntima.

Sempre considerei que, se um dia eu fosse traída e viesse a descobrir, preferia que meu parceiro me traísse com um homem e jamais com uma mulher. Creio que com um homem seria mais fácil para eu entender e lidar com o fato. Com uma mulher seria complicado e sofrido, porque ela teria tudo o que também tenho a oferecer. Dessa forma, faria sentir-me a pior das mulheres.

Minha paixão platônica por esse amigo durou cerca de um ano. Até que nos distanciamos por motivo de mudança de cidade. Algum tempo depois, nos encontramos, ele revelou-me que havia assumido seu gênero sexual gay e que estava namorando. Nesse dia eu lhe contei da minha paixão platônica do passado por ele. Rimos muito e permanecemos amigos.

Devido a esses meus desencontros e total falta de sorte no amor, resolvi ficar sozinha por anos, até que conheci um homem, a princípio, interessante. Passamos a nos encontrar e nem mesmo havíamos iniciado um romance, ele passou a me controlar por 24 horas. Ligava-me a cada hora, depois foi reduzindo para cada 20 minutos. Tive que dar um basta. Ele estava me prejudicando no trabalho. Pensei: "De loucura já basta a minha". A postura dele gerou-me preocupação, principalmente por ele ser engenheiro mecânico de aviões. Não quis me sentir responsável por futuros desastres aéreos!

Mais adiante me inscrevi num canal de relacionamentos e passei a conversar por telefone diariamente com um homem. Ele era culto, tinha uma voz amável, agradável, calma, tranquila e me passava credibilidade em sua conversa sempre com muita lógica e bom senso. Demonstrava inteligência, possuía todos os dotes que aprecio num homem. Era professor de biologia e matemática, dedicado, apaixonado pela profissão. Falava sobre coisas interessantes com propriedade, e conforme eu disse sobre me apaixonar com facilidade, nessa fase eu ainda era assim, adulta e bobinha que não aprendia.

Após três meses de conversas ao telefone que atravessava a madrugada, no dia seguinte trabalhava morrendo de sono. E a cada dia a minha ansiedade aumentava para conhecê-lo pessoalmente, ficava à espera do convite dele. Estava apaixonada. Ele demonstrava ser livre e desimpedido. Cheguei a pensar: "Opa! Esse homem é perfeito demais... Será possível existir um homem assim? Não, isso não é normal, nem bom sinal."; "Deve ter alguma coisa errada com ele. Por que será que ele evita encontrar-se comigo?" E assim pensando preferi logo adiantar nosso encontro. Mas não foi nada fácil porque ele não facilitava; sempre escorregava, fugia do encontro, motivo pelo qual passei a desconfiar muito mais! Até que lhe falei claramente que queria vê-lo ou não teríamos mais contato algum. Diante dessa minha exigência, ele aceitou e marcamos encontro numa casa de chá.

Não foi de bom tom da parte dele chegar atrasado 15 minutos. Eu já havia ligado, mas ele não atendia. Estava indo embora, quando ele chegou. Creio que me olhava de longe e demorava a decidir-se, ou talvez buscasse adquirir coragem para ir ao meu encontro. O suspense se instalou quando vi um ser estranho vindo em minha direção e eu apavorada pensava: "Não, não pode ser ele, não, não, não será, tomara que não seja". Até que ele se apresentou. Nossa! Bota choque de revelação de suspense nisso... *Creio que até o grande fabuloso e saudoso mestre do suspense, diretor e produtor de cinema Alfred Hitchcock ficaria espantado.*

O inesperado aconteceu! Fiquei abismada, impactada. Entendi o porquê da demora dele de não querer um encontro e também o porquê do atraso. Foi horrível! Momentos de grande tensão, meu Deus! Com todo o respeito, o que era aquela criatura? Não valorizo a beleza física, mas tudo tem um limite, e no caso dele a imagem era gritante e apavorante! Ele parecia a Fera do filme *A bela e a fera*[9].

---

[9] A BELA e a fera. Direção: Gary Trousdale, Kirk Wise. Produção: Don Hahn. Estados Unidos: Walt Disney Pictures, 1991. Filme (84 min).

Digo isso com muito pesar e todo respeito ao problema dele. Pobre homem, não deve ser fácil a vida dele naquele estado. Não que eu esperasse por um homem lindo, bastaria ser um homem comum. Pobre homem! Falo com imenso respeito mesmo, pois não faço ideia do que houve com ele, mas imagino não ser fácil a vida dele diante do que ele carrega. Eu não consegui saber o que ocorreu com ele porque não tive coragem de perguntar. E se perguntasse talvez ele não dissesse a verdade.

O fato é que a pele de seu rosto, braços e mãos era deformada, como se ele tivesse sofrido queimadura de elevado grau. Na boca faltavam alguns dentes, tinha uma perna bem mais curta que a outra e, por isso, mancava de modo acentuado. Estava desalinhado, roupas esquisitas, carregava uma grande e pesada maleta de cor preta bem surrada e tinha corrente presa num dos pés. Parecia um prisioneiro acorrentado e fugitivo (essa imagem me remeteu, na hora, a visões tristes, horríveis, de campo de concentração nazista ou da escravidão). Ou ainda um fugitivo de penitenciária, ou personagem de filme de terror.

Não entendi o sentido da maleta, da corrente, de nada. Aquela imagem não fazia parte de uma pessoa normal. Foram emoções, sensações e experiências horripilantes que sofri simultaneamente e tinha enorme dificuldade de olhá-lo. Travei diante do caótico panorama e não via a hora de sair dali. Queria sumir, gritar, chorar. Mas não podia ser grosseira com ele, nem o ofender, e também sentia medo. Mas precisava ficar, nem que fosse por um curto tempo. Fiquei por alguns minutos, sem nada dizer. Falar o que diante de tudo aquilo?

Esse pouco tempo que fiquei ao seu lado foi para mim uma eternidade, e não parava de pensar naquela criatura tão intrigante na minha frente e meu coração sangrava de pena, me doía! Era uma dor tão intensa acompanhada de diversos sentimentos tristes. Eu só tinha vontade de chorar e me segurei para não o fazer na frente dele. (Digo isso com todo respeito a ele, do fundo do meu coração, de preocupação com meu semelhante e que muito me marcou!) Minha paixão foi extirpada automaticamente e substituída por piedade e tristeza. Engolia o choro e tentava disfarçar meu grande espanto para não o ofender (não sei se consegui).

Queria sair dali correndo, me livrar daquela situação e chorar muito. Estava muito triste, assustada, decepcionada, desiludida, intrigada, sentia pena de ele ser daquela forma. Aflita por ele estar naquela condição, triste por mim novamente não ter tido um resultado feliz no amor. Queria muito poder ajudá-lo, mas não sabia como. Estava tão chocada, sentia a dor daquela minha paixão por ele e dele por mim ter que ser arrancada e arremessada para o além, de imediato, sem absolutamente nenhuma alternativa, nem a mínima possibilidade de vivê-la!

Ficamos juntos não mais que 15 minutos. O tempo suficiente para tomarmos um café e mudos. Simplesmente não tínhamos o que conversar. Ele certamente percebeu minha perplexidade, tristeza e desconforto por mais que eu tentasse disfarçar.

Eu também pensava: "Ele não foi justo comigo! Por que não me revelou a verdade antes do nosso encontro?" Sendo um homem inteligente e culto conforme demonstrava, era óbvio que ele sabia ser um tipo ou estilo nada comum. Devia ter me preparado e ter me dado a possibilidade de escolha. Eu tinha o direito de saber antes, para decidir se queria ir ou não o conhecer. E, caso eu quisesse, iria preparada.

Estava triste demais pelo estado dele. De repente, ele disse-me: — Você é tão bonita, da forma que imaginei. — Essa certamente foi a pior frase que ele podia ter dito, porque fiquei sem jeito e com dificuldade de retribuir e até de agradecer a gentileza dele. Literalmente foi um dos piores dias da minha vida. Depois disso nunca mais nos falamos. Fiquei por meses com um sentimento de tristeza que me doía intensamente.

Anos depois, conheci numa festa um homem. Não me interessei por ele devido ao seu jeito metido nesse nosso primeiro contato. Ele era conhecido de um amigo e conseguiu meu telefone. Após ter recusado alguns convites para sairmos, ele insistia, demonstrava ser diferente daquele homem que conheci e pensei: "Minha má impressão da primeira vez parece não se confirmar. Acho que ele só foi estranho no primeiro contato." Mais adiante passamos a sair. Ele era gentil comigo, fomos aos poucos nos tornando próximos e acabei me envolvendo.

Ele era 25 anos mais velho que eu. Era fisicamente feio, mas nada disso tinha importância nem me incomodava. Esporadicamente ele se mostrava esnobe, com sinais de ostentação. Isso me fazia repensar com mais cautela na possibilidade de um romance. Mas com o tempo ele foi melhorando e me conquistou. Parti do princípio de que ninguém é perfeito e assim pensando iniciamos um relacionamento amoroso.

Durante um bom tempo ele era maravilhoso e fazia-me sentir uma rainha. Adiante, quando eu já estava bem envolvida na relação, esse homem foi mudando tanto, tanto, ou melhor, ele *não mudou*; *esse novo e estranho homem que me foi apresentado posteriormente era o homem que ele sempre foi e era de fato. Eu de novo entrando numa canoa furada em uma relação.*

O homem maravilhoso do começo era um homem fictício, inventado, uma fraude, um personagem que ele criou exclusivamente para me conquistar. E, conforme ele mesmo confessou à psicóloga, em uma única sessão de terapia de casal, à qual, com muito custo, consegui levá-lo, ele disse: — Eu fiz de tudo para ser diferente e é assim que funciona quando um homem quer conquistar uma mulher... Ele se transforma para agradá-la, mas não dá para sustentar ser outra pessoa a vida inteira e eu sou assim como estou agora. — E acrescentou: — Eu até tentei mudar, me desculpe, Nara, sinceramente eu não aguentava mais aquela farsa que não combina nada comigo.

Ele havia se tornado uma pessoa melhor, apenas até me conquistar. Quando teve a certeza de que eu estava apaixonada por ele, ou melhor, pelo personagem dele, perdeu o encanto e me apresentou sua verdadeira identidade!

Na vida real ele era uma pessoa sem disciplina, não cumpria horários, individualista e altamente mentiroso. Viciado e fanático por futebol, quase nunca estava disponível para outras coisas. Fazia desse seu hobby a extensão da sua casa e da sua vida. Exageradamente obcecado por futebol.

Comigo no princípio ele cumpria com horários e compromissos. Depois se rebelou e eu vivia a esperá-lo. Eu pensava: "Como pode, eu, uma mulher independente que sempre amou a liberdade, estar assim, dependente desse homem inconsequente e sem coração?" Mas seu pior vício era seguramente a mentira. Teve a coragem de pedir-me em casamento, comunicou aos meus familiares e passamos a procurar imóvel para morarmos depois de casados. Ele convidou amigos meus como padrinhos de casamento, até que descobri que ele ainda estava casado no papel e não se divorciava por não querer dividir o patrimônio com a esposa. Quem me relatou isso foi a própria esposa, apenas no papel, de fato!

Eu e ela acabamos nos tornando, de certa forma, meio "colegas". Também descobri que o motorista particular que no início ele tinha não era seu motorista. Era seu primo que ele contratou para impressionar-me (não entendi o porquê disso, pois nunca valorizei o luxo de ter motorista particular). Essa mentira foi descoberta por uma fatalidade, quando o rapaz sofreu um acidente e veio a falecer. Fui ao velório e descobri tudo. Minha decepção foi enorme! A vida dele era uma grande mentira. Mentia tanto que fazia da mentira a sua verdade e se perdia nela de modo que nem se dava conta do que era verdade ou mentira... Diante disso declinei, obviamente. Preferi ficar sozinha a mal acompanhada. Mas sofri, gostava do tal homem torto.

No final o mentiroso disse-me que reconhecia que não soube me amar como eu merecia. O incrível é que essa mesma frase meu ex-marido disse quando nosso casamento terminou. Ele assumiu que o fracasso do nosso casamento foi por sua causa. Nossa, pensei: "Disso eu e todo mundo sabia." O que eu nunca soube foi por que eles não souberam me amar.

Após essas experiências frustrantes analisei minha trajetória amorosa, interpretei que definitivamente eu não devia ter nascido para ter um companheiro ou ser feliz no amor. Como dizem popularmente de pessoa que tem o dedo torto ou podre para o amor. Resolvi ficar sozinha. Até aparecerem outros homens que manifestaram ter algum interesse por mim, mas considerei que eles não valiam a pena e não me interessei por nenhum deles.

Fiz um balanço da minha vida amorosa e concluí que os homens que fizeram parte dela não eram os homens certos. Isso significava que eu não soube fazer minhas escolhas. Creio até que sempre fui escolhida. Identifiquei ainda que vivi mais tempo sozinha que acompanhada. Também não me sentia mais com disposição para começar uma nova relação, apostar na sorte, passar por novas experiências, talvez melhores, ou até piores.

À vista disso, preferi investir mais em meu campo profissional, dedicação à família e carregar comigo o desejo de grande romance do cinema e livros apenas na lembrança. Só que no fundo do meu interior acreditava em encontrar um grande amor. Principalmente quando me defrontava com casais bem-casados e felizes, de fato, não são maioria, mas existem. Ficava encantada e feliz quando sabia de alguma história de amor rara real e belíssima, como é a história de amor do presidente da França Emmanuel Macron e sua esposa Brigitte Macron.

O presidente Macron foi aluno da Sr.ª Brigitte quando adolescente. Ela nessa época já estava casada e mãe de três filhos. Ele se apaixona pela professora e mais adiante, com 17 anos, declara a ela seu amor e lhe diz que ainda se casará com ela. Anos depois, ele luta por esse amor, se casam e são felizes. Ela é 24 anos mais velha que ele. Que belíssima história de amor! *Esse é o amor dos meus sonhos e dos sonhos de muita gente, com certeza!*

Conforme citei no início de minha história, sempre admirei e apreciei uma linda história de amor, desejava ter e viver uma história assim. Observo os poucos casais que conheço sortudos e felizes no amor até velhinhos! *E pensava no dentista com saudade do que poderia ter vivido com ele.*

Conheço casais que estão juntos toda uma vida (se dizem casados), porém sem amor, casados apenas no papel. Mantêm uma convivência de aparências por conveniência. Essa é uma realidade triste, nada saudável que não desejo para a minha vida! Penso que viver assim não faz nenhum bem para a alma nem traz paz espiritual. Nada contra quem faça essa escolha, cada um sabe e conhece as suas necessidades, tristezas, fraquezas e, claro, deve saber o que é melhor para si. E, se não sabe, apenas acha que sabe e, se tratando de pessoa adulta, precisa saber fazer escolhas mais assertivas, pois toda escolha gera consequência. Mas eu voltava a pensar: "Poxa! Por que será que os homens que passaram por minha vida não souberam me amar? Por que agiram tão erradamente comigo?"

Felizmente não acabei assim sozinha, não! Nem tudo estava perdido! Deus teve piedade de mim. Quando eu não esperava mais, apareceu na minha vida advinha quem? Sim! Ele mesmo! Meu maravilhoso dentista! Como? *Creio que estava escrito nas estrelas, nos céus, na lua, na atmosfera, no ar, na natureza, em outras galáxias, no plano espiritual, e certamente na energia universal de força astronômica em que acredito e nos mistérios do universo.*

Consegui finalmente realizar meu sonho de menina de ter e viver um grande e lindo amor, como num romance de cinema ou literatura. Casamo-nos, somos muito felizes e tenho certeza de que ficaremos juntos para sempre nessa felicidade, "além desta vida".

Muitas vezes lutamos uma vida inteira para realizar um sonho e encontrar a felicidade no amor. Como tudo na vida tem seu preço, a felicidade no amor também tem o seu!

Esperei por quase meio século até realmente encontrar o grande amor que completou a minha felicidade, porque feliz sempre fui, apesar de tantos desencontros amorosos e outras ocorrências na vida. Mas nunca abri mão de ser feliz e sempre fui, pois só pelo fato de estar viva com saúde já significa grande felicidade.

Mas sempre defendi que deveria ser feliz por mim, a qualquer tempo, independentemente de estar acompanhada ou não.

A felicidade é um estado de espírito de conquista alcançada!

Importante: não julgue os homens de modo generalizado. Há muitos homens bons, honestos e fiéis. Conheça bem o seu homem e trabalhe com ele nessas virtudes.

Nunca desista de ser feliz, busque sua felicidade dentro de você, não perca a esperança de complementá-la com um grande amor, se for seu desejo. Lute e tenha fé!

Essa bênção me aconteceu não porque sou uma mulher que não se deixa abater, que escolheu ser alegre, otimista e feliz por opção, mas porque fui e sou persistente, sonhadora, que sempre luta pelo que quer, até em pensamentos ou em sonhos.

Paciência e fé!

Um lindo sonho... A força da mente é poderosa!

Boa sorte para você!

SÓ PORQUE SOU GORDA?
E DAÍ? A MINHA GORDURA TE INCOMODA?

Fala sério: a minha gordura te incomoda?

Durante toda a minha infância e adolescência, sofri preconceito por ser gorda. As crianças da minha escola me chamavam de baleia orca, boneca inflável, boneca do Carnaval de Olinda, jamanta, gorducha, fofucha, balofa, peso-pesado, bolota, foquinha e muito mais! Até criaram e cantavam uma música para mim que era assim: "Aninha, que lindinha, você é nossa gordinha!" Outras vezes cantavam: "Aninha, que gracinha, você é nossa bolinha!"

Eu chorava ao ouvir aquelas terríveis músicas que assolavam meus ouvidos quase todo dia; mas nem podia reclamar, e para quem? Até a professora achava engraçado e ria. Sim, há anos nada disso era considerado abuso, bullying, crime, discriminação; era tudo liberado. As pessoas diziam o que queriam e ficava por isso mesmo. Tinha que sofrer calada. Com o tempo me acostumei porque não havia outro jeito.

Até minha mãe não me entendia nem me apoiava. Certa vez fui me queixar com ela sobre estarem zombando de mim na escola, em busca de algum conforto, apoio, ela me disse: — Filha, mas você é mesmo gordinha, eles estão falando a verdade. — Antigamente criança sofria e não tinha apoio, acolhimento, ajuda, parecia até que não existia psicologia.

Há algumas passagens de minha adolescência que me marcaram demais. Em especial existem duas eternamente marcantes. Lembro-me de que eu queria muito uma calça jeans de determinada marca que, na época, era moda, e toda adolescente usava. Ganhei a tão sonhada calça jeans, mas por eu ser gorda a calça não ficou boa. A minha frustração foi imensa, chorei muito. A segunda situação foi consequência dessa primeira. Eu disse para minha mãe: — Mãe, acabo de entender que não posso andar na moda por uma simples razão. Não sou eu quem escolhe a roupa que uso, são as roupas que me escolhem, eu uso o que me serve.

Também não havia muita opção de moda para pessoas gordas. E, pior, pelo que observo o manequim/tamanho da roupa também encolheu (tenho mantido meu peso e comprado roupas de tamanho maior). Uma pessoa, minha conhecida, que cursa moda, me disse que, de fato, os manequins, as modelagens, estão menores por influência da moda asiática. Mas creio que seja também por economia de tecido e assim os tamanhos G e GG menores empurram a pessoa para o *plus size* de preço maior. Atualmente até existe mais opção, porém distante do ideal da moda.

Quando me tornei adulta, permaneci gorda e nada de florear a realidade usando palavras no diminutivo, na intenção de ser mais agradável ou de tentar tapar o sol com a peneira, dizendo: gordinha, fofinha, fortinha, cheinha, parrudinha, encorpadinha, troncudinha, ou ainda "você não é gorda, só tem ossos graúdos". Já escutei tudo isso, mas, ora essa, basta, gordo não é idiota! *Para que tanta hipocrisia se nas minhas costas me chamam mesmo de gorda?* E é o que sou, entre tantas outras coisas, pois não sou apenas gorda. Tenho qualidades e defeitos como qualquer pessoa, e tenho nome.

No mundo adulto as discriminações, na maioria das vezes, estão por debaixo dos panos. Certa disso sei que fui excluída de muitas coisas na vida, por muitas pessoas, em múltiplas atividades e lugares, como: escola, trabalho e nas relações interpessoais. Amigos(as) de verdade nos acolhem independentemente da nossa condição física ou outra qualquer, mas eles(as) são raros, fazem parte da minoria.

Atendia a um cliente muito exigente, às vezes contratava pessoas para trabalhar na empresa dele. Ele sempre enfatizava para eu não contratar pessoas gordas. Não nos conhecíamos pessoalmente. Certa vez houve um evento na empresa dele, do qual eu precisava participar, e ele estaria presente. Ele me disse: — Me procure para nos conhecermos pessoalmente. — Fiquei tensa, cheguei ao evento, logo o identifiquei, mas não me apresentei e me escondi dele durante todo acontecimento, mesmo sem a possibilidade de ele me conhecer... talvez ele me reconhecesse pela voz. Depois lhe dei uma desculpa e nunca me conformei com o que fiz. Creio que foi por receio de perdê-lo como cliente, insegurança por ser gorda, para não o constranger, nem a mim, mas também por covardia e falta de respeito comigo mesma.

O que sei é que pessoa acima do peso, com sobrepeso ou obesa, em geral é rotulada, chamada e vista como pessoa gorda e ponto. O clichê é: *Pessoa que foge do padrão de magreza estabelecido e imposto pela sociedade preconceituosa é gorda e está fora do perfil!*

Quando eu era jovem, as pessoas me perguntavam: — Você é gordinha por que come muito? Já tentou perder peso através disso ou daquilo? — E mais: — Sempre foi gordinha? Poxa! Você é tão jovem, tem o rosto tão bonito e por que isso e aquilo! — Meu Deus! Quem aguenta? *Uma vida inteira de questionamentos, censuras, discriminação, especulações. Haja paciência!*

É impressionante como as pessoas são mesmo preconceituosas (algumas bem más) e se incomodam demais com a gordura dos outros e com a vida alheia! Simplesmente porque lá atrás alguém estabeleceu um modelo rotulado como padrão de conceito de beleza valorizando somente a magreza. E a perseguição só existe com relação à mulher, que é muito observada e cobrada por tudo na sociedade e suas ditaduras. Porque a mulher tem que ser e estar sempre bonita, maquiada, bem penteada, de unhas feitas, bem-vestida e calçada, perfumada e, claro, de preferência, de corpo esguio! Mas o que é isso? São muitas as exigências e pressão!

Para o homem a exigência é: toda gordura está ou será perdoada. No passado, uma música cantada pelo grande e querido apresentador da televisão brasileira *Silvio Santos* dizia: "O homem pode ser careca, baixinho e barrigudo, mas se tiver dinheiro ele está com tudo!"[10] Tradução: o homem pode tudo e é aceito pela sociedade independentemente de como é! Se tiver dinheiro, então, vira modelo, dita moda e regras. Só rindo.

Há tempos que o padrão de beleza é a mulher magra, silhueta esguia, e tentam sucumbir a mulher gorda. Pura maldade, mas nem sempre foi assim. Na pré-história, por exemplo, o conceito de beleza feminina estava ligado à questão da reprodução, em que a mulher de seios e quadris fartos era bem-vinda.

No século XIX, havia admiração pelas mulheres gordas. A rainha Vitória era baixa, gorda e triunfou como rainha. Ainda no mesmo século, a princesa de Cambridge, conhecida como Fat Mary ou Maria Gorda, também era admirada e aclamada. Na literatura mulheres gordas apareciam como destaque e eram cobiçadas. Também na arte da pintura abrilhantavam a mulher gorda. Mestres renomados da pintura enalteciam-nas, como: *Pablo Picasso*, que pintou *Três mulheres na fonte*[11] (gordas); *Leonardo Da Vinci*, que pintou *Mona Lisa*[12] (gorda). No século XX, *Botero* foi reconhecido como o pintor dos gordos e, claro, de mulheres gordas. Mas quando lhe perguntavam, por que pintava figuras gordas, Botero respondia: — Não são gordas. A mim parecem-me esbeltas. — Bela resposta de Botero! *Creio que sempre haverá beleza nos olhos de quem a vê. O lindo, o belo ou o feio está no enxergar de cada olhar e na sensibilidade da essência de cada um!*

Ainda no século XIX, em alguns lugares a gordura era vista como sinal de pessoa saudável, fértil ou de posses. E as mulheres gordas eram consideradas bonitas. Isso me levou a desejar ter nascido naquela época.

Dizem até que, provavelmente, o primeiro livro de dieta para emagrecer foi publicado em 1864, por William Banting, diretor de uma funerária com sobrepeso.

---

[10] DINHEIRO é documento. Intérprete: Silvio Santos. Compositor: Miguel Gustavo. São Paulo: Gravadora Copacabana, [1966/1975]. Vinil (3 min).
[11] PICASSO, Pablo. **Três Mulheres na Fonte**. 1921. Óleo sobre tela, 204 × 250 cm. The Museum of Modern Art (MoMA), Nova York.
[12] DA VINCI, Leonardo. **Mona Lisa**. [1503-1519]. Óleo sobre madeira, 77 × 53 cm. Museu do Louvre, Paris.

No final do século XIX e início do século XX, as mulheres gordas começavam a aparecer nos cartões-postais. Mais adiante, preconceituosamente os homens foram ensinados a não gostar de mulheres gordas. Que crueldade! Quantas mudanças de gostos, conceitos e preconceitos, não é? Mas sempre a mulher é a grande provocada, alfinetada, explorada e sacrificada.

Ser mulher é nascer e ser eterna heroína! Observe que intrigante: nunca ensinaram a mulher a não gostar de homem gordo! Talvez porque sempre souberam que a mulher não valorizaria esse preconceito, jamais o acataria por considerá-lo medíocre.

A pessoa é gorda por infinidades de razões e quase nunca é porque ela quer, gosta de ser gorda ou é relaxada com seu peso. Existem fatores genéticos, de metabolismo lento e tantos outros motivos nos quais não sou especialista para me aprofundar no tema, mas certamente já ouvi muitos exemplos de inúmeros médicos com quem me consultei durante toda a minha vida. Também li muito sobre a questão e sei que o organismo humano é complexo, que cada pessoa tem seu metabolismo com histórico peculiar.

Procurei por diversas vezes perder peso para sentir-me incluída. Agi erradamente!

Passei por múltiplos tratamentos sem êxito. Queria emagrecer para sentir-me bem comigo, mas confesso que também pelos outros, assumo isso, era para sentir-me dentro dos padrões considerados normais pelas convenções estabelecidas por uma sociedade ditadora, consumista e inconsciente! *Eu sofria e queria ser aceita por essa sociedade preconceituosa, veja que bobagem. Mas isso é coisa do passado. Aprendi a lição básica que é me respeitar e me amar. Hoje me aceito como sou.*

Não fui em nenhum momento relaxada ou agi com descaso sobre meu peso, mas nunca consegui atingir o peso convencional da magreza. Entendi que tem gente que nasceu para ser magra, outras para serem gordas, e ponto.

Importante dizer que conheci gente muito especial. Gente, gente de verdade, ou seja, pessoa gorda que gosta de ser gorda e gosta também de gente gorda; e gente magra que gosta de pessoa gorda, que só namorou pessoas gordas e se casou com uma delas! Ao conhecer essas pessoas fiquei gratificada, admirada e envergonhada por minha postura do passado. Mas pessoas assim são raras!

A gordofobia é um preconceito criminoso. O gordofóbico tem verdadeira aversão e até medo de quem é gordo. Parece que o magro gordofóbico crê que a pessoa gorda vai lhe contagiar e torná-lo gordo. Calma aí, gordura não é vírus, você não vai se contagiar!

Quando o preconceito e a discriminação não eram vistos ainda como ato criminoso, o abuso era ainda maior. Mas estamos longe do modelo ideal em toda parte do mundo. Tenho amigas e amigos gordos que moram em países diferentes e suas queixas por sofrerem preconceito são semelhantes às minhas e às de milhares de pessoas gordas, conforme confirmado pela *Fluvia Lacerda, primeira modelo plus size brasileira, que comprova a discriminação no mundo e no universo da moda.*

Quando eu era bem jovem e na busca de trabalho, fui entrevistada por um diretor que me disse com todas as letras: — Temos na empresa uma política de não contratar pessoas gordas e não é pela parte estética. É tão somente porque a pessoa gorda tem tendência a contrair mais doenças e consequentemente afastamento do trabalho, o que afeta consideravelmente o resultado produtivo da empresa. — Pensei: "Nossa! Minha saúde é ótima!" Ele continuou: — Nada contra você, me simpatizei com você, e você possui um excelente currículo, tem também um rosto lindo e ficaria bela, se fosse magra! Lamento mesmo e lhe desejo boa sorte! — Eu suportei isso!

Situações como essa vivi com frequência no passado. Atualmente, disfarçam mais devido a leis, diversidade e inclusão social, que felizmente têm ganhado força e espaço. Mas muitos gordos ainda sofrem preconceito, discriminação e nem levam o caso adiante. *Reclamar para quem? Iria resolver? Provar nem sempre é fácil, esse é o problema maior!*

Pessoas discriminatórias como esse diretor não fazem ideia dos estragos que podem causar na pessoa gorda. Sem generalizar, mas sei de muitas pessoas gordas que se sentem diminuídas, inferiores, menosprezadas, por serem excluídas e têm a sua saúde emocional delicada, por vezes, até abalada e baixa autoestima. Tudo causado pelo elevado índice de discriminação e rótulos da sociedade ditadora de modelos preconceituosos!

Evidente que postura inadequada, palavras indelicadas, grosseiras, infundadas e criminosas como as desse diretor podem desencadear transtornos psicológicos graves e sequelas irreparáveis na pessoa gorda.

Após ter passado por algumas experiências dessa magnitude, capacitei-me, especializei-me e mudei de profissão. Passei a trabalhar numa área de suporte importante para organizações, nas quais não preciso estar de forma presencial. Trabalho em *home office* muito antes da pandemia. Livrei-me de constrangedoras humilhações nas empresas (já que não consigo emagrecer). Lamentavelmente nem todo(a) gordo(a) pode na sua profissão trabalhar em *home office*! No passado com frequência me perguntavam: — A gordinha vive escondida? Não sai mais de casa? E trabalha também em casa? — Isso quando o *home office* não era uma prática comum adotada pelas empresas e causava a ignorante desconfiança das pessoas.

De certa forma sim, eu vivia e vivo escondida. Mas estou feliz, protegida de ser importunada pela estupidez da sociedade. Com o passar do tempo, o avanço tecnológico e as mudanças das modalidades de prestação de trabalho, a área que escolhi me oferece condições de viver nos bastidores, longe dos olhos cruéis dos tantos *profissionais com mestrado e doutorado, com tanto estudo, porém ignorantes, de completa pobreza de espírito e sabedoria de vida!* Possuidores de uma inteligência questionável.

Que bom que amo o que faço e sou excelente no meu campo profissional, assim posso ficar longe desses pobres seres. Mas nem todo(a) gordo(a) tem a mesma possibilidade que tive e tenho e precisa garantir seu lugar ao sol, ganhar seu pão de cada dia. Penso que é mais que tempo de essas pessoas *(magras de corpo, cabeça e espírito) acordarem, enxergarem e adquirirem um pouco de gordura de inteligência e de amor ao próximo.*

Um "amigo" que eu julgava amigo, mas certamente nunca o foi, muito vaidoso, que tem tudo, descobri que ele possuía uma pobreza interior estrondosa, se afastou de mim por eu ser gorda. Acredite! Ele vive postando nas redes sociais fotos dele com pessoas sempre bonitas e magras, inclusive de artistas. Adora aparecer ao lado dessas pessoas "famosas". Parece que ele precisa desse alimento para se fortalecer. Isso é triste e pobre, mas há muita gente assim.

Quando ainda participava de alguns eventos em sua companhia e tirávamos fotos, ele nunca postava as fotos em que eu estava. Eu era a única gorda da turma. Depois ele simplesmente deixou de me convidar para qualquer ocasião e passou a rejeitar meus convites, alegando compromissos. Não considero tê-lo perdido, nem mesmo que tinha um amigo. *Ele certamente não me fará falta. Portanto, eu não perdi nada.*

Atualmente já se abrandou um pouco o preconceito contra pessoas gordas pelo momento tão falado do acolhimento à diversidade. Mas ainda está infinitamente distante do necessário, já que o ideal jamais será atingido.

A própria mídia hoje aceita melhor a pessoa gorda. Há lindas mulheres fora do padrão de magreza em campanhas publicitárias fazendo sucesso na área da moda, entre outras. Temos cantoras, duplas sertanejas, atrizes, atores e pessoas de tantas profissões em evidência, mostrando a sua beleza real sem a magreza imposta. Mas não vamos nos iludir, o preconceito segue, em grande escala, é venenoso, vergonhoso e creio que sempre existirá, lamentavelmente.

É como os tantos preconceitos existentes, são como vírus contagiosos que não morrem nunca! Ainda não foi descoberta uma vacina eficaz para combatê-los!

Na breve retrospectiva a seguir, nós mulheres podemos conferir as muitas transformações que vivemos e sofremos ao longo dos tempos.

O século XX refez antigos costumes, tristemente as mulheres gordas já não eram mais bem-vindas. Começavam a valorizar e explorar mais o corpo da mulher para conquistar o ideal da boa forma. Surge, na década de 1940, a linda e inesquecível atriz Marilyn Monroe, que revoluciona o conceito de beleza feminina e muito brilhou com sua silhueta magra e foi um dos maiores símbolos sexuais do século XX.

Creio que foi a partir daí que houve o adeus definitivo à mulher gorda. Nos anos 1950 e 1960, o grande símbolo sexual foi a bela Brigitte Bardot, de beleza exuberante, extraordinária referência, magra e de belo corpo escultural. Novamente ficava sem representatividade a mulher gorda. Na sequência, nos anos 1960 e 1970, aconteceu o movimento hippie, que trouxe mais mudanças, e surge a moda do corpo sem curvas, mas a magreza permanece em alta. Adiante vieram novas mudanças. Nos anos 1980 e 1990, foi o momento ou a fase das mulheres de corpos bem definidos, de valorização dos músculos, que teve como símbolo a cantora Madonna e, claro, mais uma vez, a ausência de representatividade da mulher gorda.

Século XXI, mais remodelações. A partir do ano 2000 até o presente, a beleza natural passou a ser mais valorizada; mas, claro, seguida da substancial magreza, como a de Gisele Bündchen, que, concretamente, não representa a mulher comum. A mulher gorda mais uma vez não é contemplada, permanece fora do contexto dessa beleza ditada e imposta.

A história mostra muitas transformações nos conceitos e padrões de belezas estabelecidos e ditados às mulheres em todos os tempos. São muitas as mulheres em todo o mundo que tentam seguir esses padrões de ditadura da sociedade dominante, mas elas tentam atingir o inatingível. O padrão de magreza absoluta com que essas mulheres sonham e buscam é completamente sem êxito e ganham como resultado frustração e sofrimento. Falo por experiência própria, porque já fui obsessiva e alienada para me encaixar no tal padrão de magreza e sofri as consequências dessa insanidade.

Vale enxergar que o bonito é relativo... E sempre dependerá de quem vê ou enxerga! O olhar faz toda a diferença! O belo pode ser apreciado, explorado e ter grandes representações e interpretações, de acordo com cada olhar.

Defendo que viver escrava de padrões estabelecidos ou impostos de forma abusiva escravista não é o modelo ideal nem saudável para nenhuma mulher. Defendo ainda que a mulher deva aprender a apreciar-se e a respeitar seu corpo como ele é sem dar maior importância aos padrões alienados preestabelecidos e impostos por uma sociedade alienada e insana, que bota cabresto e castiga a mulher com tantas doutrinas abusivas e absurdas.

Você, mulher, se fortaleça, agarre suas rédeas, resgate seu valor, não se deixe influenciar, não faça nada que esteja fora do seu alcance, cuide de você, da sua vaidade, do seu jeito acolhedor mais amigo que a conforte e a respeite. Seja você a sua primeira amiga, sem obsessão, extrapolação, alienação, compulsão ou fixação insana na busca de alcançar um modelo rotulado pelo modismo e consumismo. Que na maioria das vezes só frustrará, a você, mulher comum e modelo normal, e que de fato representa a massa, de diversas formas, tamanhos de silhuetas, cor de pele e cabelo, que certamente é a que de fato contempla a realidade.

Nada de viver numa corrida maluca, incessante, alucinante e sem sentido, desnecessária e considerada batalha perdida! E para que mesmo, não é? Está claro que, para a maioria das mulheres, é impossível alcançar esse padrão de corpo... Dessa forma, ganharão apenas dor e sentimento de fracasso. Por isso digo que é luta e tempo perdido!

Hoje tenho 55 anos e meu conselho de gorda que nunca conseguiu emagrecer é: seja você o seu padrão de beleza. Respeite-se, se ame, se proteja, se blinde e se admire. Preserve-se, salve-se, resgate seu valor e amor próprio; se valorize como mulher e como pessoa que é. Essa é a chave e o caminho para a ordem e o equilíbrio. Descarte essas invenções desordeiras absurdas. O seu valor não está no seu corpo, mas sim em quem você é!

Não se corrompa nem se sabote, se ame! Você é mais importante que tudo isso. Seja você e seja feliz como é. Acredite que o mais importante é ser saudável; se você o é, agradeça, celebre, se aceite e se ame como é, e seja feliz!

O ser humano muitas vezes desenvolve seu lado cruel.

Contudo, precisamos continuar a acreditar nele, ou a vida não terá sentido.

Você não é modelo, não vive do seu corpo, mas sim da sua cabeça pensante, sua inteligência, seus sentimentos. Então use a sua inteligência para o rumo certo.

Liberte-se, elimine sua corresponsabilidade dessa cegueira que sempre gerou o terrível *apartheid*. Seja saudável de corpo, mente e espírito, mas, principalmente, seja feliz com você do jeito que é e fique em paz! Essa é a verdadeira essência da vida que vale a pena ser cultivada; com ela você mostra sua liberdade, que vai irradiar sua beleza!

E mais, querida amiga, conceito de beleza é muito relativo e mutável, conforme vimos.

Estou muito feliz! Minha filha, que é magra, não herdou minha genética gorda, é executiva de uma grande empresa, ela tem em sua equipe pessoas gordas, negras e de gêneros diversos.

Ela está muito satisfeita com o profissionalismo e alto grau de eficiência dessas pessoas, consideradas por muitos gestores indesejáveis, incompetentes, improdutivas, invisíveis. São empregadores gordos de preconceitos, esguios e desnutridos de sabedoria.

Dei-lhe meus parabéns e lhe disse: — Viva a diversidade, filha! Graças a pessoas como você, creio que o mundo ainda terá conserto!

A propósito, tenho também uma filha gorda. Essa, sim, herdou a minha genética. Sempre, desde bebê, ela foi gordinha. Sempre foi também extremamente inteligente e saudável. Trabalha numa grande organização, na qual ocupa cargo de liderança. Ela também tem em sua equipe muitos profissionais gordos. Gordos fisicamente, gordos de inteligência, gordos de competência, assim como ela. Além de pessoas de todos os gêneros de sexo, os chamados invisíveis e discriminados, fora do contexto para muitos gestores/empregadores!

Eu lhe disse: — Minha filha, parabéns por você ser de fato uma mulher de peso (profissional, intelectual e de sabedoria), que jamais permitiu que seu peso físico a atrapalhasse, pelo contrário, seu peso físico lhe dá a leveza de dirigir com muito amor, humildade e extremo êxito uma grande empresa importante no mercado.

E é nessas horas que me lembro daquele infeliz diretor que não me contratou porque sou gorda. Sou agraciada com duas filhas maravilhosas, conscientes, que me abrilhantam de alegria e aceleram meu coração de contentamento e paz!

Que orgulho das minhas filhas (gorda e magra fisicamente), que não diferem nos quesitos do respeito e de real inclusão social, pluralidade de verdadeira linguagem inclusiva, que praticam ações de real valor na vida dessas pessoas discriminadas por tantos... Que trilham pelo caminho do bem com sabedoria, promovem o movimento do bem na contribuição da redução do preconceito para termos um mundo melhor, mais humano e mais justo.

Gratidão, minhas filhas, por serem bênçãos em minha vida!

Viva a diversidade, com esperteza e sabedoria!

DISCRIMINAÇÃO, VIOLÊNCIA CONTRA A MULHER E A ORIGEM DO MACHISMO, VEJA POR QUE...

Mulher, razão da existência da humanidade... Ela tem a grandeza dessa importância, poder da concepção, de trazer à vida, de dar luz ao mundo! Injustamente esse ser tão espetacular é sofrido, oprimido, excluído, marginalizado, desrespeitado, perseguido, escravizado, humilhado e violentado pelo homem há séculos! Veja por quê!

Sempre foi assim! Declarada pelo sexo masculino guerra vitalícia contra o sexo feminino, lá nos primórdios, e segue séculos a fio... Alguém sabe explicar por quê? Onde e como esse barbarismo começou? E até quando será assim? Neste meu conto você saberá. Quanto à pergunta "até quando?", vai depender, *principalmente, de nós mulheres, mas também de pessoas de bem, independentemente de gênero, que têm sede de justiça para botar ordem na desordem e trazer justiça!*

Sabemos que a nossa sociedade é machista, mas na proporção que tem avançado essa doença da ignorância, fazendo milhares de mulheres vítimas de desrespeito, injustiça, violência acompanhada de feminicídio, não pode continuar. Claro que a mulher já conquistou alguns direitos, mas ainda vive num submundo distante do ideal.

É preciso falar do que está ruim para ver se fica melhor! Defendo que o direito de igualdade com equidade entre todos os povos, negros, brancos, todos os gêneros, nacionalidades, etnias, religiões e qualquer condição, é tão essencial quanto o ar que respiramos!

Creio que, por falta de medidas educativas eficazes na criação e formação da criança, principalmente a do sexo masculino, seguida da escassez de ferramentas preventivas, assertivas e da aplicação de leis com sua devida importância, a violência contra a mulher avançou drasticamente. A ausência de leis eficientes, rigorosas, punitivas e seu correto cumprimento ao longo dos tempos fortaleceu a crueldade contra as mulheres. A falta dessas prioridades tem aumentado inescrupulosamente, os danos à mulher, com elevação crescente nos últimos anos, no mundo, de acordo com os índices oficiais atuais que são alarmantes para quem quiser constatar!

E danos à mulher se traduz em danos à humanidade!

É crime contra o ser humano, é retrocesso rumo ao abismo da espécie humana!

Precisamos de reforma moral, resgate de valores da importância do ser humano, da família, da vida e priorização do importante papel da mulher na sociedade.

Quando se perdem valores essenciais, as consequências são graves e é o que retrata o momento atual. Se nada fizermos de consistente, eficiente e urgente, esse descontrole insano descabido, sem limite, tende a aumentar irreversivelmente. Amor ao próximo e respeito são fundamentais e *princípios básicos para tudo! É essência da vida!*

Peço apoio a você, pessoa de bem, que tem sede de justiça, independentemente do gênero. Que lutemos juntos na esperança de criarmos conectividade básica, apesar do gargalo que há anos nos impede de promovermos ampla e necessária mudança para salvar as tantas mulheres mundo afora e ofertar a elas igualdade com equidade, que se chama justiça.

Fala-se tanto na diversidade e na inclusão social, no entanto, excluem a mulher em diversos contextos de seus direitos de cidadã. Uma injúria milenar!

Veja que notícia triste, desumana e injusta, de cortar o coração, em pleno ano de 2021: "A volta do Talibã ao poder no Afeganistão tem causado medo nas mulheres afegãs devido à diminuição dos seus direitos conquistados ao longo dos últimos 20 anos."[13]; "Controle do Talibã no Afeganistão ameaça mulheres com proibições e apedrejamento. Para o grupo, mulheres não podem trabalhar, estudar e viajar sem seus maridos"[14].

Que mundo é esse? O ser "humano" do sexo masculino está doente, consequentemente nosso planeta, decadente! Em pleno século XXI o ser humano do sexo feminino é tratado como lixo; a mulher ainda vive em condição análoga à do século passado. Os direitos da mulher são violados com absoluto desrespeito e de maneira atroz! O pensamento social dos poderosos não faz conexão com as reais necessidades do contingente feminino. A língua falada não é a esperada nem representa as mulheres que há séculos buscam igualdade e justiça. As ações desse cruel sistema machista que rege o planeta há milênios não são mais toleráveis. O mundo não pode simplesmente assistir sem nada fazer. *Estamos falando de direitos humanos, vidas violadas, roubadas, interrompidas, sacrificadas, destruídas e perdidas!*

Difícil entender a relação do poder e da política machista e sangrenta no trato com o ser humano, principalmente com a mulher, tratada como se fosse esgoto, verme, e não pessoa. O desrespeito com ela é gigantesco, vergonhoso e desumano.

E, pior, a mulher, embora represente 50% ou mais da população mundial, é minoria no universo da política, e em tantas outras áreas. Dessa forma, o mundo segue governado pelo homem/sexo masculino. O sexo masculino persevera na criação e regência de regras, normas e leis que desfavorecem e escravizam a mulher. Um perigo iminente para a população feminina na atualidade e para o futuro da humanidade e do nosso planeta numa desordem e injustiça descomunais. Prova disso são as guerras, cada vez mais.

---

[13] PINOTTI, Fernanda. Volta do Talibã ao poder causa diminuição de direitos das mulheres afegãs. **CNN Brasil**, São Paulo, 6 jan. 2023. Disponível em: https://www.cnnbrasil.com.br/internacional/volta-do-taliba-ao-poder-causa-diminuicao-de-direitos-das-mulheres-afegas/#:~:text=das%20mulheres%20afegãs. Acesso em: 8 jan. 2025.

[14] CORREIO 24 HORAS. Controle do Talibã no Afeganistão ameaça mulheres com proibições e apedrejamento. **Correio 24 Horas**, Salvador, 16 ago. 2021. Disponível em: https://www.correio24horas.com.br/mundo/controle-do-taliba-no-afeganistao-ameaca-mulheres-com-proibicoes-e-apedrejamento-0821. Acesso em: 8 jan. 2025.

Os covardes ignorantes criam as guerras, geram crueldade, desamor, violência, mortes, destruição, declínio do planeta, atraso moral e geral, sem nada que justifique tal barbárie. Nós mulheres podemos nos orgulhar de não fazermos parte desse genocídio... É a maldade do sexo masculino, que perde a razão por não ter consciência nem coração.

A desigualdade humana é uma doença letal que fere os direitos humanos, envergonha a raça humana e puxa o planeta Terra para o retrocesso e precipício da ignorância.

Observe a representatividade da mulher no Brasil: "Segundo a FGV, entre os anos de 2014 e 2019, a taxa de participação feminina no mercado de trabalho cresceu continuamente e atingiu 54,34% em 2019"[15], entre outras fontes. Mas a mulher segue sem reconhecimento, é minoria em cargos de liderança e boa parte percebe remuneração inferior ao homem na execução do mesmo trabalho. Pura injustiça que nos envergonha mundo afora.

A demagogia sempre em alta na pauta pelo mundo é aplaudida por abutres que alimentam a cadeia machista vergonhosa, lançadora de normas que não beneficiam nunca a classe feminina nem atendem as suas reais necessidades. Observe este exemplo:

No ano 2021 aconteceu o julgamento do caso Tatiane Spitzner, em que o viúvo é acusado de matar a esposa. O júri foi composto por sete homens e nenhuma mulher! É justo isso? *Julgamento de feminicídio com ausência feminina no júri é afronta, desacato e desrespeito à mulher.*

Importante lembrar a você que não respeita a mulher: sua primeira casa foi uma mulher — você foi concebido e viveu nessa moradia, no ventre materno de uma mulher até seu nascimento... Seu nascimento só foi possível porque uma mulher lhe botou neste mundo (sua mãe). Razões básicas para você respeitar e agradecer a mulher por toda a sua vida. Você, do sexo masculino, como pode querer se achar maior e melhor que a mulher?

Outro importante exemplo: a questão do aborto. Geralmente as discussões e leis são criadas e aprovadas por homens. Mas homem não

---

[15] ALPACA, Nathalie Hanna. Participação de mulheres no mercado de trabalho é 20% inferior à dos homens. CNN Brasil, 8 mar. 2022. Disponível em: https://www.cnnbrasil.com.br/economia/macroeconomia/participacao-de-mulheres-no-mercado-de-trabalho-e-20-inferior-a-dos-homens/. Acesso em: 8 jan. 2025.

engravida, não dá à luz ou amamenta! Ninguém melhor que a mulher para debater com domínio e predominância sobre seu corpo, que, na gravidez, passa por grandes transformações físicas e psicológicas. Tema delicado e polêmico que diz respeito a mulher e seu corpo. *Evidente que há tantas outras questões envolvidas, mas a chave é a mulher!*

Revoltante, mas a hipocrisia e a ignorância falam alto e fedem ao exalar imenso e poderoso odor com profundo ardor e grande dor nas classes massacradas, desprotegidas, vulneráveis. Vemos isso diariamente nas ruas, periferias, favelas, na elite, de modo a atingir com gigantesca intensidade a mulher, essa eterna guerreira massacrada há séculos, desde sempre.

O tempo passa e a sociedade caminha com valores distorcidos numa confusão faraônica de endeusar com elevado valor o satânico e desvalorizar completamente o certo e justo! Observo um movimento masculino na contramão, indecente, machista, sexista e misógino. O correto é visto como não tendo valor, e se idolatra o errado... Criminosos, ladrões, bandidos estão soltos, ou logo saem pela porta dos fundos (outros são soltos). E o sexo masculino segue governando, de dentro ou de fora das grades, continua a orquestrar crimes, porque o sistema assim permite esse regimento atroz.

A moral é lenta e vem de poucos que detêm o poder. A justiça é cega no agir com injustiça... Então, a mim, mulher, só me resta contar com a justiça divina?

No âmbito da política, falta maior participação da mulher. Ela precisa estar representada, com ativismo, militância, ter voz, fazer parte da política de seu país e das leis, e assim ser mais envolvida, ouvida, respeitada e promover as mudanças necessárias.

A mulher necessita dessa representatividade em todas as áreas por questões diversas e de sobrevivência dela e da sociedade.

Entenda e avalie o que digo com este exemplo: existe um projeto de Lei para distribuição de absorventes higiênicos em escolas e espaços públicos. Quando soube desse projeto, ingenuamente pensei: "Poxa, tem tanta coisa mais importante para se fazer projeto de Lei..." Só depois entendi a importância desse projeto. Fiquei chocada ao saber que meninas das camadas sociais carentes faltam mais de 100 dias por ano à escola por ficarem menstruadas e não possuírem condições financeiras de comprar absorventes. Algo tão básico, extremamente necessário, e a ausência desse recurso afasta as meninas da sala de aula, comprometendo seu aprendizado acadêmico. *Triste realidade de meninas discriminadas, excluídas da escola, penalizadas pela simples natureza de ser mulher e pobre!*

A ausência de absorventes faz com que meninas e mulheres façam uso de tecidos, papel higiênico e outros meios não adequados que afetam a saúde da mulher, segundo afirmação de médicos. Essa necessidade passou a ser chamada de Dignidade Menstrual — direito da mulher.

As leis são brandas, superficiais e falhas nas questões dos direitos da mulher, porque são leis geralmente criadas por "homens que estão no poder", e não é dada a devida importância à mulher e a suas necessidades. Diante desse cenário, sou obrigada a crer que não há interesse por parte do sistema machista imperante na criação e aplicação de leis eficazes a fim de combater a extensiva violência contra a mulher e podermos respirar um pouco de justiça.

Quando uma mulher fala, o peso é menor do que a mesma palavra ou frase dita por um homem. O preconceito e o machismo exigem a aprovação do homem para validar a mulher. Ato condenável!

Em 2022 enfrentamos a avalanche de preconceitos e violência contra a mulher, uma vergonha e retrocesso para a humanidade. Basta nascer do sexo feminino que já está predestinada a infortúnios diversos, como marginalização, perseguição, injustiça por toda a vida.

A mulher precisa resgatar seus direitos e tomar as rédeas da sua vida em todas as áreas!

Entendamos agora como até a ciência contribuiu com o machismo e o racismo no decorrer dos tempos. Naturalistas e filósofos do passado, cheios de preconceitos e discriminação ao longo da história, atribuíram à mulher uma suposta "inferioridade feminina", que foi defendida por nomes como Aristóteles e Darwin, atingindo patamares ainda mais graves nos séculos XVIII e XIX em relação às mulheres negras.

Infelizmente na Bíblia há muito machismo. Exemplo: *"Esposas sejam submissas a seus próprios maridos, como se fosse ao Senhor. Pois o marido é o cabeça da esposa, assim como Cristo é o cabeça da igreja"* (Ef 5:22-23)[16]. Que frase infeliz essa! Quem foi que criou e escreveu tal barbaridade? Seguramente não foi Deus nem Jesus Cristo.

Eles de modo algum ensinariam esse contrassenso! Sendo Eles justos, sábios, plenos, misericordiosos, jamais iriam sugerir desigualdade de gênero e veneno letal à humanidade!

Analisemos essa frase, trazendo-a para os dias atuais, em que há elevado contingente de maridos fora do contexto familiar e cristão, conforme mostram os noticiários diariamente: "Maridos adúlteros, viciados em drogas, alcoolismo, jogos, ou que são polígamos. Os que não trabalham e vivem às custas da esposa, os que têm filhos, mas não os reconhecem nem os assistem como pai; os que maltratam a esposa, desde 'agressão moral, física, mental, intelectual, sexual, até feminicídio' e também maltratam seus filhos!" *É esse o marido que serve como modelo para ser o cabeça da esposa ou da família?*

Que esposa se sujeitaria à submissão a uma criatura desviada e de tamanha atrocidade?

Sabemos que atualmente cerca de 50% das famílias no Brasil são sustentadas pela mulher. E pelo mundo afora não é muito diferente. Onde estão os homens dessas famílias? Muitos deixaram seus lares, filhos, esposa... Nunca registraram seus filhos (nem no papel foram capazes de assumir e honrar esse importante gesto para que seu filho tivesse o nome do pai na certidão de nascimento). *Penso ser fundamental escolher e saber interpretar o que se lê para não se praticar erros baseados em uma leitura arcaica e um entendimento errôneo.*

Não posso concordar com determinados textos da Bíblia, que certamente é resultado de aprendizado machista daquela era de precário conhecimento, equivocado, compartilhado e escrito pelo sexo masculino daqueles tempos. E tal escrita de efeito nocivo por séculos tem contribuído

---

[16] BÍBLIA SAGRADA. Tradução de João Ferreira de Almeida. Barueri: Sociedade Bíblica do Brasil, 2019. Efésios 5:22-23.

para a desigualdade, crescente marginalização, discriminação, violência, machismo e feminicídio. Um horror!

Já escutei de representante de igreja em sua exaltação com a igreja cheia de fiéis esse ensinamento de Efésios 5,22-24. Palavras machistas de efeito catastrófico e injusto sobre a mulher ser submissa ao marido. Um mal altamente contagioso e também letal.

E a mulher é ainda chamada de sexo frágil... Quantos homens suportariam esse desrespeito e exploração desumana? Um ano? Dois anos, talvez? E por uma vida inteira? Quem é essa forte e eterna guerreira, milenar, resistente que luta para combater tantas injustiças e para conquistar seus direitos, os quais lhe foram roubados desde seu nascimento? E que vive uma vida inteira de árdua batalha para ser aceita e se estabelecer como pessoa, como ser humano que é, e como mulher?

A mulher é merecedora do prêmio Nobel da Resistência, Dignidade e Luta!

Não faço discurso feminista, falo de fatos e, contra fatos, não há argumentos, conforme trouxe aqui algumas manchetes da violência contra a mulher no mundo e, claro, violências praticadas pelo homem, ou melhor, projeto de homem que não deu certo, porque homem de verdade não age assim. Observe essas terríveis manchetes: "Violência contra a mulher: novos dados mostram que

'não há lugar seguro no Brasil'"[17]; "Brasil registra um caso de feminicídio a cada 7 horas"[18]; "Rio acima da média nacional na violência contra a mulher [...] o que equivale a 5 mil por ano, 15 por dia e uma mulher morta a cada uma hora e meia. [...] Lei Maria da Penha não reduz número

---

[17] FRANCO, Luiza. Violência contra a mulher: novos dados mostram que 'não há lugar seguro no Brasil'. **BBC News Brasil**, 26 fev. 2019. Disponível em: https://www.bbc.com/portuguese/brasil-47365503#:~:text=Os%20novos%20dados%20corroboram%20o,do%20que%20as%20mais%20velhas. Acesso em: 8 jan. 2025.

[18] DINIZ, Márcio. Brasil registra um caso de feminicídio a cada 7 horas. **Catraca Livre**, 18 nov. 2020. Disponível em: https://catracalivre.com.br/cidadania/brasil-registra-um-caso-de-feminicidio-a-cada-7-horas/. Acesso em: 8 jan. 2025.

de mortes."[19] "1 em cada 3 mulheres no mundo sofre violência física ou sexual."[20] "Seis mulheres morrem a cada hora em todo o mundo vítimas de feminicídio por conhecidos, diz ONU."[21]

Conforme essas desesperadoras e cruéis notícias, podemos afirmar que o ser humano do sexo masculino está doente e o mundo colapsado dessa doença vergonhosa e contagiosa chamada machismo! Sem generalizar, ainda bem que temos homens nobres e decentes.

Seguem mais tristes notícias de maldades contra a mulher em 2021: *como a pandemia impacta de maneira mais severa a vida das mulheres em todo o mundo, desde violência física à sexual, no que diz respeito à violência sexual, 6% das mulheres em nível global relatam ter sido abusadas sexualmente por alguém que não seja parceiro íntimo. Por causa dos altos níveis de estigma e subnotificação de abuso sexual, a Organização Mundial da Saúde (OMS) ressalta que o número real provavelmente é 'significativamente mais alto'.*[22] Boa parte das vítimas não denuncia.

"A violência contra as mulheres é endêmica em todos os países e culturas, causando danos a milhões de mulheres e suas famílias, e foi agravada pela pandemia de COVID-19"[23], disse *Tedros Adhanom Ghebreyesus*, diretor-geral da OMS. Ele afirmou ser de responsabilidade dos governos e comunidades melhorar o acesso a oportunidades e serviços para mulheres e meninas. Apesar de "dados alarmantes", o relatório des-

---

[19] IPEA. Entre 2007 e 2011, depois da lei, feminicídios aumentaram no Brasil. **Instituto de Pesquisa Econômica Aplicada (IPEA)**, [s.d.]. Disponível em: https://portalantigo.ipea.gov.br/portal/index.php?option=com_alphacontent&ordering=6&limitstart=18140&limit=20#:~:text=Entre%202007%20e%202011%2C%20depois,cada%20uma%20hora%20e%20meia. Acesso em: 8 jan. 2025.

[20] MODELLI, Lais. 1 em cada 3 mulheres no mundo sofre violência física ou sexual, e cenário deve piorar com a pandemia, diz OMS. G1, 9 mar. 2021. Disponível em: https://g1.globo.com/ciencia-e-saude/noticia/2021/03/09/1-em-cada-3-mulheres-no-mundo-sofre-violencia-fisica-ou-sexual-e-cenario-deve-piorar-com-a-pandemia-diz-oms.ghtml. Acesso em: 14 jan. 2025.

[21] G1. Seis mulheres morrem a cada hora vítimas de feminicídio por conhecidos em todo o mundo, diz ONU. G1, 26 nov. 2018. Disponível em: https://g1.globo.com/mundo/noticia/2018/11/26/seis-mulheres-morrem-a-cada-hora-vitimas-de-feminicidio-por-conhecidos-em-todo-o-mundo-diz-onu.ghtml. Acesso em: 14 jan. 2025.

[22] NAÇÕES UNIDAS BRASIL. OMS: uma em cada 3 mulheres em todo o mundo sofre violência. **Nações Unidas Brasil**, 10 mar. 2021. Disponível em: https://brasil.un.org/pt-br/115652-oms-uma-em-cada-3-mulheres-em-todo-o-mundo-sofre-viol%C3%AAncia. Acesso em: 14 jan. 2025.

[23] NAÇÕES UNIDAS BRASIL. OMS: uma em cada 3 mulheres em todo o mundo sofre violência. **Nações Unidas Brasil**, 10 mar. 2021. Disponível em: https://brasil.un.org/pt-br/115652-oms-uma-em-cada-3-mulheres-em-todo-o-mundo-sofre-viol%C3%AAncia. Acesso em: 14 jan. 2025.

taca que analisou o período entre 2000 e 2018, não incluiu os anos da pandemia de maior incidência.

"A OMS e parceiros alertam que a pandemia da Covid-19 aumentou ainda mais a exposição das mulheres à violência [...]"[24], afirmou a organização, explicando que os *lockdowns* aumentaram a exposição das mulheres aos seus agressores dentro de casa e a crise gerada pela pandemia afetou serviços de proteção e acolhimento das vítimas.

Nessa violência contra a mulher, vítimas estão morrendo sem conseguir fazer denúncias, diz a juíza *Renata Gil*, presidente da Associação dos Magistrados Brasileiros (AMB).

O documento também afirma que as dificuldades financeiras, o estresse de ter os filhos em casa, o aumento do trabalho doméstico e outros problemas criados pela pandemia podem levar ao aumento da violência.

No mundo, um relatório da OMS[25] publicado em março de 2021 alerta que um terço das mulheres no mundo, o equivalente a 736 milhões de vítimas, sofrem violência física ou sexual ao longo da vida. A violência começa cedo na vida das mulheres: *uma em cada três adolescentes e jovens, entre quinze e vinte e quatro anos, que esteve em um relacionamento, já sofreu violência de um parceiro íntimo*. E estupro bate recorde e a maioria das vítimas é de meninas com até 13 anos. Os últimos Anuários de Segurança Pública têm apontado aumento de feminicídio.

Leitoras e leitores, trouxe aqui apenas esses dados, entre tantos existentes, para você que lê este livro e não tinha conhecimento dessas atrocidades. Saiba da gravidade da violência contra a mulher no mundo e entenda por que necessitamos de urgente mudança!

Você, independentemente de gênero, se é defensor(a) da justiça, faça valer sua voz.

---

[24] ORGANIZAÇÃO PAN-AMERICANA DA SAÚDE (OPAS). Devastadoramente generalizada: 1 em cada 3 mulheres em todo o mundo sofre violência. **Organização Pan-Americana da Saúde**, 9 mar. 2021. Disponível em: https://www.paho.org/pt/noticias/9-3-2021-devastadoramente-generalizada-1-em-cada--3-mulheres-em-todo-mundo-sofre-violencia#:~:text=A%20OMS%20e%20parceiros%20alertam,e%20interrup%C3%A7%C3%B5es%20de%20servi%C3%A7os%20essenciais. Acesso em: 8 jan. 2025.

[25] NAÇÕES UNIDAS BRASIL. OMS: uma em cada 3 mulheres em todo o mundo sofre violência. **Nações Unidas Brasil**, 10 mar. 2021. Disponível em: https://brasil.un.org/pt-br/115652-oms-uma-em-cada-3-mulheres-em-todo-o-mundo-sofre-viol%C3%AAncia. Acesso em: 8 jan. 2025.

Você com certeza tem mãe, avó, tia, filha, irmã, namorada, esposa, sogra e, seguramente, a presença feminina fez, faz ou fará parte da sua vida.

Justiça seja feita: é uma estátua de mulher que representa a justiça, bem como a Estátua da Liberdade é representada por uma mulher! Parabéns aos nobres homens que encamparam esse reconhecimento.

Existe ainda a atrocidade do tráfico de meninas e mulheres para a prostituição. Uma tortura atroz. E a desumana prática de mutilação genital feminina de extremo sofrimento, revolta, dor, infecção, morte e traumas eternos em mais de 200 milhões de meninas e mulheres. Esse barbarismo contra a mulher acontece em mais de 30 países, entre tantas outras crueldades mundo afora, impossível de mencioná-las todas aqui. Já me perguntei milhões de vezes o porquê de tanta crueldade contra a mulher. É inadmissível!

Em pleno século XXI, esse machismo retrógrado seguido de violento genocídio não pode ser mais tolerado! É tempo de honrarmos a categoria de ser humano concedida a nós pelo Criador e acabarmos com essas trágicas doenças letais criadas e mantidas pelo sexo masculino! Doenças essas, lamentavelmente, muitas vezes apoiadas pelo sexo feminino, em decorrência do medo, lavagem cerebral, coação, distúrbio mental causados pela violência sofrida!

Como mulher sigo indignada pelas tantas injustiças praticadas, desde os primórdios até o presente, no mundo contra a mulher. *Constato a absoluta ausência de igualdade com equidade para a mulher ao longo dos séculos.*

Há muito busco uma explicação, algum esclarecimento que faça qualquer sentido, o mínimo razoável ou plausível, que evidencie como essa vergonha cruel e monstruosa se originou, se instalou, se incorporou, tomou força, expandiu-se pelo mundo afora, e se propaga em alta velocidade até os dias atuais.

Machismo é o maior vírus da raça humana, que segrega o sexo feminino do masculino! E por que o homem sempre teve e tem tanta sede de massacrar a mulher?

Pesquisei, estudei e simplesmente não encontrei absolutamente nada no passado (ao longo dos séculos) que justifique essa misoginia. Não há nada capaz de explicar milhões de atrocidades promovidas pelo homem contra a mulher há séculos e até os dias atuais.

Estudei a história da humanidade, desde o seu princípio, no intuito de descobrir como a doença do machismo se originou. O que direi a seguir será por completa propriedade, de real conhecimento de causa. Antes, porém, se faz necessário as seguintes perguntas:

"Por que, lá atrás, o ser do sexo masculino se achou no direito de ser melhor que a mulher?" "Por que ele se considerou superior, mais competente e com poderes sobre ela?" Quem tem essa resposta? Certamente, *os homens não têm!*

Após estudo e pesquisa, por nada de efetivo encontrar, pensei que, talvez, fosse inicialmente **pela crença** de que Deus criou o primeiro homem Adão e de uma costela dele moldou a primeira mulher, a quem chamou de Eva. Talvez fosse essa a razão pela qual o "homem das cavernas" se apegou para desmerecer a mulher e a classificá-la como um ser inferior a ele (pelo mito de ela, sexo feminino, ter sido extraída dele, sexo masculino). Assim, a mulher foi considerada por ele um ser secundário, sua dependente e que a ele devesse eterna submissão e gratidão por sua existência. E ainda que ela lhe devia obediência e honrarias por toda a eternidade, por ele ter-lhe permitido a vida, cedendo-lhe parte de seu corpo, embora apenas uma costela. Mesmo que involuntariamente, pensei: "Seria isso?"

Mas se seguirmos **essa versão**, segundo Gênesis (2:18), "depois de criado o homem o SENHOR disse: — *'Não é bom que o homem viva sozinho. Vou fazer para ele alguém que o ajude como se fosse a sua outra metade'*"[26].

Nessa passagem da Bíblia não diz jamais que Deus designou submissão ou inferioridade à mulher, conforme está bem claro no texto. Porém, desculpe-me por minha observação, mas se faz necessária: "Creio que haja uma lacuna, um equívoco nessa história, por parte de quem a escreveu!" Se tudo que há no mundo foi criado por Deus, e se todo animal criado por

---

[26] BÍBLIA SAGRADA. Tradução de João Ferreira de Almeida. Barueri: Sociedade Bíblica do Brasil, 2019. Gênesis 2:18.

Ele foi composto de casal para procriação, evidente que com o ser humano não seria diferente! Logo...

Deus não precisaria para a criação da mulher pegar uma costela do homem, Ele apenas a criaria, simples assim, como tudo criou! Portanto, não creio literalmente na versão dessa história. A única certeza que tenho é que foi um ser do sexo masculino quem a criou e a escreveu conforme lhe fora conveniente! Mas não vamos julgar toda a Bíblia por algumas páginas.

Por outro lado, a ciência nos mostra, de maneira fundamentada, o surgimento das primeiras criaturas humanas na Terra, como o *Homo habilis*, o *Homo sapiens*, entre outras. **E ciência é ciência, não é mito!** Essa é minha convicção!

Durante a formação do planeta Terra, há aproximadamente 4,5 bilhões de anos, moléculas orgânicas compostas de carbono agregaram-se e deram origem aos ingredientes que foram essenciais para o desenvolvimento da vida, a origem da vida na Terra.

Atualmente cientistas seguem nesses estudos e estão prestes a descobrir esse grande mistério. Eles encontraram recentemente o organismo que explica a origem de toda a vida complexa da Terra. Creio que em breve entenderemos a história da nossa origem com precisão pela ciência. **E segundo o mito** *de criação das religiões abraâmicas, Adão e Eva foram o primeiro homem e a primeira mulher criados por Deus.*

Pelo conhecimento que obtive em meus estudos e pesquisa, a mim invade a certeza convicta de que o ser humano do sexo masculino percebeu, lá no princípio do mundo, fase primitiva, que o sexo feminino era fisicamente mais frágil. E é, apenas fisicamente!

Mas naquela era a força bruta era dominante e comandava tudo!

Costumava-se resolver questões em geral, numa disputa de força bruta, num duelo físico entre duas pessoas do sexo masculino, em que o mais forte e vencedor era quem dava as cartas e tudo comandava. Nessa medição de força física a mulher estava eliminada, claro! Dessa forma, o ser masculino daquela época era provido de precário conhecimento, entendimento e mentalidade limitada (tudo era mesmo resolvido na lei da força física, força bruta), fora de qualquer outro contexto ou conhecimento para se espelhar, medir, mensurar; não havia qualquer outro recurso como parâmetro.

E assim o ser humano do sexo masculino aproveitou para excluir a mulher desses duelos e de tudo!

Nos primórdios, sendo o ser do sexo masculino conhecedor apenas da lei da força física e bruta, classificou o sexo feminino como ser inferior. Desse modo, incorporado e nutrido dessa pobre e equivocada crença, se autointitula ser maior, melhor, vencedor, mandante e poderoso. Achou-se pleno, absoluto, forte, superior, soberano e, perfidamente, apropriou-se de tudo. O caos se fez maior, alimentando raízes do mal. Creio que assim O MACHISMO SE OFICIALIZOU nesse exato momento!

O homem primata apropriou-se indevidamente de todos os direitos humanos para si, sexo masculino, excluindo todos os devidos direitos do sexo feminino!

Adiante o sexo masculino, ainda pouco evoluído, aproveitou-se novamente para criar a literatura machista. Naquela era, a mulher escritora não seria aceita, não podia revelar-se, teria que se manter no anonimato, se esconder, se anular e doar a sua escrita para um homem assinar. *Que vergonha hein, senhor macho... Um verdadeiro acinte à capacidade intelectual da mulher.*

E quando o ser do sexo masculino lia em algum lugar a palavra "homem", expressão criada e escrita por ele próprio que expressa até hoje, erradamente, a abrangência dirigida ao ser humano, ele na sua limitada visão não entendia como uma referência ao ser humano (como de fato não é), ele absorvia apenas como uma menção exclusiva destinada ao sexo masculino. E é mesmo, pois a palavra homem não dá representatividade à mulher! Isso o deixava ainda mais vaidoso, orgulhoso, forte e poderoso (livre da presença feminina na sua escrita e de qualquer fato importante).

Desgraçadamente existem dezenas de expressões em nosso vocabulário que representam e dão voz apenas ao sexo masculino, e até hoje a literatura segue com linguagem machista, tóxica, sem contemplar a mulher e todos os outros gêneros!

O ser humano do sexo masculino seguiu por milênios errado, errante, egoisticamente na defensiva, achando-se mesmo ser ele o ser mais poderoso da Terra, que possibilitou a vida da mulher. Atribuiu-se como o responsável por esse feito, estufou-se de superioridade pela força física, e se autointitula de soberania vitalícia sobre a mulher.

Por isso, ao longo da história, homens fragmentaram e fragilizaram a imagem da mulher e lhe deram deliberadamente a condição de submissão, desde a Pré-história, Antiguidade, Idade Média, Moderna e Contemporânea, e assim segue. Observe as tantas mudanças de épocas, a evolução e o avanço em todas as áreas; no entanto, o ser do sexo masculino humano não se humanizou, não mudou e segue um "animal irracional primitivo". Sem jamais generalizar, pois existem nobres homens, e *é uma bênção podermos dizer que temos homens maravilhosos,* **verdadeiros homens** *repletos de consciência, que respeitam a mulher com igualdade e equidade.*

Conforme vimos, a prática machista é resultado da crença milenar de aprendizado limitado, errado, sem consciência, nenhuma coerência, nem estrutura ou recursos de conhecimento científico. De fundo retrógrado, equivocado, baixa moral, acrescido de ganância, individualismo, caráter duvidoso, machismo instintivo, índole de característica a levar vantagem em tudo, ausência de ética, em sua repleta neura de que sempre deverá ser assim, como o chamado popularmente complexo de Gabriela, ao que acrescento tratar-se de ignorância vitalícia!

"Eu nasci assim, cresci assim, sou mesmo assim, vou ser sempre assim!"

Lá atrás o homem pensou, entendeu e agiu errado contra a mulher, apenas pela medição de força física e crença de Adão e Eva citados, e sua cabeça limitada daquela era fez da distorção e mentira a sua verdade que desafia o tempo e quer manter-se nesse errôneo pensamento e práticas para garantir-se como autoridade máxima. Ele não quer sair da zona de conforto, tem medo de perder sua posição de macho superior (que assim se considerava e muitos até hoje pensam assim), por medo de reconhecer a capacidade e virtudes da mulher, jamais admitirão isso! E, com essa ilegítima e errada defesa, o "homem" luta com todas as armas indignas que possui para perpetuar-se na equívoca e falsa superioridade.

Novamente reafirmo, há verdadeiros homens, nobres e conscientes.

E, por falar em homens nobres e conscientes, veja a sabedoria do nobre homem criador desta frase:

"O homem que se acha superior a sua mulher, não consegue superar nem a si mesmo. Então reflitam, garotos, pois o passado é passado, mas o futuro... depende do seu presente" Jean Andrade Silva — pensador[27].

Agora, atente-se para esta barbárie: segundo algumas recentes pesquisas, homens de diversos países consideram a mulher inferior a eles. É simplesmente a triste e vergonhosa confirmação do machismo tóxico global. Quanta ignorância! Tantos seres do sexo masculino nunca pararam para pensar que:

Jesus Cristo o mais nobre ser que habituou neste planeta e nos deixou o maior legado de todos os tempos nasceu de uma mulher! Jesus precisou de uma mulher para vir ao mundo!

Se Deus, supremacia maior, poderoso e sábio, é reconhecedor da importância da mulher e a ela oferece a maior missão do mundo, dar à luz, possibilitando o nascimento de Jesus, quem vai questionar essa realidade?! Quem pode desmerecer, desrespeitar a mulher?

Deus podia, se quisesse, ter designado essa tarefa ao homem, poderia criar o homem capaz de também conceber, dar à luz, a vida. Mas não deu!

Viajemos no tempo num breve passeio aos primórdios: nos tempos remotos o ser humano era nômade. Os homens saíam na busca de alimento e as mulheres ficavam cuidando dos filhos em cavernas ou grutas. Cada um tinha a sua tarefa. Alguém tinha que trazer alimento para nutrir a família, bem como alguém precisava cuidar das crianças. Duas prioridades que homem e mulher compartilhavam de forma natural, em comunhão e conformidade com a infraestrutura da época... Por que naqueles tempos era o homem quem saía à caça e a mulher ficava com os filhos?

Para começar, pela própria necessidade natural, maternal da amamentação, a mulher precisava suprir a fome da sua cria. Naquela era não

---

[27] JEANANDRADE12. Frase. **Pensador**. Disponível em: https://www.pensador.com/frase/MzMwNTI5Mw/. Acesso em: 14 jan. 2025.

havia recursos alimentares. Portanto, entendo a divisão das tarefas naquela época, em comunhão naturalmente com a lei da natureza. Também pela força física do homem, que servia para a matança de animais selvagens para sua alimentação e da família, além de trabalhos braçais pesados. *Hoje, trabalhos braçais pesados foram substituídos por máquinas com maestria. Também não temos mais a necessidade da matança de animais para nossa alimentação; há vários outros recursos alimentares.* Logo, a força bruta do homem não tem mais a importância do passado longínquo! *Hoje é da força do amor e da consciência do homem que o planeta Terra carece!*

Não há mais espaço para força bruta, violência nem guerras!

Ao acompanharmos a história, ficamos abismados com tanta estupidez e crueldade contra a mulher. Na Antiguidade muitos pensadores, teólogos e filósofos, "homens que exerciam importante papel na sociedade", contribuíram consideravelmente para aumentar o preconceito e a discriminação contra a mulher, uma vez sendo eles personalidades famosas, formadoras de opinião daquela época, como Platão e Aristóteles, entre outros pensadores (profundos machistas). Conheça essas frases de Aristóteles e Platão que estão registradas publicamente.

Aristóteles — *"O homem, a menos que constituído em algum aspecto contrário à natureza, é por natureza mais perito na liderança do que a fêmea; e o mais velho e completo, mais que o jovem e incompleto."*[28]

Platão — *"Mulheres e homens têm a mesma natureza em relação à tutela do Estado, salvo na medida em que um é mais fraco e o outro é mais forte. A relação de homem para mulher é, por natureza, uma relação de superior para inferior e de governante para governado."*[29] Não é de doer na alma? Eles não paravam para pensar que só existiam porque foram gerados e paridos por uma mulher... Não enxergavam o real poder da mulher.

Por um lado, esses pensadores eram inteligentes, por outro, é tão impactante ler tamanhas afrontas absurdas desvalorizando a mulher que nem

---

[28] ARISTÓTELES. Política. Tradução de Mário da Gama Kury. 3. ed. Brasília: Editora UnB, 1997.
[29] PLATÃO. A República. Tradução de Pietro Nassetti. São Paulo: Martin Claret, 2006.

encontro palavras. Será que eles não reconheciam o real valor da mulher? *Ou ainda, eram tão sábios, enxergavam tanto o real valor e capacidade da mulher que... Omitiam e, por isso mesmo, tinham demasiado medo da mulher para jamais admitir!*

Creio que o sexo masculino já havia detectado a força da mulher, enxergava sua competência e virtudes, isso muito o assustava, incomodava e o fazia atribuir a ela o descaso e a inferioridade como defesa própria (contido nisso o medo deles). Consciente e até inconscientemente, mas, por puro instinto de preservação do seu espécime masculino e direitos por eles estabelecidos e apoderados. Vale lembrar que na pré-história as mulheres eram consideradas sagradas e todos os deuses eram femininos. Quantas incoerências de épocas!

Baseada na ciência, vale aqui um breve pensamento meu para nossa reflexão:

"O Universo é composto de energia, somos energia, tudo é energia, o planeta Terra é movido a energia. Energia é fêmea! Somos regidos por uma fêmea!"

Na Idade Média as mulheres foram classificadas de inúmeras formas, desde rainhas, poetisas, filósofas, freiras, prostitutas, bruxas e muito mais. Reflita quantas perseguições, classificações pesadas e divergentes contra a mulher!

O homem nunca sofreu nada disso, jamais precisou provar nada. Nunca houve conceitos preconceituosos, discriminação ou limitação contra eles. Tudo sempre foi permitido, liberado, nada nunca lhes foi questionado, negado ou cobrado. Sempre gozaram do conforto pleno e absoluto de direitos, poderes e prazeres. *Direitos, poderes e prazeres esses, que sempre foram também da mulher e dos quais eles se apropriaram indevidamente, literalmente as roubaram, deleitaram-se e gozam até hoje desses privilégios.*

Na Idade Moderna não foi diferente. Renomados pensadores tiveram sua parcela de colaboração por considerar a mulher sua propriedade, pessoa de sexo frágil, baixa capacidade intelectual e de pouca inteligência, entre tantas outras denominações de rebaixamento e desqualificação, desrespeitosa e injusta, repletas de atitudes completamente abusivas e condenáveis. *Eles novamente se esqueciam de que chegaram a este planeta através de uma mulher, ignoravam que tinham como mãe uma mulher e que jamais seria possível a vida sem uma mulher!*

Agiam com absoluto desrespeito e desumanidade contra a mulher.

Muitos as tratavam como escravas e exerciam domínio sobre elas. Em alguns países até hoje é assim.

Não posso deixar de citar a polêmica letra da música *Mulheres de Atenas*[30], do nosso querido mestre, autor, escritor, compositor e dramaturgo *Chico Buarque de Holanda*, em parceria com o saudoso dramaturgo *Augusto Boal*. Letra de 1976 que retrata a terrível realidade das mulheres de Atenas, tratadas como escravas sexuais entre outros tipos de escravização. Um horror para a humanidade!

Sou grande fã e conhecedora da obra do *Chico Buarque*, esse renomado artista que muito contribuiu e continua a contribuir com a nossa cultura, nas artes da música, do teatro e da literatura. Um orgulho e privilégio para nós brasileiros. Sempre admirei o trabalho do *Chico Buarque*, também por sua sensibilidade de elevada expressão do universo feminino, declarado por ele em suas canções de modo acolhedor com valor e respeito às mulheres.

Quando escutei a canção *Mulheres de Atenas*, pela primeira vez, fiquei perplexa com a letra e fui pesquisar: *Chico Buarque* refere-se na música à submissão das mulheres na Grécia antiga. Ele quer dizer, na realidade, exatamente o contrário, que é errado ser machista e as mulheres, servis. É uma música contra a submissão das mulheres que se sujeitam às regras ditadas pelas sociedades patriarcais.

Mulheres de Atenas foi composta para a peça Lisa, a mulher libertadora, do saudoso dramaturgo Augusto Boal.

Outro fato importante aconteceu recentemente quando Chico Buarque declara na série documental *O canto livre de Nara Leão*[31], na *Globoplay*,

---

[30] BUARQUE, Chico; BOAL, Augusto. Mulheres de Atenas. In: BUARQUE, Chico. **Chico Buarque**: Sinal Fechado. Philips, 1974. LP.

[31] O CANTO livre de Nara Leão. Direção: Renato Terra. Supervisão artística: Pedro Bial, Monica Almeida. Produção: Globoplay. Brasil: Globoplay, 2022. Série documental (4 episódios).

que não vai cantar mais a música *Com açúcar, com afeto*[32]. Ele deu razão às feministas, que disseram que a música é machista.

Essa música de fato me escapou. A letra é mesmo machista, de submissão, injustiça e sofrimento descabido à mulher. Até o Chico Buarque bebeu e pecou na fonte do machismo? E que bom que ele agora não cantará mais essa música! Querido Chico, como mulher faço um pedido a você: não cante mais *Mulheres de Atenas*!

A repressão contra a mulher perdura por séculos nas diversas etapas da história da humanidade, de modo profano, desumano. No passado foi muito pior, a mulher não podia votar, estudar, dirigir automóveis, manifestar-se publicamente, ingressar no mercado de trabalho nem na política, entre tantos outros direitos negados (até os dias atuais seus direitos são menores que os dos homens e, dependendo do país, a mulher ainda permanece numa grande limitação de todos os seus direitos).

Quando digo medo da mulher, faz todo o sentido, pois, lá atrás, quando as mulheres ingressaram no mercado de trabalho, o homem considerou que elas poderiam tomar seu lugar, por isso as remunerava com valor inferior para o mesmo trabalho realizado por homens, e *até hoje ainda é assim em diversos lugares do mundo*.

Exemplos não faltam no mundo sobre conceitos distorcidos com preconceitos contra o gênero feminino. E mesmo com a desmedida perseguição milenar injusta de colocar a mulher numa posição desmerecida, menosprezada, inferior, ela lutou e luta incansavelmente por mudanças. Imagine se, desde sempre, ela tivesse seus direitos de igualdade garantidos, como o homem sempre teve? *Certamente o mundo seria mais rico de conhecimento, mais humano e consequentemente mais evoluído! Creio que sem guerras.*

Observe a hipocrisia e por que não classificar também de covardia masculina? Entenda por que digo isso. Na Segunda Guerra Mundial, pela necessidade daquele caótico cenário, os homens "pediram arrego às mulheres" e contaram de modo extremamente rico, satisfatório, expressivo

---

[32] COM AÇÚCAR, com afeto. Intérprete: Nara Leão. Compositor: Chico Buarque. *In*: VENTO de Maio. Rio de Janeiro: Philips, 1967. LP.

e genuíno com a participação delas na execução de papéis importantes na sociedade, no mercado de trabalho e na família. As mulheres daquela época foram para o mercado de trabalho determinadas a ajudar o marido e a família e produziram com êxito. Elas trabalharam em diversos segmentos e áreas. Ocuparam papéis de grande valor na guerra, como enfermeiras ou operadoras de rádio a favor das tropas.

Naquela fase (tempos difíceis de guerra), a mulher teve a oportunidade de mostrar seu potencial e provou com eficácia a sua capacidade intelectual e produtiva. Deu exemplo de civilidade, capacidade e cidadania. Trabalhou tanto quanto o homem. Foi destemida, abraçou a causa e ajudou a salvar centenas de vidas de soldados guerrilheiros.

A mulher já sabia da sua força, mas o homem duvidava, ou, certamente, "também sabia e tinha medo dela", o mais provável, conforme já exposto.

Com a guerra a mulher esteve em evidência, mostrou-se solidária, trabalhadora, corajosa, eficiente, inteligente, competente e, graças ao seu envolvimento e desenvoltura de força na guerra, mais vidas foram salvas. E a mulher confirmou para ela própria e para todos a imensidão da sua força e capacidade!

Passada essa necessidade com o término da guerra, o bicho homem volta para sua couraça, se esquece da importância da mulher, ignora a sua valiosa contribuição, age com ingratidão, desrespeito, covardia, ignorância, machismo e persiste em dominá-la para sempre, novamente atordoado pelo medo, *"não posso perder meu posto de manda chuva para a mulher, como ficarei perante o mundo?* E pensou mais: "Pelos resultados que as mulheres apresentaram na guerra, se lhes dermos mais oportunidade, elas vão ultrapassar os homens, governar o mundo e isso para nossa classe é inadmissível!"

Puro medo da capacidade da mulher e covardia estão por trás do machismo tão tóxico!

O sexo masculino sabe que a mesma mão que balança o berço pode dominar o mundo!

Não aprovo o machismo tampouco precisaríamos ter movimento feminista se houvesse igualdade de gêneros. Sou partidária da soma harmoniosa de ambos os sexos, lado a lado, em comunhão, com igualdade de importância, de valor e de respeito, com equidade, para juntos somarem forças, lutarem e construírem um mundo melhor. *Assim não precisaríamos ter o Dia Internacional da Mulher, da mesma forma que não existe o Dia Internacional do Homem!* O que para mim representa a marca da existência do preconceito contra a mulher tão prejudicial à raça humana em qualquer tempo. *Mas entendo que, enquanto não houver igualdade com equidade, sempre haverá necessidade desse dia e de movimentos de luta a favor da mulher!*

O feminismo é um movimento político, filosófico e social que existe para defender a igualdade de direitos da mulher.

Não sou contra o homem. Não defendo apenas um lado, sou imparcial, defensora do ser humano e da igualdade com equidade em qualquer circunstância. *A ciência já provou e comprovou há anos que mulheres e homens são possuidores das mesmas capacidades e competências!* É perda de tempo guerra dos sexos em pleno século XXI e um retrocesso descabido.

Você já pensou se fosse o contrário? A mulher ter nascido, desde o começo dos tempos, com seus direitos garantidos, conforme sempre foram ofertados gratuitamente aos homens? *Mesmo que ofertado por eles próprios através da apropriação indébita dos direitos da mulher? Essa pergunta é muito importante. Pense nisso! E se fossem eles, seres do sexo masculino, sem nenhum direito?*

Creio que se assim o fosse teria havido muito mais guerra porque o homem não se mostraria passivo, jamais aceitaria essa condição e partiria para o ataque, para a guerra sangrenta.

E, analisado por esse âmbito, valeu o imenso sacrifício da mulher durante todo esse período milenar porque evitou mais guerras, matanças e derramamento de sangue, mas agora basta! É hora de o homem crescer!

Porém, existe aí um fator extremamente importante para levarmos em consideração. Creio que, sendo a mulher destemida, ponderada, sensível e sábia, como já provou que é ao longo dos tempos, ela não aceitaria o papel de ser considerada superior ao homem.

Ela acharia injusto, teria vergonha de gozar desse direito, certamente iria defender a igualdade de direitos para ambos os sexos que é o conceito correto e modelo ideal para que o ser humano viva com dignidade, justiça, em comunhão com a ordem. E assim defendo que é mais que tempo de homens de bem, defensores da igualdade e da justiça, despertarem seu discernimento com consciência, inteligência e levantar a bandeira da igualdade com equidade nos quatro cantos do mundo, lado a lado com a mulher!

Que eles ofereçam abertura para essa mudança tão necessária e propiciem à mulher trilhar seu caminho que lhe é e sempre foi seu de direito, mas que os homens, lá nos primórdios, roubaram-lhes, e seus sucessores usufruem dessa apropriação indébita até hoje.

Penso também que devamos criar movimento de remodelação de nossa linguagem, de nossa literatura, do nosso vocabulário, que são de fundo machista, escrita pelo sexo masculino, que não contempla, não representa, nem dá voz ao sexo feminino em muitos aspectos, conforme sabemos. Observe na escrita inúmeros termos usados unilateralmente no masculino.

Tudo o que a mulher precisa hoje é da sua representatividade, respeito e resgate da sua dignidade, da sua cidadania, dos seus direitos, e uma reparação histórica.

A propósito, é bem oportuno o momento para registrar aqui alguns recentes sinais de futura mudança na literatura. Temos lido muito as palavras todes ou todxs. Ou seja: as palavras "todos" ou "todas" seriam substituídas por "todes" ou "todxs". O objetivo é garantir a ampla fruição dos bens culturais, não permitindo que uma imposição de cima para baixo inviabilize ou dificulte o acesso à cultura.

Essa nova linguagem neutra contemplará todos os gêneros hoje não representados, mas precisa de aprovação. Nossa semântica necessita de remodelação justa que contemple todos os gêneros!

Importante fazermos valer a Declaração Universal dos Direitos Humanos de 1948, da ONU, não cumprida há 74 anos. As mulheres foram essenciais na criação desse importante documento.

Um dos 30 artigos da Declaração dos Direitos Humanos contempla todo ser humano, independentemente de gênero, nacionalidade, etnia, religião e qualquer outra condição. O documento também aborda questões relativas à liberdade religiosa, liberdade de expressão, liberdade de imprensa e direito à propriedade.

Conforme comprova a história, só alcançamos direitos através de luta coletiva.

Existe também a questão da masculinidade tóxica, um grave perigo. O conceito masculinidade tóxica existe desde os anos de 1980, mas não é muito difundido. O termo 'masculinidade tóxica' se refere às características que a sociedade atribui ao sexo masculino de maneira estereotipada. A palavra tóxica deixa evidente como estes padrões podem ser maléficos tanto para os homens quanto para a sociedade em geral.

Condição em que um homem heterossexual acha que precisa provar a qualquer custo sua masculinidade e sua orientação sexual.

É certo e invejável que o universo masculino é capaz de construir e cultivar união e força por conveniência. *É dessa união que nós mulheres precisamos nos emanar! Necessitamos desenvolver essa habilidade poderosa, produzi-la e reproduzi-la em grande escala.*

Não pretendemos nos armar de espada, fuzil, metralhadora, bazuca, bomba, granada, nem outra arma qualquer que represente violência ou cause derramamento de sangue.

Basta de briga, chega de guerra, de matança e violência! Somos pacíficas, inteligentes, partidárias, defensoras da paz. Tudo que queremos é justiça! Além disso, os tempos mudaram e os avanços atingiram elevados patamares nas mais diversas esferas. O ser humano é o comandante dessa engrenagem. Logo, fundamental é a sua evolução!

"É dessa evolução que o sexo masculino precisa!" Desde os primórdios até o presente, o legado que ele deixou e continua a oferecer

à mulher, a ele próprio e ao planeta é a mentira, a falsidade, ganância, ódio, traição, crueldade, discriminação, desrespeito, injustiça, desordem, violência e mais guerras! Um horror para a humanidade! Evidentemente, há exceções, conforme já exposto.

Vale a pena enfatizar que existem homens maravilhosos que reconhecem o valor da mulher e a respeitam com igualdade e equidade. Não posso deixar de mencionar nosso querido cantor, compositor e músico *Caetano Veloso*, autor e cantor da bela canção *Você é linda*[33], uma grande homenagem à mulher! Também na companhia de seus filhos *Zeca, Moreno* e *Tom* ele canta uma preciosidade. Quando escutei pela primeira vez a música *Todo homem*[34], fiquei extasiada.

A letra diz que todo homem precisa de uma mãe. Entendo nessas seis palavras a validação da importância e valorização da mulher na vida do homem e no universo. Fiquei gratificada ao ver pai e filhos sintonizados, conscientes do real valor da mulher. O bom exemplo do pai estendeu-se aos filhos!

Também uma majestosa homenagem à mulher foi feita pelo nosso querido cantor, compositor e instrumentalista, *Gilberto Gil* com sua belíssima canção *Superhomem, a canção*[35]. A letra dessa canção é tão sábia, tão profunda e verdadeira que não consegui abreviá-la.

Um dia

Vivi a ilusão de que ser homem bastaria,

Que o mundo masculino tudo me daria,

Do que eu quisesse ter,

Que nada,

Minha porção mulher, que até então se resguardara,

É a porção melhor que trago em mim agora,

É que me faz viver,

---

[33] VOCÊ é linda. [Compositor e intérprete]: Caetano Veloso. In: UNS. Rio de Janeiro: Philips, 1983. LP.
[34] TODO homem. Intérpretes: Zeca Veloso; Moreno Veloso; Tom Veloso; Caetano Veloso. Compositor: Zeca Veloso. In: OFERTÓRIO (Ao vivo). Rio de Janeiro: Universal Music, 2018.
[35] SUPERHOMEM, a canção. [Compositor e intérprete]: Gilberto Gil. In: REALCE. [S.l.]: Wea Records, 1979.

Quem dera,

Pudesse todo homem compreender, oh mãe, quem dera,

Ser o verão o apogeu da primavera,

E só por ela ser,

Quem sabe

O super-homem venha nos restituir a glória,

Mudando como um deus o curso da história

Por causa da mulher.

Realmente, letra extraordinária de Gilberto Gil, que exprime a profunda grandeza da mulher, seu valor e força, exteriorizada por um sábio homem.

Outro gigante que retratou a mulher com precisão como eterna guerreira foi o nosso querido cantor e compositor *Milton Nascimento* em parceria com *Fernando Brant* na criação da música *Maria, Maria*[36]. Escolhi um trecho dessa magnífica canção, que merece ser apreciada sempre:

Maria, Maria, é o som, é a cor, é o suor

É a dose mais forte e lenta

De uma gente que ri quando deve chorar

E não vive, apenas aguenta

Mas é preciso ter força, é preciso ter raça

É preciso ter gana sempre

Quem traz no corpo a marca, Maria, Maria

Mistura a dor e a alegria.

Quanta beleza da mais pura realidade expressada por dois homens de mentes brilhantes!

Não posso jamais deixar de mencionar este cantor, compositor e músico que declarou em suas canções, com muita propriedade, respeito e carinho à mulher, que é o nosso querido *Erasmo Carlos*, em especial a

---

[36] MARIA, Maria. Intérprete: Milton Nascimento. Compositores: Milton Nascimento e Fernando Brant. *In*: MINAS. [S.l.]: Odeon, 1975.

canção de título *Mulher (sexo frágil)*[37]. Ele declara as tantas etapas da importância e valor da mulher em que comprova que ela não é sexo frágil nem inferior. A letra já começa por dizer: *"Dizem que a mulher é o sexo frágil, mas que mentira absurda"*!

E a letra segue revelando, com eficácia, a força e importância da mulher.

E mais um querido que homenageou lindamente a mulher foi o rei, cantor e compositor *Roberto Carlos*, com a bela homenagem a sua mãe *Lady Laura*, com a música *Lady Laura*[38].

Na música, *Roberto Carlos* expõe a fragilidade do sexo masculino (embora adulto), que é a fragilidade humana sem barreira de gênero de sexo. Ele afirma seu desejo de estar com sua mãe, amor e força tão potente e necessária, por ele reconhecida e valorizada na mulher.

Roberto Carlos não parou por aí, enalteceu a mulher em diversas de suas canções, tais como: *Esse cara sou eu*[39], *Cama e mesa*[40], *A mulher que eu amo*[41], entre outras.

Importante dizer que a interpretação, a tradução e o entendimento dessas belas letras, que possuem também lindas melodias, são meus mais puros sentimentos.

Felizmente esses nobres artistas do sexo masculino não são os únicos reconhecedores da importância da mulher; há muitos outros que as respeitam, as reverenciam em suas obras e que são transformadores, grandes contribuidores para importantes mudanças. Momento propício para registrar este belíssimo pensamento:

"Diante da vastidão do tempo e da imensidão do universo, é um prazer para mim dividir um planeta e uma época com você." Carl Sagan — cientista[42].

---

[37] MULHER (sexo frágil). [Compositor e Intérprete]: Erasmo Carlos. In: MULHER. [S.l.]: Polydor, 1981.
[38] LADY Laura. [Compositor e Intérprete]: Roberto Carlos. In: ROBERTO Carlos. [S.l.]: CBS, 1978.
[39] ESSE cara sou eu. [Compositor e Intérprete]: Roberto Carlos. In: ESSE cara sou eu. [S.l.]: Sony Music, 2012.
[40] CAMA e mesa. [Compositor e Intérprete]: Roberto Carlos. In: ROBERTO Carlos. [S.l.]: CBS, 1981.
[41] A MULHER que eu amo. CARLOS, Roberto. [Compositor e Intérprete]: Roberto Carlos. In: ESSE cara sou eu. [S.l.]: Sony Music, 2012.
[42] SAGAN, Carl. **O mundo assombrado pelos demônios: a ciência como uma vela no escuro**. Tradução de Marcos Santarrita. São Paulo: Cia. das Letras, 1996.

Profundo e lindo demais! Faço das sábias palavras de Carl Sagan as minhas. Gratidão a esses nobres homens, artistas citados e tantos outros artistas não citados, ou não artistas, homens de bem em geral e a todos os gêneros do bem. É realmente um enorme prazer tê-los no compartilhamento deste planeta na mesma época. Minha gratidão!

Que bom seria se todos os homens do mundo tivessem a sensibilidade, respeito e reconhecimento pela mulher que esses nobres homens têm!

Temos que evoluir, sermos transformadores e condutores da paz. Defender os direitos humanos é uma ação política necessária a qualquer tempo e é nosso dever de cidadãs e cidadãos! Nós mulheres queremos que o homem ingresse nessa evolução de peito aberto em comunhão conosco!

Virou moda políticos diversos praticarem injúrias com palavras e ações de discriminação e machismo, preconceito e desrespeito à mulher, contra colegas de trabalho, e depois emitirem justificativas esfarrapadas de arrependimento tardio. Esses políticos deviam dar exemplos e têm de ser severamente punidos, terem seu mandato cassado, sem direito a retorno no âmbito político. A área da política não pode se permitir tanta decadência, pois representa uma nação e precisamos de respeito, moralização e bons exemplos.

Importante lembrarmos que conhecimento sem moral não vale nada!

Buscamos apenas justiça para o resgate dos nossos direitos roubados há séculos. Nada mais justo que essa devolução nos seja feita como reparo de grave erro, mesmo que sem juros ou indenização cabível, uma vez que seu valor é imensurável. Queremos apenas correção, reparação histórica desse grave desvio extremamente prejudicial ao gênero feminino.

Confesso que tive dificuldade de expressar minha escrita neste meu conto da forma correta e justa, pela existência de tantas palavras que contemplam somente o sexo masculino, e o mundo pertence a tantos outros gêneros que precisamos, mesmo, de uma remodelação da nossa linguagem falada e escrita.

Tenho assistido a inúmeras palestras e participado de cursos ministrados por mulheres e homens. Para minha indignação e tristeza, constato entre eles(elas) a reprodução do machismo. Usam ainda, de maneira arcaica, errada, a palavra homem para referir-se ao ser humano... Uma tremenda afronta, descaso, insignificância e desrespeito à mulher. Sempre que tenho oportunidade, converso, explico, tento fazê-los(las) adquirir discernimento e consciência do fato. Percebo resistência em algumas dessas pessoas, mas também ausência de discernimento, não alcance. Outras me dizem "nunca havia parado para pensar nisso" e me dão razão, dizendo "vou alterar em minhas escritas e linguagem", e até agradecem. Tem também as que me dizem: — Quando digo homem já está inclusa a mulher. — Eu lhes respondo: — Não! A palavra homem não representa a mulher em nenhum contexto, nem os outros gêneros. É o mesmo que você dizer a palavra mulher e querer convencer o homem de que ele está inserido no contexto. Pense nisso. — É comum lermos em livros, revistas e em qualquer escrita antiga essa composição errada e, infelizmente, em até escritas atuais. Cabe a nós, hoje, atualizarmos devidamente, aplicarmos e promovermos as corretas alterações (mesmo que só na fala). Infelizmente há, nos dias atuais, escritores(as) publicando novos livros proliferando esse machismo absurdo. Cabe bem este meu pensamento: "É preciso ter sensibilidade para entender, desejo para sonhar, coragem para lutar e fé para vivenciar um futuro para sorrir".

Mulher, conheça, se informe, lute e faça valer seus direitos!
Veja onde obter informações sobre os direitos da Mulher:
Direitos da Mulher — Defensoria Pública - www.defensoria.sp.def.br
Cartilha sobre os direitos das mulheres — www.anadep.org.br
Direitos da Mulher — www.conteudo.fundobrasil.org.br

Direitos/mulher: Uma fonte de informações públicas sobre direitos das mulheres é o site da Secretaria Especial de Políticas para as Mulheres. O portal traz informações sobre programas, ações, direitos, além de dados e pesquisas sobre temas relacionados aos direitos das mulheres, como violência contra a mulher, saúde, trabalho, educação. Acesso à Informação e Direitos das Mulheres - Fonte: www.gov.br

Precisamos da igualdade com equidade para que tenhamos um mundo coerente, de respeito, e a humanidade possa se orgulhar de beneficiar-se dessa paz que virá acompanhada de justiça, moralização, humanização e amor! O amor de que o mundo está carente e de que tanto necessita.

Sou mulher que gosta de homem e respeita o homem. Que gosta de mulher e respeita a mulher, que gosta e respeita todas(os) sem distinção de gênero e, acima de tudo, que ama o ser humano sem nenhum preconceito e com pleno respeito.

Não creio que possa haver felicidade, progresso e paz para uns, enquanto outros vivem no anonimato, na invisibilidade, sem direitos nem devido respeito! Aprecio o sexo masculino honesto, justo, íntegro e humanizado, bem como de qualquer outro gênero!

E assim, nós mulheres estamos à espera desses homens. Quais homens abrirão esse caminho de justiça e lutarão em conjunto com a mulher? Espero que boa parte, pelo menos! Bem como outros gêneros também.

Uma importante informação que sinaliza mudança: "Em 2021, um grupo de 13 jovens estudantes brasileiros do ensino médio criou um jogo de tabuleiro para identificar e combater o machismo na sociedade". Esses jovens, meninas e meninos, ganharam um prêmio do Fundo de População da ONU pelo feito. Vão ampliar o projeto para esse jogo ser oferecido nas escolas e nos lares.

Meus sinceros parabéns e agradecimentos a esses jovens conscientes e bem-intencionados! Quando soube dessa importante ação fiquei muito feliz e cheia de alegria! É maravilhoso saber que há meninas e meninos lutando para o combate ao machismo e por igualdade com equidade, justiça. Eles me deram mais esperança e a certeza de que o mundo pode e vai mudar para melhor com pessoas como eles. Observe que há meninos, sexo masculino jovem, imbuídos no combate ao machismo, com desejo da igualdade com equidade. Que belo exemplo a ser seguido! Isso é maravilhoso!

Parabéns de coração a esses nobres jovens e vamos multiplicar essa educação! Juntemo-nos a esses jovens, heroínas e heróis, e vamos combater o machismo e a violência contra a mulher!

E, para validar com propriedade meu manifesto, não posso jamais deixar de destacar algumas mulheres brasileiras e de outros países que fizeram e fazem belas histórias, que somam valiosa contribuição de elevada importância para o mundo nas mais diversas áreas!

Veja algumas nobres mulheres brasileiras que nunca devem ser esquecidas:

Princesa Isabel (1846–1921) — Assinou a Lei do Ventre Livre e a Lei Áurea, que acabou com a escravidão no Brasil.

Maria Quitéria (1792–1853) — Foi uma heroína da guerra pela independência do Brasil.

Nise da Silveira — Pioneira da terapia ocupacional. Mudou os rumos dos tratamentos psiquiátricos no Brasil.

Zilda Arns — Foi médica, fundou a Pastoral da Criança. Foi indicada ao Prêmio Nobel da Paz.

Anita Garibaldi — Importante revolucionária.

Irmã Dulce — Foi uma religiosa beatificada pelo Papa Bento XVI, em 2010.

Bertha Lutz — É conhecida como a maior líder na luta pelos direitos políticos das mulheres brasileiras.

Patrícia Rehder Galvão (Pagu) — Foi uma das mais polêmicas figuras femininas brasileiras.

Lina Bo Bardi — Fez parte do projeto da segunda (e atual) sede do Masp, na Avenida Paulista.

Nísia Floresta — Foi a pioneira do feminismo e da literatura de autoria feminina no país.

Cora Coralina — Foi uma poetisa e contista brasileira. Iniciou na literatura aos 75 anos.

Chiquinha Gonzaga — Foi compositora, pianista e primeira mulher a reger uma orquestra no Brasil.

Tarsila do Amaral — Foi uma pintora e desenhista brasileira de grande importância.

Cecília Meireles — Foi uma poetisa, professora, jornalista e pintora brasileira. Primeira voz feminina de grande expressão na literatura brasileira, com mais de 50 obras publicadas.

Clarice Lispector — Foi uma das maiores da literatura brasileira do século XX.

Rachel de Queiroz — Foi escritora e a primeira mulher a entrar para a Academia Brasileira de Letras e a primeira mulher a receber o Prêmio Camões.

Lygia Fagundes Telles — Foi escritora, romancista e representante do movimento pós-modernismo.

Ruth Rocha — É uma importante escritora brasileira de literatura infantojuvenil.

Ana Néri — Foi a pioneira da enfermagem no Brasil, prestou importantes serviços voluntários.

Anita Catarina Malfatti — Pintora, desenhista, gravadora, ilustradora e professora.

Ana Maria Machado — É importante escritora e jornalista brasileira.

Zuzu Angel — Foi uma estilista brasileira de renome internacional, na década de 1970.

Marta Vieira da Silva — É uma jogadora de futebol brasileira. Eleita pela Fifa, seis vezes, como a melhor jogadora de futebol do mundo, entre os anos de 2006 e 2010 e em 2018.

Fernanda Montenegro — É a grande dama da dramaturgia brasileira. É uma referência no teatro, no cinema e na televisão nacional.

Carmen Miranda — Foi cantora, atriz e dançarina luso-brasileira. Símbolo da América Latina.

Luiza Helena Trajano Inácio Rodrigues — Empresária brasileira em destaque.

Maria da Penha — A sua história mudou as leis de proteção às mulheres em todo o país.

Estendo minhas menções honrosas com gratidão por igual merecimento a estas extraordinárias mulheres de muitos países!

Angela Merkel — É física e política alemã, chanceler da Alemanha de 2005 a 2021.

Joana d'Arc — Foi uma heroína francesa da Guerra dos Cem Anos, travada entre a França e a Inglaterra.

Malala Yousafzai — Ficou internacionalmente conhecida por seu ativismo em defesa do direito das mulheres à educação. Foi vítima de um atentado do Talibã e sobreviveu.

Greta Thunberg — É uma jovem sueca, ativista do clima e meio ambiente.

Valentina Tereshkova — Foi uma cosmonauta soviética. A primeira mulher a ser enviada ao espaço. Ela tripulou, sozinha, a Vostok 6 em junho de 1963.

Hillary Diane Rodham Clinton — É uma importante advogada e política norte-americana.

Simone de Beauvoir — Foi uma grande escritora francesa, filósofa existencialista, feminista.

Emmy Noether — Considerada a criadora da álgebra moderna.

Marie Curie — Formada em física e química, descobriu elementos químicos importantes.

Corazón Aquino — Ex-presidente das Filipinas, foi a primeira mulher a governar o país.

Sheryl Kara Sandberg — Foi a primeira mulher a servir o conselho do *Facebook*.

Virgínia Woolf — Foi editora e uma das principais escritoras modernistas do século XX.

Madre Teresa de Calcutá — A freira dos pobres foi declarada santa em 2016.

Frida Kahlo — Foi uma mulher muito importante para a história da arte mundial.

Indira Gandhi — Foi primeira-ministra da Índia entre 1966 e 1977 e entre 1980 e 1984.

Essas são algumas das milhares de mulheres fortes, guerreiras, revolucionárias, destemidas, polêmicas e ícones em suas empreitadas nas mais diversas áreas de atuação, ao longo dos séculos, que muito contribuíram para o crescimento de seu país e para o mundo!

Infelizmente não dá para mencionar todas as extraordinárias mulheres aqui, pois são inúmeras. As demais dessa mesma importância sintam-se homenageadas por mim e por todas as pessoas de bem de todos os gêneros do nosso planeta.

Essa mostra nos faz enxergar o mundo com um novo olhar. O olhar extinto de barreiras, sem reservas sobre a capacidade, importância e valor do sexo feminino!

A marginalização da mulher desconstrói a moral social, e a corresponsabilidade de cada um de nós está implícita quando não explícita!

Por tudo que neste meu conto foi dito, pelo desabafo, alerta e apelo, pelas manchetes estampadas nas mídias contendo tantas barbáries, fatos reais gravíssimos, que ferem os direitos humanos na sua essência, penso que é mais que tempo de: *promovermos movimento de compromisso internacional, pacto, tratado ou acordo mundial pela igualdade com equidade a todo ser humano — justiça e paz para a humanidade!*

Seria a representatividade de cada país com a união de todos os povos contra os responsáveis, os dirigentes de nação que afrontam e desrespeitam os Direitos Humanos na provocação, estímulo e ou manutenção de conflitos e guerras, descumprimento dos Direitos ao Meio Ambiente, Direitos dos Animais, Direitos das Mulheres, Direitos das Pessoas Pretas ou Negras, Direitos a Diversidade de Gêneros Sexual e tantos outros direitos não mencionados aqui, que merecem e necessitam de resgate de valores e justiça para honrá-los! Tudo pela Restauração da Paz Mundial!

Precisamos ter o ***Dia Internacional do Ser Humano!*** Que representará a UNIÃO, IGUALDADE COM EQUIDADE ENTRE TODOS OS SERES HUMANOS. *Isso sim é o que vale como resultado da INTELIGÊNCIA HUMANA!*

Depois dessas constatações não dá mais para discutirmos em pleno século XXI sobre machismo, e sim a sua extinção definitivamente!

Falo com propriedade, fundamento e conhecimento de causa porque acompanhei e vivenciei tudo de perto. E após tanto tempo calada, cansada e sofrida por testemunhar tanta desordem, crueldade e desrespeito contra a mulher, clamo por justiça!

Vamos promover essa importante e necessária mudança?

Agradeço a atenção de todas e todos com todo respeito!

Ah, desculpem-me, não me apresentei. Sou a Eva!

SOFRI ASSÉDIO SEXUAL E MORAL ATÉ OS 70 ANOS E, QUANDO CRIANÇA, FUI ESTUPRADA

Desde muito cedo, infelizmente, meninas de pureza absoluta, verdadeiras crianças inocentes sofrem assédio sexual sem saber o que é assédio. Também passei por isso! Na época, por minha ingenuidade, não sabia que era essa a denominação que se dava porque os tais assédios aconteciam sempre de forma considerada até "natural", visto como uma brincadeira devido a minha total ausência de malícia. Acho que a palavra assédio nem era usada quando eu era criança e eu mesma nem saberia identificar ou distinguir o que seria cada coisa naquela minha pouca idade. Eu carecia de ter um adulto de confiança que me orientasse sobre isso. Posteriormente soube de tantos casos que entendi que esse infortúnio acontece frequentemente com as crianças, principalmente com as meninas!

Com 13 anos conheci um homem de 33 anos. Ele frequentemente ia a minha escola levar ou buscar sua sobrinha Beth, quando a mãe da menina não podia ir. A Beth era minha amiga de classe. Às vezes, quando ele ia buscá-la, também me dava carona.

No começo ele primeiro me deixava em casa e depois seguia com a sobrinha. Até que passou a mudar a ordem. Conversávamos bastante, ele sempre muito gentil e alegre, passou a me presentear com bonecas, a levar-me para tomar sorvete e tempos depois dizia estar apaixonado por mim. Fiquei surpresa e feliz porque eu também gostava dele!

Até que certo dia ele me beijou e eu gostei. E assim repetíamos beijos toda vez que nos encontrávamos. Ele pedia-me para nada dizer a ninguém sobre o que fazíamos juntos, porque com certeza as pessoas não entenderiam pela nossa diferença de idade, e que meus pais me proibiriam de vê-lo. Ele dizia que eu devia esperar completar 15 anos, quando ele pediria aos meus pais para ficarmos noivos e nos casaríamos mais adiante.

Eu ingênua e apaixonada! Bom, não sei exatamente que sentimento era aquele meu, uma criança de 13 anos ainda não sabe o que é sentir amor por um homem, nem a diferença entre amor, paixão, empolgação ou confusão de sentimentos.

Creio que ela se iludia com tantos mimos, carinho, atenção e, claro, seus hormônios estão aflorados e falam por si só, porém sem haver maturidade, que não dá para comparar com a experiência e intenções de um homem de 33 anos. Mas na época eu achava estar apaixonada por ele.

Não sei bem por que, creio que por ingenuidade, eu acreditava nele e seguia suas orientações. *O que eu sabia era que até então ninguém havia se importado tanto comigo, nem me dado tanta atenção, nem mesmo meus pais, e isso me fazia gostar dele.*

Tempos depois passamos também a fazer sexo. Eu nem sabia o que era, apenas já tinha ouvido alguém falar, mas ele me dizia que era prática comum entre todos os casais que se amam e nós nos amávamos... Eu, sem ter certeza se queria fazer aquilo e sem entendimento adequado sobre o que ele dizia, acreditava nele e pedia para ele me ensinar. Foi assim que passei a fazer sexo com ele. *No começo foi horrível, depois me acostumei e fazia para agradá-lo.* Para minha sorte ele sempre usava preservativo, e só mais tarde entendi que esse procedimento me protegeu de uma gravidez indesejada e de possíveis doenças.

Durante um ano nos relacionamos como um casal. Nos encontrávamos na casa dele e ele morava só. Meus pais não sabiam! Até que, numa tarde, estávamos juntos em sua casa, quando a campainha tocou, ele foi atender, era um primo dele que precisava urgente dos serviços de advogado e falava alto. Descobri assim sobre a profissão do José Carlos. Por curiosidade fui até a sala para conhecer o tal primo.

Quando seu primo me viu percebi que ficou muito chocado e dirigiu-se ao José Carlos indagando-o: — Hei, espera aí, você não está tendo um caso com essa garotinha, está? Ela é uma criança, cara, que é isso? — José Carlos nada respondeu e o primo, na hora, nervoso, lhe disse: — Olha aqui, você é meu primo, sempre gostei de você, mas tudo tem limite. Você é um homem adulto, é advogado, conhece as leis, está fazendo sexo com uma criança? — E continuou a falar: — Isso é crime, é vergonhoso, uma monstruosidade, rapaz! Está maluco? Doente? Isso é pedofilia! Procure alguém da sua idade ou pelo menos maior de idade, jamais uma criança! Isso eu não vou admitir, entendeu, José Carlos, acabou! — O primo se dirigiu a mim e perguntou-me: — Garota, qual é seu nome? — Respondi-lhe: — Terezinha. — Ele então me perguntou:

Quantos anos você tem, Terezinha? — Respondi-lhe: — Treze. Ele me disse: — Por favor, pegue suas coisas imediatamente que vou levá-la para sua casa agora e nunca mais volte aqui, entendeu? E quanto a você, José Carlos, se se aproximar novamente da Terezinha, vou denunciá-lo e com certeza você perderá a sua OAB, além de pagar pena.

Fiquei assustada, entendi que fazia algo errado e grave; tive muito medo. José Carlos desapareceu e nunca mais o vi. *Tempos depois entendi o que de fato me acontecera e agradeço até hoje o primo dele, do qual nem sei o nome, por ter aparecido e me tirado das garras daquele pedófilo miserável, aproveitador de criança.*

No ano seguinte a Beth mudou de cidade e perdemos contato. Cinco anos depois nos reencontramos e ela contou-me que havia sido estuprada há seis meses. Aconteceu após uma festa, ela pegou carona com um rapaz da festa, no meio do caminho o sujeito parou o carro num lugar deserto e lhe disse: — Ou você transa comigo ou te largo aqui no meio do mato. — Era tarde da noite e ela, com medo, não teve outro jeito, não tinha para onde correr ou para quem pedir ajuda, ainda lutou, mas ele venceu, claro! Homem é mais forte fisicamente. Lamentei e pensei: "Cuidaram tão bem dela quando criança e ela na adolescência vacilou". Não se pode aceitar carona de desconhecido. Nada lhe falei sobre o que seu tio fez comigo.

Aos 16 anos, no trabalho, estava com a garganta inflamada; fui ao médico no ambulatório da empresa. O doutor, após ouvir minha queixa, pediu-me para eu me deitar numa cama/maca do consultório e na sequência pediu-me para tirar a calcinha. Como assim? Pensei: *"De novo, não! Que mundo é esse desses homens doentes? Não são homens, são monstros!"*

Não tirei a calcinha, claro! Levantei-me imediatamente, falei umas verdades para o médico monstro e fui embora. Ele ainda tentou justificar, dizendo-me que às vezes o problema na garganta é de origem ginecológica. Eu nem quis ouvir aquela sua absurda argumentação, pois eu não fui ao ginecologista, e ele nem sequer olhou minha garganta! Saí depressa e fiz reclamação dele no Departamento de Pessoal da empresa.

Meses depois, saí com uns amigos, fomos a um *show*, depois esticamos a noite num barzinho. A conversa estava boa, o pessoal bem animado que não me dei conta do avançado horário. Não tinha mais ônibus nem metrô para voltar para casa. Também já não tinha mais dinheiro suficiente para táxi. Um rapaz do grupo, que eu já conhecia de vista, gentilmente me convidou para dormir em sua casa e disse-me:

Fica tranquila, meus pais estão lá. — Diante das circunstâncias, aceitei. Chegando lá, ele me ofereceu vinho. Eu estava meio perturbada por estar ali numa casa estranha, com um rapaz que eu pouco conhecia e a sós na sala com ele. Seus pais estavam dormindo, ainda bem que estavam mesmo na casa! Era uma madrugada fria e aceitei o vinho.

Na sequência ele começou a acariciar-me, beijou-me e eu permiti. Ele prosseguiu na tentativa de algo mais. Tentou diversas vezes, mas eu não quis e não cedi. Só aceitei o beijo, talvez até em retribuição à hospedagem. Estava sóbria o suficiente para saber o que estava fazendo e sabia que não queria fazer sexo com ele. Então, eu lhe disse: — Não, basta! Eu não quero ir além! Vamos parar por aqui. Vim para sua casa só para dormir, conforme você me convidou, lembra? — O rapaz ainda insistiu e ficou irritado comigo por eu não ter cedido. Foi para seu quarto e eu adormeci no sofá da sala, completamente vestida e coberta com um cobertor que ele me arremessara irritado por não ter conseguido o que queria. Fiquei chateada por me deparar com mais um canalha! Prometi a mim mesma que nunca mais dormiria na casa de alguém que eu não conhecesse muito bem. Passei muito medo naquela noite, tive receio de que ele me obrigasse a fazer sexo, ficasse violento, porque há muitos "homens" que agem assim. Acham que a mulher deve sempre ceder quando eles querem. E quando ela diz não, muitos forçam a situação que caminha para a violência moral, física, estupro e até feminicídio! Minha sorte foi de os pais dele estarem em casa!

Todo homem precisa respeitar a mulher. O fato de uma mulher aceitar ser beijada por um homem não significa que ela queira ir além, *até o ato sexual. E o homem deve respeitar a vontade dela! Respeitar a vontade do outro é fundamental, em qualquer circunstância!*

Como a nossa sociedade é mesmo machista, o homem até pode tentar algo mais, porém, desde que entenda e respeite os sinais e respostas da mulher. *Se ela deseja ou não ir além, transar, imprescindível que ele respeite a decisão da mulher. Respeitar que não é não!*

Muitas vezes o homem age dessa forma desrespeitosa com a mulher pelo incentivo errôneo da criação machista que recebeu do pai, principalmente. Há pai que diz: "Filho, aproveite a vida enquanto é menino, é jovem, faça sexo com a garota que você quiser e puder... Mostre que é macho e não dê moleza." Às vezes, há até filmes na TV que insinuam e inspiram tais absurdos. Infelizmente há muitos pais que estimulam o filho a agir de modo canalha com as meninas. Já com a filha o pai faz mil recomendações para ela se comportar e se preservar. No passado se ouvia pais ignorantes de meninos dizerem aos pais de meninas: "Prendam suas cabritas porque meu bode está solto." Uma frase indecente, criminosa, horrorosa, machista ao extremo, que deve ser *definitivamente banida!*

Pouco tempo depois passei por outra experiência de assédio bem desagradável. Meu diretor de teatro da época me dizia que a televisão era cruel e que para a pessoa conseguir destaque precisava muitas vezes se submeter a certas coisas que não valiam a pena em troca de um papel. Ele tinha razão! Certo dia, o diretor de novela de uma emissora em que eu trabalhava me fez o famoso convite do sofá (condição básica para ele me incluir no elenco da próxima novela). Indignada com o disparate, eu disse não e nunca mais voltei lá.

Aos 30 anos, era mãe de quatro crianças, viúva, sozinha batalhando para viver e criar meus filhos, sem nenhuma ajuda de ninguém, o que não era tarefa fácil. Quando a babá faltava, eu tinha que me virar para deixá-los em algum lugar seguro porque precisava trabalhar, e eu era a única fonte de renda da família.

No meu condomínio havia uma vizinha, pessoa boa, de confiança, que tinha filhas pequenas; quando eu precisava, podia deixar meus pequenos aos cuidados dela. Até que, numa noite, minha campainha tocou, vi pelo olho mágico que era o marido dessa minha vizinha. Naturalmente abri a porta, mas logo percebi que ele estava embriagado. O sujeito tentou por tudo entrar em minha casa. Muito assustada, eu tremia da cabeça aos pés; perplexa com a situação, pedia-lhe que fosse embora. Ele, parado no hall, não ia e alegava que não parava de pensar em mim e que havia bebido para criar coragem de falar comigo sobre seus sentimentos.

A criatura falava das suas fantasias eróticas comigo, o que me deixava enojada. Quando ele percebeu que eu ia fechar a porta, passou a xingar-me. Eu tentava fechar a porta e ele a empurrava, me impedindo de fechá-la. Naquele momento, não sei como, só pode ter sido a força de Deus, fui mais forte que ele e consegui fechar a porta.

Ele continuou no corredor a tocar a campainha e a esmurrar minha porta até que se cansou e se foi. Só não chamei a polícia em respeito à esposa dele e por medo do que ele pudesse fazer comigo. Nunca mais deixei meus filhos com sua esposa, nem lhe disse nada em respeito a ela, por pena dela também e medo dele. Não sei como ela reagiria e eu já estava para me mudar. Mudei de endereço e nunca mais vi o sujeito, um alívio!

Pensei, na época, como pode um homem pai de duas meninas agir assim com uma mulher? Será que não pensa que suas crianças um dia se tornarão mulheres adultas e que poderão sofrer os mesmos abusos e desrespeitos?

Meses depois fui novamente assediada; dessa vez em meu trabalho. Minha chefe era sempre gentil comigo e muito elogiava meu trabalho e meus resultados, que, de fato, eram bons! Mas logo adiante entendi que os elogios não eram apenas por reconhecimento profissional, tinha cunho de segundas intenções. Ela me assediava, mas eu não entendia como assédio. Não passava nenhuma suspeita por minha cabeça. Até que fui a uma festa da empresa e lá estavam todos os gerentes. Uma colega de profissão, que era mais próxima disse-me: — A Margarida está interessada em você e você já deve ter notado, não é? — Fiquei surpresa com aquela novidade e lhe respondi: — Nossa! Como assim? Não! Que ideia é essa? De onde você tirou tal absurdo? Está maluca? A Margarida é uma mulher casada, com filhos! — Entrei em pânico e não parava de falar.

    Minha colega, rindo, não hesitou em responder-me: — E daí que ela é casada? Isso não significa nada! — Então lhe respondi: — Mas eu sou hétero, não tenho nada contra quem é homossexual, bi, ou de qualquer outro gênero, mas não é a minha praia, não tenho nenhuma tendência nem interesse. — Minha colega respondeu-me: — É, amiga, então diga isso você mesma a ela porque acho que ela não pensa assim e alimenta expectativas. — Fiquei chocada com o que ouvi, passei a observar melhor o comportamento da Margarida com relação a mim. Dias depois ela esteve em minha loja e convidou-me para almoçar. Fomos à praça de alimentação do shopping, onde já havíamos almoçado algumas vezes. Ela, como sempre, muito simpática e sorridente. Durante o almoço ela me disse: — Você é muito séria, devia relaxar um pouco, soltar-se mais, desarmar-se, aproveitar mais a vida e tudo ao seu redor. Assim como você vive nem percebe quando tem alguém interessada em você e perde excelentes oportunidades, como, por exemplo, agora... A pessoa está na sua frente interessada em você e você não a enxerga.

    Naquele momento lembrei-me das palavras da minha colega, olhei para todos os lados e lhe respondi: — Desculpe, mas não vejo nenhuma pessoa na minha frente que possa estar interessada em mim ou eu nela e não entendi a sua colocação! Mas me diga, quem é? Onde está essa pessoa? — Nessa hora a moça, que até então estava sorridente e amável, ficou séria, olhou para o relógio e me disse: — Estou atrasada, preciso ir. — Despediu-se apressadamente, de forma séria, fria e se foi. Pareceu-me irritada. Na semana seguinte chamou-me na administração da empresa para uma reunião. Não teve reunião e sim a comunicação da minha demissão. *Como provar a razão da minha dispensa? Evidente que eu não conseguiria provar, mas a causa era óbvia!*

Fiquei revoltada com aquela postura inadequada e antiprofissional dela e não pensei duas vezes. Tomada pela revolta, no calor da ira, escrevi uma carta anônima contando tudo sobre o assédio que me sucedera com consequente demissão e enviei para o marido dela no endereço da residência deles. Nunca soube se o marido leu ou não (ou se ela leu).

Tempos depois, refleti sobre meu ato e me arrependi profundamente de ter enviado a carta. Embora ela tenha me demitido injustamente, eu não queria causar danos ao casamento dela. Nunca mais tive notícias!

Aos 40 anos e com um problema de saúde, me indicaram um homem que fazia procedimento espiritual de cura. Viajei por quatro horas na expectativa e esperança de cura ou melhoria significante. Quando chegou a minha vez de ser atendida, eu estava preparada, parecia estar movida por uma energia transformadora de tanta entrega de fé na esperança de cura. O tal homem me conduziu à chamada sala de cura, fechou a porta, me deu uma xícara de chá e pediu que eu tomasse tudo de uma vez. Na sequência ele pediu que eu me deitasse numa cama, deitei e logo senti mal-estar, vista embaçada, esquisita, parecia que tudo rodava. Ele parecia estar em prece, mas logo começou a abrir minha calça e passar as mãos em minhas partes íntimas; eu, assustada, tentava tirar a mão dele, ele não deixava e me dizia:

Calma! Você quer ou não se curar? — Eu tentava me levantar, sair dali, mas estava sonolenta, sem força, parecia que estava dormindo, semiacordada, me sentia estranha, enjoada, impotente, mesmo assim eu tentava tirar a mão dele, foi uma sensação horrível! Acabou com ele me dizendo:
— Você não vai se curar porque é muito teimosa, arisca e não colabora.
— Esse foi mais um homem monstro que abusou de mim. Saí dali sem chão, na companhia de uma amiga que viajou comigo. Eu estava tão revoltada, tentava entender o que houve e também me sentia tão envergonhada que não tive a coragem de contar para ela nem para ninguém na ocasião.

Anos mais tarde sofri assédio de um colega de trabalho. Nessa época eu tinha mais de 50 anos. Ele não me interessava, me assediava, eu lhe falava claramente sobre não ter interesse por ele. Mesmo assim ele não desistia e isso durou alguns meses. Mudei de trabalho por outras razões (não por ele). Às vezes ele me ligava, eu o atendia por educação, até que um dia ele me ligou e se convidou para tomar café da manhã em minha casa. Dessa vez perdi completamente a paciência, fui extremamente explícita, enfática e grossa mesmo, dizendo-lhe: — Por favor, me esqueça porque não iremos para a cama nunca. Não insista, desista, você está sendo extremamente desagradável! Já lhe disse que não tenho nenhum interesse, peço que não me ligue mais! — Diante disso ele desistiu e sumiu.

Tempos depois trabalhei numa empresa e a minha chefe era muito estranha, alienada, sem noção. Não demorou, ela começou a se insinuar para mim e vender a excelente *performance* sexual do marido (segundo ela). Eu lhe advertia dizendo: — Tome cuidado com tanta propaganda do seu marido, você pode se deparar com uma mulher que se interesse e passe a assediá-lo, mas fique tranquila comigo, não tenho nenhum interesse. — Tive certeza de que ela buscava uma relação a três. Meu trabalho era mais externo, ainda bem. Certa vez ela me ligou e disse: — Amanhã sei que você virá trabalhar no escritório, então vou produzir-me, irei usar até batom, que nem curto, só para você. — Ignorei e desliguei. Tempos depois, numa festa da empresa, ela bebeu demais, se aproveitou da ocasião para bolinar-me. *Falei poucas e boas para ela, que ria e pedia desculpas. Saí da empresa.*

Anos depois, aos 70 anos, fui assediada sexualmente, pega na força física do bruto sujeito que me atacou! Lutei e consegui fugir. Em consequência do meu não categórico, fui também assediada moralmente, profissionalmente e demitida!

Essa situação extremamente absurda aconteceu comigo quando eu jamais sonhava, com a idade que tinha, passar ainda por tal tribulação. Considerava que uma mulher, ao atingir determinada idade, estaria livre dos infortúnios de "homem asqueroso" que não respeita a mulher.

Estava com 63 anos quando fui convidada por um empresário para trabalhar em sua empresa. Já o conhecia havia muitos anos e éramos de certa forma amigos, ou melhor, eu o considerava um amigo e assim o tratava! Mais tarde, ele provou-me que não era meu amigo. Chegou até a dizer não acreditar em amizade entre um homem e uma mulher. *Veja o pensamento da criatura rudimentar, um verdadeiro ogro!*

Antes de trabalhar para ele, nos víamos esporadicamente, por ocasião de algum evento empresarial. Quando nos encontrávamos, passávamos momentos agradáveis conversando. Ele sempre muito alegre, brincalhão, educado e gentil. Anos depois ele me convida para desenvolver um trabalho em suas empresas. A proposta era interessante e eu precisava de trabalho. Pouco tempo depois que iniciei minhas atividades em suas empresas, ele, de modo brando e discreto, às vezes me assediava. Eram cantadas leves, até engraçadas, que eu levava na brincadeira e ficava até na dúvida se seriam assédio de fato ou se apenas puras e simples brincadeiras, já que ele era muito brincalhão. E assim decidia levar para o campo da brincadeira e esquecia as ocorrências. Nessa época ele era um sujeito extremamente cavalheiro e gentil. Um verdadeiro *gentleman*!

Tenho como prática natural não pensar na maldade das pessoas até que me provem o contrário. Quando o sujeito é cavalheiro e brincalhão, fica difícil identificar a real intenção. E muitos adotam essa *persona* justamente para confundir a vítima.

O tempo foi passando, fui conhecendo melhor como ele era e descobrindo um lado dele nada bom. Um lado frio, calculista, maquiavélico, de comportamento estranho, conduta duvidosa em vários aspectos. Percebia sua ausência de ética nas tratativas de seus negócios e também postura inapropriada com seus colaboradores. Falava alto e usava palavrões absolutamente inadequados para o ambiente de trabalho, de modo desrespeitoso, exaltando abuso de poder, o que vinha a confirmar em absoluto o que seus colaboradores me diziam.

Esporadicamente voltava a me assediar, só que já de forma mais explícita, o que me dava a certeza de ser mesmo assédio. Fi-lo entender que não tinha interesse nele e mostrava as minhas razões para não querer me envolver com ele, sempre com muito fundamento e clareza, profissionalismo, sem jamais ofendê-lo. Evidente que ele argumentava sobre minhas explanações, mas eu me pronunciava ainda mais incisiva e jamais cedia.

Alguns de seus funcionários me diziam que ele sempre fora ruim, grosseiro, mesquinho, de comportamento e atitudes opostas às daquele homem educado e cavalheiro que eu acreditava conhecer. Presumi que comigo ele procurava mostrar o seu lado melhor porque tinha outras intenções, mas era puramente armadilha. Eu passava a enxergá-lo como uma pessoa do mal. Comigo ele ainda continuava, na maioria das vezes, educado, cortês e voltava a me assediar. Se no princípio, quando ele se portava como um cavalheiro, eu não havia cedido, nessa outra fase jamais. Eu não sentia mais nenhuma admiração por ele, nem respeito. Razões fundamentais para nunca me envolver com um homem. Só não interrompia meu contrato de trabalho por causa da minha necessidade financeira e pelo problema de saúde que me surgira.

Ele tinha um ego nas alturas, se achava lindo, irresistível, e pelo que eu sabia havia mulheres que sonhavam ter um caso com ele. Principalmente porque ele as ajudava financeiramente.

Quando o conheci, num passado distante, ele não tinha dinheiro, estava divorciado, sozinho, iniciava um pequeno negócio com muitas dificuldades financeiras. Na época havia só mulheres trabalhando para ele. E foi assim que ele cresceu, através do trabalho de tantas mulheres na sua vida. Mulheres, essas, trabalhadoras, com algumas das quais ele mantinha relacionamento, sempre em acordo secreto com cada uma, para nunca contar nada a ninguém sobre sua relação íntima com ele. E, assim, uma não sabia da outra. Ele as ameaçava seriamente se essas informações vazassem. Elas cumpriam as regras dele, por medo de perder o emprego e a ajuda financeira que ele proporcionava. Dessa forma, permaneciam fiéis no trabalho e no relacionamento íntimo. Obviamente quando findava a relação, às vezes, vazava a informação, mas ele negava terminantemente. Dizia que aquela mulher estava contando mentiras sobre ele porque queria ter tido um caso com ele, ele não quis e a demitiu.

Nessa fase ele já estava novamente casado com uma mulher de posses, que ele conheceu quando estava divorciado e tentando se firmar nos negócios. Uma mulher de meia-idade, solteira, sozinha, sem filhos, que morava ainda com os pais já bem idosos e com problemas de saúde. Um alvo perfeito para o gângster que não perdeu tempo. Conseguiu com sua lábia conquistar a mulher solitária, casou-se com ela e sua vida financeira mudou.

Os pais da esposa logo faleceram e ele assumiu os negócios. Ele prosperava nos negócios com o trabalho dessas tantas fiéis mulheres, que acreditavam na exclusividade do relacionamento com ele (além da esposa, de quem ele não escondia ser casado). Acredito que a esposa não sabia dos relacionamentos do marido!

Essas suas relações íntimas eram geralmente com mulheres simples, de baixa renda, sozinhas, mães solteiras ou separadas, com filhos pequenos para criar, que precisavam trabalhar e aceitavam a condição de amantes. Também mulheres maduras e solitárias. Elas lhe davam carinho, sexo, fidelidade, confiança, talvez até amor e trabalhavam com esmero.

Havia comentários internos, principalmente numa das empresas que tinha também homens trabalhando, de que ele era um verdadeiro explorador de mulheres, em diversos campos, e que todo o seu patrimônio ele devia a essas mulheres. Tudo isso descobri ao longo dos anos. Eu era viúva, estava desempregada, e consequentemente com necessidade financeira. Ele havia me sondado sobre isso. Sei que fui mais uma presa. Os fatos mostraram que foi com essa intenção que ele se aproximou de mim e convidou-me para trabalhar em suas empresas, com o objetivo de explorar-me, como de fato me explorou.

Ele mesmo não trabalhava. Gastava seu tempo com política, fazendo lobby, participando de reuniões de partidos políticos diversos, fazendo conchavos, doações em dinheiro e se mantendo no comando das empresas, elaborando estratégias, monitorando resultados e ditando regras.

O tempo passava e ele continuava a me assediar. Penso que não se conformava de não conseguir nada comigo, apesar das inúmeras tentativas durante anos. Creio que isso foi lhe incomodando porque ele conseguia com as outras. Eu sabia que minha passagem nas empresas dele estava com os dias contados. Meus frequentes "nãos" e a sua insistência já duravam seis anos. Também não suportava mais aquela situação que havia se tornado insustentável. Mas era uma fase ruim para mudar de emprego, o mercado de trabalho estava retraído e minha idade não ajudava, além do meu problema de saúde. Nessas alturas eu já estava com setenta anos. Essa idade por si só era um fator agravante e inibidor para conseguir novo trabalho. *No entanto, eu sabia que aquele trabalho estava piorando a minha saúde física, mental e espiritual!*

Ficar constantemente driblando os assédios indesejáveis daquele homem horrendo era terrível. Sentia mal-estar só em pensar que precisava trabalhar lá e ter de ficar ao lado dele. Aquele meu trabalho era a minha única fonte de renda na época. Também tinha receio de sair e ele não me pagar o que me devia. Ele me devia um bom dinheiro de horas adicionais do meu trabalho. Vivia me prometendo que tão logo a situação nas empresas melhorasse ou vendesse uma delas acertaria comigo. *Pedia-me paciência. Eu, por falta de alternativa, aguardava!*

Trabalhei por sete anos com uma carga horária 100% maior à acordada em contrato, e sem receber nada por essas horas excedentes. Eu tentava trabalhar no horário normal pactuado, mas ele solicitava minha presença além do combinado. Dava justificativas infundadas e sempre afirmava que iria me pagar todo o período do meu trabalho adicional tão logo tivesse condição. Em resumo, na neura dele, ele precisava me levar para a cama a qualquer preço. Estava obcecado. Felizmente eu não trabalhava nas empresas dele todos os dias. Logo não o via diariamente. *Lamentavelmente quando necessitamos de dinheiro para o nosso básico sustento, muitas vezes, aceitamos condições que nunca imaginávamos aceitar. Aquela minha realidade era bem sub-humana e o retrato do opressor a humilhar o oprimido!*

A situação se fazia mais complicada a cada dia. Os assédios dele passavam a ser explícitos e agressivos, ele me dizia: — Vamos hoje após o trabalho passar bons momentos num motel? — Eu ficava abismada com a sua falta de respeito, e após mais um não meu, ele dizia: — Olha, estou há anos querendo ficar com você, sinto desejo por você e você nada. Diga-me, qual é o seu problema? Você tem nojo de mim? Eu não sirvo para você?

Você se acha melhor que eu? — E tantas outras perguntas inoportunas. Eu respondia basicamente com as mesmas respostas de sempre, mas creio que ele não se conformava e aumentava a sua fúria.

Fazia-me convites de viagens para dentro e fora do país. Outras vezes, me fazia proposta de cuidar de mim, que me bancaria e que eu não iria me arrepender. Prometia-me carro, joias, viagens, cartão de crédito sem limite e muito mais. Dizia ainda que, se nos déssemos bem na cama, ele se separaria da esposa. *Aquelas conversas clichês de homem burro que não se conforma com um não de uma mulher e promete mundos e fundos para atingir o seu objetivo, e que subestima completamente a capacidade de raciocínio e inteligência de uma mulher, achando que só ele é esperto e que toda mulher é burra e está à venda!*

Tornou-se muito difícil o convívio. Tudo em mim o incomodava! Outras vezes ele me dizia em tom de ameaça: — Você não me quer, está certo. Mas pense bem enquanto estou interessado, porque depois, quando eu estiver cuidando de outra, não vá se arrepender, porque não terá volta. — Ele não fazia ideia que eu sabia dos casos dele com as tantas mulheres suas funcionárias. Ainda me dizia que não havia se separado da esposa porque ela era muito carente, sozinha, solitária, mas não existia amor. Claro que não existia amor, pelo menos da parte dele que, seguramente, além de não a amar, não a respeitava, nem mesmo tinha gratidão por viver tão bem financeiramente à custa do dinheiro dela. Ele certamente não se separaria dela, sua mina de ouro! Com o dinheiro dela ele podia brincar de empresário, exercer politicagem, fazer doações, como fazia para partidos políticos. Podia sentir-se importante (algo que ele adorava) e podia bancar e também explorar as tantas mulheres que caíam na sua lábia.

Em uma de suas empresas ele tinha um sócio e a filha desse sócio trabalhava nessa empresa. Uma mulher madura, de meia-idade, divorciada, sem filhos, sozinha e, claro, também se envolveu com ele. Essa era apaixonada demais por ele e muito ciumenta. Quando desconfiava de que ele tinha outra (além da esposa), ficava enlouquecida. Como essa mulher sofria. Era uma mistura de gratidão por ele tê-la ajudado e também a sua família em complicações financeiras sérias na vida pessoal e empresarial.

Essa mulher vivia movida e alimentada por sentimentos de amor e gratidão, que nem ela mesma discernia qual desses sentimentos lhe pesava mais. Ela pagava o preço da sua segurança financeira e de seus familiares com muito trabalho, sofrimento e ainda alimentava esperança de um dia casar-se com ele.

Tempos depois ele ficou revoltado porque seu único filho lhe deu um neto, mas não deu o seu nome à criança. Nossa! Contou-me essa história chorando. Nessa hora, tratou-me como amiga de verdade, desabafou e chegou a me pedir ajuda para arrumar uma mulher para ser barriga de aluguel. Ele estava alucinado, obcecado, focado para ter outro filho e dar seu nome. Insistiu tanto nisso e durante muito tempo me implorava dizendo que só confiaria a mim a tarefa para tratar desse assunto, que só eu poderia ajudá-lo, porque ele não confiava em mais ninguém para revelar esse problema tão sério e particular da sua vida. E me pedia absoluto sigilo nessa ajuda.

Foram tantos os pedidos, durante dias, que os considerei sinceros, fiquei sensibilizada com a história e o desespero dele, nem parei para refletir melhor sobre por que o filho teria agido dessa forma. Quis ajudá-lo e passei a consultar algumas mulheres que eu conhecia e se haveria alguma possibilidade de uma delas querer ser barriga de aluguel para ele.

Ele me cobrava resultados e eu corria atrás feito uma maluca. Dediquei-me na tentativa de contribuir para a realização de seu desejo. Cheguei a lhe apresentar duas mulheres que se mostraram num primeiro momento interessadas e eles se encontraram. Porém, no encontro ele exigia demais delas e elas desistiam. Quando percebi isso, considerei que devia sair do imbróglio e declinei! Ele botava defeitos em todas as mulheres e me dizia: — Sei que a mulher ideal seria você, mas você não pode mais, infelizmente. — Pensei: "Deus me livre, mesmo se pudesse eu jamais teria um filho com esse ser!" Tempos depois pensei: "Boa coisa esse homem não é mesmo, pois até o filho não quis dar o sobrenome do pai ao neto." Mais adiante não me perdoei por ter me envolvido nessa história maluca.

A parte boa dessa situação foi que, enquanto ele estava envolvido e me envolvia para ajudá-lo a conquistar sua meta da barriga de aluguel, ele não me assediava. Tratava-me com respeito, como amiga e foi um período de alívio e sossego!

Tive uma necessidade financeira e lhe pedi emprestado um determinado valor em dinheiro e ele me emprestou. Fiquei tranquila porque considerei que já tinha dinheiro em caixa (dinheiro do meu trabalho adicional por seis anos que ele me devia). Eu sabia que o valor que ele me emprestara representava apenas 10% do dinheiro que ele me devia. Até que, em um triste dia, após ele me assediar e ouvir mais um não, ficou extremamente quieto, mudo, nada argumentou como costumava agir das outras vezes. Achei esquisito, mas pensei: "Parece que ele finalmente entendeu que não quero nada com ele, que bênção!" Mas que nada! De repente, ele me agarrou bruscamente com força e tentou por tudo beijar-me. Eu o empurrei com todas as minhas forças, lutei como uma leoa e consegui fugir de suas garras, falei-lhe grandes verdades em alto e bom som para que ele jamais repetisse esse gesto.

Depois disso, indiscutivelmente, não havia nenhuma condição de permanecer nesse trabalho. Ainda assim, na hora ele me falou muitos despautérios, me ofendeu moralmente, me desvalorizou profissionalmente, me humilhou e ainda, acredite, teve a coragem de me cobrar de modo incisivo e grosseiro o dinheiro que ele havia me emprestado. Os 10% do montante que ele me devia e nunca pagou! Agiu como se só o dinheiro dele tivesse valor. O meu dinheiro, o meu trabalho e o meu tempo de anos dedicado às empresas dele não tinham nenhum valor, nem importância para ele. Óbvio que expus tudo isso na hora, às claras, mas ele nem escutava. Estava furioso. Foi horrível! Ele ainda me disse: — Entra na justiça para cobrar os seus direitos. Mas as empresas não estão em meu nome. Logo, eu mesmo não lhe devo nada e não lhe pagarei nada! — Agiu como um tremendo mau-caráter, provando sua real identidade. Quanto ao assédio sexual, moral, profissional, argumentei que estava farta de sofrer por diversos anos, ele disse que nunca agiu assim, que apenas brincava comigo. E acrescentou: — Se você contar essa história para qualquer pessoa ou quiser me denunciar, eu nego! Será a sua palavra contra a minha. — E prosseguiu: — Direi que você está revoltada porque encerrei seu contrato de trabalho e você está querendo me extorquir. — Nessa hora pensei: "Esse sujeito é muito desprezível e sem escrúpulos, mas no fundo ele tem razão! Como provarei o assédio? Ninguém testemunhou!" O malfeitor nunca assedia uma mulher cercada de testemunhas. Ele age sempre de forma segura para ele, dentro da sua covardia. Sei que ninguém gosta de ser rejeitado, mas no caso desse sujeito ele precisava ter essa experiência de rejeição para saber que não é irresistível e que nem toda mulher cai de amores por ele ou está à venda. Ficou furioso por sentir-se dispensável, sentiu seu ego ferido e autoestima no pé.

Aquele sujeito precisava disso para, como se diz popularmente, baixar sua bola! Embora eu estivesse necessitada de trabalho e dinheiro, me senti aliviada em sair daquela situação horrenda. Só pelo fato de não precisar olhá-lo mais, já me sentia gratificada. *Era como se eu carregasse nas costas um fardo de toneladas, e, finalmente, pude me livrar dele. Podia sentir a leveza da paz. Hoje quando lembro o que passei não entendo como consegui suportar!*

Ele rescindiu meu contrato de trabalho, mesmo sabendo que eu estava com uma séria doença na ocasião, sem absolutamente nenhum sentimento de amizade, solidariedade, amor ao próximo, nada! O mau-caráter pagou-me apenas os dias que trabalhei e nada mais, e, ainda assim, com atraso. Nunca me pagou o montante devido do meu trabalho adicional de seis anos. Pensei em processá-lo, mas eu precisaria de testemunha!

Ele com certeza pagaria para os funcionários testemunharem a seu favor. Também descobri que ele havia passado mesmo as empresas para o nome de outra pessoa (certamente para falcatruas). Julguei que ia perder tempo, me estressar mais e com possibilidade de perder até mais dinheiro com advogado e processo judicial. Declinei! Não desejo mal a ele. Entendo que o universo sempre conspira a favor da verdade e também creio que colhemos o que plantamos.

Uma amiga, ao saber que passei por essa horrível experiência de assédio sexual aos 70 anos, disse-me: — Minha amiga, eu lamento profundamente tudo que você sofreu, mas, como graças a Deus já passou, quero lhe dar os parabéns! — Eu perguntei: — Parabéns por quê? — Ela me respondeu: — Amiga, você, aos 70 anos, está sendo cobiçada, desejada por um homem. E vamos considerar que havia anos esse homem a assediava! Pense, você está poderosa e isso é motivo de alegria e orgulho para você, não acha? — Ela acrescentou: — Isso tem que ter pelo menos um lado bom: fazer bem para o seu ego.

Eu não havia até então pensado por aquele lado, e, sim, fazia sentido as palavras da minha amiga. Graças a Deus eu estava bem fisicamente, senão aquele projeto de homem que não deu certo não teria insistido tanto por anos, durante mais de meia década. Mas não me envaideci com o assédio sexual que sofri de forma alguma.

Creio que em nenhum momento gostei daquela situação, que muito me chateava, desagradava e desgastava e, assim, não deixei meu ego tomar conhecimento de nenhum prazer, pois esse prazer nunca existiu! Além do mais, assédio sexual é sempre um ato violento, criminoso e desrespeitoso, do qual não dá para tirar prazer nenhum!

No dia em que fui assinar minha rescisão contratual, na saída fui me despedir do pessoal, mas ele não permitiu. Teve receio que eu contasse o que houve para os funcionários. Fui embora e, na calçada da empresa, um funcionário me esperava.

O rapaz me disse: — Posso lhe falar por um momento? — Respondi-lhe: — Claro que sim! — Ele disse: — Desculpe pelo que vou dizer, mas a senhora sempre foi muito bacana comigo e com todos daqui, então resolvi lhe avisar, cuidado com o seu Horácio. — Ele continuou: — Minha mãe trabalhou na casa dele e ele é muito perigoso! A razão pela qual a primeira mulher se separou dele foi porque, quando ela estava prestes a dar à luz ao filho deles, já em trabalho de parto, sentindo as dores, ele não a levou ao hospital antes de fazer sexo com ela. Ou melhor, antes de estuprá-la! Seu Horácio dizia à mulher que depois do parto tem a frescura da dieta, da quarentena e ele teria que esperar demais, então teria que ser antes. — Fiquei tão chocada e apavorada com essa conversa do funcionário que lhe disse: — Essa é uma história monstruosa; por que você está me contando isso? E como soube disso? — Ele me respondeu: — Minha mãe descobriu isso há poucos dias. Ela continua trabalhando na casa da ex-mulher dele e a escutou contar essa história para uma amiga. Ou seja, esse monstro estuprou a esposa grávida, com dores do parto do próprio filho; não respeitou nem esse sagrado momento! Então tome cuidado!

Fiquei impactada, em estado de choque, com aquela informação, enquanto o rapaz prosseguia a falar: — Desculpe, mas fiquei preocupado, pois ele pode fazer ainda coisa pior com a senhora, fique esperta. Por isso eu precisava avisá-la!

Agradeci demais pela coragem de o rapaz me contar algo tão terrível do seu patrão. Saí dali e não parava de pensar na atrocidade desse homem. Considerei que o rapaz estava com razão, escapei mesmo, o sujeito é um monstro e por medo preferi não lutar por meus direitos.

Lamentavelmente quando acontece assédio sexual ou estupro, não há testemunhas. Logo, difícil de provar. O criminoso sempre vai negar. Será a palavra da vítima contra a do estuprador. Na maioria das vezes, a vítima nada faz, com receio de ser julgada e se expor inutilmente.

O malfeitor sabe disso, por esse motivo, continua a repetir o ato criminoso contra suas vítimas.

Creio que a ex-mulher dele não tenha dado queixa do terrível estupro que sofreu com o filho ainda no ventre, prestes a nascer e ela com dores do parto, por medo do marido monstro. Meu Deus! Parece cena de filme de terror! Imagino o sofrimento dessa mulher. Entendi o porquê de o filho não querer dar continuidade ao nome do pai. Situações como essas não podem acontecer e o criminoso ficar impune, mas, infelizmente, fica! Muitas mulheres não dão queixa por vergonha, creio que foi o caso da ex-esposa, mas também por medo do monstro. Com o agravante de vivermos num mundo machista, no qual a mulher sofre preconceito e discriminação em decorrência desses atos criminosos e, muitas vezes, acaba sendo ainda considerada culpada e condenada pelo estupro a que foi submetida.

É absurdo, mas a mulher é marginalizada e considerada culpada pelos assédios que recebe. Em 2021, um professor de direito ensinou aos seus alunos que a vítima de estupro colabora com o crime. Ele comparou a roupa mais ousada de uma mulher com a vestimenta de uma freira. E considerou que uma mulher, dependendo de como está vestida, estimula o estupro.

Observe o absurdo dito por um formador de opinião, professor universitário, que prepara o jovem para formação profissional, com mentalidade arcaica, preconceituosa, discriminatória e criminosa. Nem dá para mensurar os estragos que um professor desses pode causar por extrair preconceito machista dessa relevância, e que tudo de errado é culpa da mulher. A mulher tem que viver a se policiar por 24 horas, desde vestimenta, altura da saia, o tamanho do decote do vestido, a cor do batom, como falar, sorrir, o que beber, com quem sair, a que horas chegar. Até quando será assim? Temos que reverter esse atraso de vida de desrespeito à mulher.

Um dia estava muito angustiada e contei essa minha história a um grande amigo, um homem de verdade. Ele, chocado, me disse:

— Meu Deus! Como você sofreu com tanto assédio em toda a sua vida, que coisa terrível! Será que você atrai esse tipo de situação? — Respondi-lhe: — Não entendi sua pergunta, aonde você quer chegar? Por acaso está insinuando que eu provoco ou estimulo esses monstros e que é minha culpa? Está pensando como tantos homens machistas doentes que pensam assim das mulheres que sofrem assédios e estupros? — Ele respondeu-me: — Não! Por favor, nem pense isso de mim, não sou desse tipo, te conheço e sei o quanto você é uma mulher sensata, séria. É que nunca conheci nenhuma mulher com uma história dessas! — Respondi-lhe: — Meu amigo, boa parte das mulheres que sofre esse tipo de violência fica calada, nunca revela a ninguém e morre com elas essa terrível dor. Desabafei-me com você porque o considero amigo de verdade, confio em você, você não é machista, tem bom coração e precisei desabafar para ver se consigo aliviar minha dor. — Ele disse-me: — Sério? Então eu posso ter uma irmã, sobrinha, namorada, mãe que tenham sofrido esses barbarismos? — Respondi-lhe: — Com certeza! Veja o que revelam as pesquisas sobre esse tema. Meu amigo chorou e me disse: — *Como homem que sou, estou envergonhado!*

Continuo a me perguntar: "Por que o bicho-homem doente age dessa forma? E esses monstros caminham livres e impunes para prosseguimento de novos ataques!"

Infelizmente há homens que tratam a mulher como objeto do seu desejo inescrupuloso, das suas fantasias sexuais sacanas, taras selvagens e nada mais. Acha que uma mulher quando se encontra sozinha está vulnerável, desagregada e à espera da primeira figura do sexo masculino que lhe aparecer. Mesmo que seja um canalha. Mas não é assim!

Há homem que não enxerga a mulher como ser humano, como ele deve ser na sua essência e nos seus atos.

O que lamento mesmo é por todo esse lamaçal que há milênios escorre. Entristeço-me porque geralmente o homem é criado e educado por mulher. Mãe, empregada, babá, tia da escolinha, da creche, professoras, avós, irmã mais velha e juntamente com o pai, ou não. Mas sempre teve ou terá na criação e formação do menino, futuro homem, uma mulher presente em sua vida, que o ajudou a crescer.

Esse menino cresce graças aos cuidados dessas mulheres, torna-se adulto e, lamentavelmente, vira "monstro que não respeita a mulher!" A prova dessas citações são as estatísticas das crescentes agressões físicas e morais, bem como assédios, estupros e feminicídio, geralmente premeditado ou não, mas realizado por marido, ex-marido, namorado, ex-companheiro ou ex-padrasto (figuras masculinas conhecidas e até pai biológico). Ficam aqui as perguntas:

"O que essas crianças do sexo masculino recebem de ensinamento na sua educação e formação? Ou ainda, o que estão deixando de ensinar a esses meninos?"

A força da mulher é enorme! Haja vista na história da humanidade toda a sua árdua trajetória de luta para conquistar seu espaço (outrora roubado), e mesmo assim são empoderadas, realizadoras de grandiosos feitos para o mundo. Por que o homem se torna um machista e desrespeita a mulher?

Será que a mulher tem sido comandada? É submissa e mera executora de ordens, dirigida e monitorada por homens machistas na educação dos meninos? Ou será que temos mulheres machistas? Que cresceram em regime machista, submissas, sofreram lavagem cerebral e reproduzem essa doença? Você, mulher, não se chateie com essa minha pergunta... Como mulher que sou, peço desculpas a você, mulher de bem, consciente de seu papel de mulher, de mãe e da sua importância na sociedade. A razão de minha pergunta é o interesse que tenho em descobrir a raiz desse mal. Tenho essa preocupação porque tive algumas experiências ruins e quero aqui relatar duas delas. Tive uma vizinha que tinha um casal de filhos adolescentes. O menino, ela o mandava logo cedo para a rua (dizia que ele não era menina para ficar dentro de casa), e a menina ela não permitia que saísse sozinha. Conheci outra mãe que jamais falava sobre menstruação e sexo com suas filhas adolescentes, mas o filho, também adolescente, era estimulado pelo pai a fazer sexo com as garotas que ele quisesse. *Mulheres, reavaliem seus conceitos e métodos. Suas ações são e serão fundamentais para a transformação que precisamos!*

Infelizmente também sofri assédio de mulher, conforme citado. A mulher também comete crime de assédio, embora em menor proporção, precisa se reeducar e conscientizar-se para respeitar a classe feminina! Mas sabemos que o grande executor desse crime é o sexo masculino, que vai além do assédio. Contudo, é tempo de avaliação dessas questões e mudança na criação, formação de nossas crianças, em especial a criança do sexo masculino.

Você pode pensar: "Nossa, tudo acontece com essa mulher?"

Acredite, não é só comigo! Boa parte das mulheres já sofreu ou sofre assédio de natureza diversa, mas por medo de não ser entendida ou acreditada, por vergonha, entre outras razões, nada dizem, porque não conseguem provar (na ocorrência dessas violências, nunca há testemunha, evidentemente).

Precisamos criar homens saudáveis e não doentes ou monstros. Observe que a mulher, desde o nascimento até a velhice, não está livre do assédio sexual e é desrespeitada em toda a sua vida! *Uma verdadeira* degradação da humanidade, que também derruba na lama o nome de homens de bem. Sendo a mulher essa que concebe, gera, dá à luz, amamenta e cria o homem, por que ele quando adulto não a respeita?

O índice de meninas e mulheres que sofrem de violência física e são estupradas diariamente é crescente, inclusive estupro coletivo. *Uma crueldade monstruosa.*

Entendo que haja falhas graves na educação e formação de crianças, futuros homens e mulheres, tanto em casa, como na escola, que precisa de urgente reciclagem. Muitas escolas acreditam que seu compromisso com a criança e com o jovem se restringe apenas à parte pedagógica e didática. Defendo que a escola deva formar cidadãs e cidadãos de bem. E para tanto há necessidade de a escola reforçar princípios básicos, como respeito, igualdade/equidade, entre outros. E, assim, ter como matéria na grade curricular obrigatória EDUCAÇÃO DE PRÍNCIPIOS BÁSICOS DE CIDADANIA, composta dos temas:

— Respeito à mulher com igualdade/equidade; — Respeito aos pretos com igualdade/equidade; — Respeito aos diversos gêneros com igualdade/equidade; — Respeito à criança, aos menores e a seus direitos; — Respeito ao idoso e a seus direitos; — Respeito ao meio ambiente; — Respeito aos animais domésticos, silvestres, em toda sua plenitude, entre outros temas de necessidade de resgate, amor e respeito. Da maneira que está não dá para prosseguirmos sem princípios básicos de ética e moral. O planeta carece de amor e respeito!

Evidente que mães, pais e a família num todo sempre serão os primeiros professores responsáveis por essa educação e jamais poderão se isentar da responsabilidade e obrigação de bem educar seus filhos.

Não falar no tema, ignorar, não dar o devido valor, não resolve. É descaso, desrespeito, é crime que cresce. Creio que vale a pena falarmos do que está difícil, para se tornar mais simples e descomplicado. Mas além de falar, precisamos agir!

É hora de darmos um basta ao preconceito, à violência contra as mulheres e dar voz a elas.

Necessitamos de paz, respeito, igualdade com equidade garantida para todos os seres humanos. Precisamos ensinar o menino a respeitar a menina e a mulher, desde cedo e sempre. Só assim conquistaremos um mundo melhor, mais justo, e poderemos nos orgulhar de ser chamados de ser humano!

Vale nos espelharmos nos animais (considerados irracionais), que nos dão grandes lições de compaixão e civilidade.

As tantas raças de animais e aves adotam instintivamente a inclusão e diversidade, por meio de belos exemplos de caridade e amor que vemos, como: galinha, vaca, égua, cadela, porca acolhendo diversos bichos recém-nascidos de outras espécies, que perderam a mãe, como se fossem seus filhos. Ou mesmo animais adultos sozinhos de várias espécies que se juntam, porque entendem que todos precisam de amor e acolhimento.

A união dessas diversas raças de animais e aves é literalmente mais abrangente e verdadeira que a união da raça humana, a qual necessita de urgente humanização e respeito.

Essas são as reais e sinceras considerações de uma mulher de 72 anos, sobrevivente desse mar de lamas, e que pede aqui *piedade e misericórdia para acabar com o horror de discriminação, violência e injustiça contra a mulher!*

FILHOS CRESCEM E DESAPARECEM...
SÍNDROME DO NINHO VAZIO

Ah, que saudade da felicidade de amar e ser amada incondicionalmente! Minha história é embasada na síndrome do ninho vazio! Você entende o que é isso?

Meu marido trocou-me por outra, fiquei só, com três filhos pequenos para criar. Ele desapareceu e nunca ajudou absolutamente com nada para criação dos nossos filhos. A cada dia que passava eu pensava: "Amanhã ele vai aparecer arrependido e certamente vai ajudar de alguma forma na criação e sustento das crianças. Afinal, são filhos dele e ele não vai desampará-los assim." Após alguns anos com essa esperança, desisti (com enorme tristeza e decepção, entendia que ele não se importava mesmo com nossos filhos).

Conhecia diversos casos dessa natureza. Infelizmente, são muitos os homens pais que abandonam seus filhos no colo da mãe e somem no mundo. Nunca entendi tal comportamento desses homens pais, parecem não sentir amor pelo filho nem consciência da sua responsabilidade.

Não tinha outro jeito, fui, sozinha, mãe e pai. Mergulhei no trabalho com intensidade. Sabia que minha missão era grande, de tarefas árduas nos papéis de mãe e pai. Às vezes me batia um medo enorme de não conseguir dar conta de tudo sozinha. Mas as crianças me davam força, faziam-me sentir como uma deusa gigante e poderosa, que me transformava numa verdadeira rocha, porque eu sabia que era vista, amada e admirada por elas como sua super-heroína preferida. Motivo mais do que justo e suficiente para me sentir feliz, gratificada e impulsionada a eclodir!

Mesmo a contragosto, de modo sofrido e profundamente saudoso, porém de extrema importância pela necessidade, me ausentava dos meus anjos para tocar a vida na busca do pão nosso de cada dia. Mas os carregava por 24 horas em meu coração. E assim permanecerão dentro de mim por toda a minha existência! Mesmo depois de transformados, naturalmente pela lei da natureza, em adolescentes e adultos.

Observe que sentimento profundo e puro: *quando a mãe tem filho(a) recém-nascido(a) ou mesmo ainda pequeno(a), brota nela uma sensação de importância maior, de forma existencial, que é gratificante. A mulher sente uma energia enorme dentro de si e em seu entorno. Ela sabe que é extremamente necessária, amada e bem-vinda para aquele ser miúdo, que depende tanto dela para tudo e a faz sentir-se nobre, importante, valorizada, magnânima e poderosa como nunca antes!*

Era assim que me sentia amada pelos meus anjos, carentes, dependentes, sempre repletos de amor, ingenuidade e nobreza, que me retribuíam qualquer gesto meu de dor, amor ou esforço, pelo simples genuíno sentimento de pureza e amor no olhar meigo ou num belo sorriso que me valia o dia, o ano e a vida toda.

A simplicidade do mais belo sorriso de modo absoluto, de plena pureza e espontaneidade. Porém, de uma magnitude capaz de mover um planeta e me gratificar por uma eternidade! Literalmente verdadeiros momentos de graça por mim vividos e creio que por toda boa mãe. E só por isso, para mim grandioso demais, já teria valido a minha existência neste planeta!

Era sempre assim que eu ficava perante meus anjos. Maravilhada, em estado de graça, por viver envolvida num amor incondicional, puro e absoluto por ambas as partes!

E pensava: "Como pode um pai não sentir nada disso e abandonar os filhos?"

Quando distante, era recheada de sentimento e sintonia de amor e saudade e, ao retornar para casa, muita alegria, prazer, gratificação e felicidade. Era o reencontro com a paz!

Tenho saudade daquela época em que a vida passava tão depressa por mim, mergulhada em atividades de que eu mesma não me dava conta, tamanha era a minha voraz força e velocidade para dar conta, e conseguir ajudar em tudo e a todos que dependiam de mim. Minha correria numa rotina diária combatente e avassaladora era tão veloz que talvez não me permitisse aproveitar melhor e com sabedoria plena aquele tempo, ou, quem sabe, eu sempre me cobrei muito, pois reconheço que doava o meu melhor. Sei que foram momentos tão sublimes, importantes e marcantes, que me davam força para prosseguir e me revigoravam para a longa caminhada.

Talvez seja bobagem todo esse meu sentimentalismo de reviver um passado sem volta, mas rememorar me faz bem. Sabendo que cada tempo tem a sua fase, e nela sua história oferece graça e beleza dentro de cada momento no seu tempo. Por isso, devemos estar atentos e sensíveis para percebermos esses sinais, aproveitarmos com intensidade e oferecer o nosso melhor, a cada tempo, momento, dia, minuto e segundo, e, com isso, evitarmos sentimentos de culpa no futuro, os tais "mas", "e se", "será?"

A vida seguia ano após ano, numa escalada constante de acontecimentos, em que eu podia ver e ouvir o universo orbitar com sua magia em veloz trajetória e eu ter de agir atentamente, movimentar-me simultaneamente com ele e com meus anjos.

Muitas vezes vivemos fases em que não nos damos conta de que, mesmo não tendo sido da forma ideal que desejávamos, talvez por dificuldades, receios, medos, inexperiência, entre outros fatores que não nos permitiram enxergar o momento, éramos felizes mesmo sem saber. Ou ainda que tínhamos a possibilidade de sermos felizes se estivéssemos atentos. E só descobrimos essa felicidade posteriormente, quando já é passado.

Hoje eu sei, não devemos deixar para reconhecer um bom momento só depois que ele vira uma lembrança!

Contudo, ao fazer uma retrospectiva dessa minha etapa de vida, entendia que ofertei o meu melhor, dadas as circunstâncias da época, pois sabia que possuía grande tesouro, que eram meus filhos, e os amava com tanta intensidade que não dava para mensurar o tamanho desse amor por eles.

Era uma troca de amor incondicional tão puro e verdadeiro que quase não cabia em meu peito.

Eu era feliz por essas razões e nem me dava conta do quanto era. Sei que me sentia uma gigante, literalmente. Meu medo era substituído por luta e desejo de vê-los felizes, crescidos, saudáveis e bem encaminhados na direção certa. Mas quando eles crescem nunca mais será como antes, disso eu não sabia com precisão, nem tinha parado para pensar nas tantas mudanças que viriam. Nem havia me preparado, minha vida era trabalho e meus filhos. Todo meu tempo livre era dedicado e compartilhado com eles, com programas em casa ou fora, como cinema, teatro, praia, restaurante, circo, parquinho, praças e tantos outros programas de que a criança gosta de fazer.

Certa vez uma amiga me disse que seu filho, já adulto, era muito ríspido com ela. Parecia até não gostar dela, não reconhecia seu valor de mãe, era revoltado, e só se lembrava da sua infância e adolescência, das passagens ruins, como: o dia em que ela lhe deu umas palmadas porque ele havia feito algo muito errado; da escola, cujas professoras ele considerava rigorosas; e, quando adolescente, porque a mãe, em determinados dias, devido ao trabalho, demorava para chegar em casa, ou porque a mãe estava namorando e deixava de dar exclusivamente para ele toda a sua atenção.

Ele armava chantagem e fazia de tudo para chamar a atenção da mãe. Até que um dia a mãe lhe disse: — Filho, eu dediquei a minha vida toda a você, vivi só para você, só saía de perto de você para trabalhar porque era preciso; não me divertia nunca e nem tive um namorado, por 15 anos... até que você cresceu e, agora que você é adulto, está sendo injusto comigo. — Ele respondeu: — Mãe, você agiu assim porque quis, nunca lhe pedi nada! Você devia ter vivido a sua vida.

Pois é! Não pediu, mas cobrava, não é? As crianças pedem, cobram, e a mães concordam ou não, mas fazem, quase sempre, o que os filhos pedem. O ex-marido dessa minha amiga dizia a ela: — Você dá atenção demais aos caprichos desse menino; quando ele crescer, vai mandar em você e não vai reconhecer o que você fez por ele! — E muitas vezes, infelizmente, isso pode acontecer.

Exatamente isso aconteceu. A mãe, já bem idosa, ficou doente, e o filho permaneceu frio, ausente, não se atentava para as reais necessidades da mãe; interessava-se apenas em saber detalhes sobre os bens que ela lhe deixaria com a sua partida. O filho podia, mas nada fez de melhor para oferecer à mãe um término de vida mais confortável. Triste, insatisfeita, com medo, revoltada, assim foi a partida dessa mãe.

Mas penso que devemos criar filhos com todo o nosso amor e dedicação, porém, sem esperar nenhum reconhecimento. Embora em nosso interior alimentemos sempre boas expectativas! Por outro lado, acredito que colhemos o que plantamos; se damos amor, esperamos receber amor, e geralmente é isso que acontece, mas infelizmente há exceções.

Eu nunca parava para pensar nessas coisas. Apenas era movida pelos meus sentimentos de amor e bondade de boa mãe. E assim lhes oferecia sempre o meu melhor. Lembro-me de que fazia uma lista dos lugares que eles ainda precisavam conhecer e os levava. *Foi uma vida de doação a eles durante muitos anos, mas nunca me arrependi de ter sido uma mãe tão dedicada!*

Nunca saía sozinha ou com amigas, amigos (namorado, então, nem pensar). De certa forma, minha história se parecia com a dessa minha amiga. Eu não dispunha de tempo para diversão qualquer que fosse, senão com eles. Não tinha coragem de sair sem eles, exceto para trabalhar, nem vontade propriamente eu tinha de sair de perto deles e pensava: "Eles já não têm pai (o pai sumiu mesmo). Preciso preencher essa ausência com minha constante presença, amor e carinho." Havia estabelecido que, até que a mais nova atingisse 15 anos, eu não teria nenhum namorado. Tinha receio de que um provável namorado maltratasse de alguma forma meus filhos. Sei que não fui a única a agir assim. Existem boas mães que sempre colocam seus filhos em primeiro lugar.

Até sendo pai, às vezes, o sujeito maltrata os filhos, imagine não sendo nada! Já tinha escutado tantas histórias terríveis sobre essa questão que morria de medo de que algo ruim acontecesse a eles, e certamente não me perdoaria. Eu os amava demais e os preservava o máximo que podia. Mas nunca me arrependi de ter agido assim, e faria tudo igual de novo. Considero ter sido essa minha escolha bem assertiva. E tenho fé de ter um final bem diferente e melhor do que o da minha amiga.

Mas os filhos crescem, e anos depois esses adoráveis anjos se transformaram e não moram mais comigo. Casaram-se, vivem em suas casas com seus companheiros e companheira. Mas permanecem no meu coração e sempre estarão nele. *Se estou no coração deles? Acho que sim, mas às vezes tenho minhas dúvidas porque eles mudaram tanto, agora só os vejo esporadicamente!*

Sei que criamos filhos para o mundo e não para nós, mas é uma realidade dura quando eles não ligam mais para a gente que é mãe e pai. E quando a mãe faz os dois papéis dói mais.

Concebi, amamentei, dei à luz, criei, ensinei os primeiros passos, as primeiras palavras, fomos íntimos, confidentes, amigas e amigos ao longo de uma vida. Levei-os para conhecer tantos lugares; levei-os à escola pela primeira vez, às festinhas, à casa dos amigos, apresentei-lhes o mundo, foi tanto companheirismo e cumplicidade por anos, até se casarem ou simplesmente saírem de casa.

Foram anos de completa cumplicidade, parceria, vivência, troca de experiências, diversões, momentos bons e ruins, tantos cuidados que não imaginaria um afastamento tão grande, capaz de gerar enorme vazio em meu peito!

No começo, quando se casam ou simplesmente vão morar sozinhos, nos dizem: — Mãe, só estou mudando, mas não vou sumir, estarei aqui todo fim de semana. — No começo e por algum tempo até cumprem o prometido, porém com o passar do tempo vão se afastando, uns mais, outros menos, mas se afastam. Pior, acabam não tendo mais tempo para falar com a mãe e com o pai nem por telefone. Sempre estão muito atarefados no trabalho, com reuniões, viagens, compromissos. Até mesmo para eu visitá-los encontro dificuldade, estão sempre com suas obrigações. Vão sair, estão fazendo uma coisa ou outra, há uma constância de programas na qual não dá para me encaixar.

E por tanta indisponibilidade alguns nem me convidam para visitá-los nem aparecem em minha casa, que sempre será deles. Fico assim impedida de visitá-los, sem vê-los, bem como sem ver meus netos. E, quando aparecem, parece visita de médico, com tempo limitado. Aí você procura os filhos e pensa: "Onde estão meus filhos? Será que estou ficando louca?" Delira: "Eu tenho mesmo filhos(as)? Ou só tive? O que sei é que o ninho está vazio!"

Minha saudade é enorme do tempo em que eles eram crianças, que tinha acesso a eles, podia abraçar, beijar, fazer e receber carinho deles, conversar. Mas será que todo aquele amor acabou? Sofro demais com isso! Nunca imaginei que se distanciariam tanto de mim.

Não entendo como tanto amor entre mãe e filho(a) possa com o tempo ser transformado em tão pouco (quase nada, da parte deles)!

Orgulho-me do bom trabalho que realizei porque sei que os eduquei bem. Dentro das minhas condições, fiz o melhor para proporcionar-lhes boa direção, para que se tornassem pessoas adultas de bem e bem-sucedidas, como de fato são. Essa é minha gratificação! Por outro lado, sofro com tanto distanciamento, mesmo antes da pandemia. Após, então, a distância aumentou muito mais! Aí me recordo que no passado, quando meus pais eram vivos, casei-me e saí de casa, e, claro, nem sempre estava com eles. Creio também ter gerado esse sofrimento neles e só hoje me dou conta.

Quando os pais formam um casal idoso com filhos adultos, sofrem junto essa situação de afastamento dos filhos, que é triste, mas pelo menos um tem o outro para apoiar-se e fortalecer-se, mas quando se é sozinha, como eu, é dolorido demais.

Parece que certos filhos não têm sentimento, esquecem sua origem, não enxergam, não lembram nem se incomodam com essa falta de convivência com mãe e pai. Nunca nem em pesadelo sonhei que passaria por essa situação.

Meu filho se casou com uma moça que, quando solteira, era bem receptiva, amável, simpática comigo e com todos da família. Após o casamento ela foi ficando distante, estranha, nunca entendi a razão, se é que tem. Quando nos encontramos, esporadicamente, eu com meus outros filhos, genros e netos, ela é fria com todos, não interage. Age com má educação, como se estivesse sozinha em seu mundo e não gostasse de nenhum de nós. É uma postura esquisita que causa desconforto a todos. Mas lamentavelmente parece que meu filho não se incomoda com isso.

Comentei com ele sobre esse comportamento inapropriado da esposa, mas ele desconversou e deu desculpa sem fundamento. Creio que, por causa desse jeito de ser dela, ele se afastou de mim e dos irmãos. Essa situação me gerou uma grande tristeza e revolta. Infelizmente, eles se mudaram para outra cidade, e agora é que não vejo mais meu neto mesmo. Sempre que tento ir visitá-los minha nora cria complicações para eu não me aproximar do meu neto. Mas é claro, o maior responsável por essa situação é mesmo meu filho.

Ele é quem precisaria manter a boa relação com a mãe e irmãos dele.

Tenho uma filha que também tem me causado tristeza. Quase nunca me vê. Parece só fazer o que o marido quer, e isso me entristece, pois éramos tão amigas e eu nada fiz para ela mudar tanto comigo. Espero que ela não viva sob as regras do marido, pois não a criei e a eduquei tão bem para quando adulta ser controlada e dominada pelo marido. Ela, quando solteira, era militante, grande defensora da igualdade de direitos de todos os gêneros, levantou essa bandeira e lutou pela causa durante anos como grande ativista.

Seja qual for a razão de seu afastamento de mim, sou sua mãe e mãe só existe uma. Meu inconformismo é imenso por vê-la transformada, sem valorizar mais princípios básicos de laços familiares, cujos valores ela no passado apreciava.

A família é a primeira sociedade de uma pessoa. É nesse núcleo familiar que a criança nasce e recebe a base de tudo. É no seio familiar que estão inseridos os primeiros ensinamentos e a prática social para lançar-se futuramente à sociedade externa. É na família que está sua origem, história, raiz e força. Família é sinônimo de fonte natural do princípio dos primeiros passos da vida e seu porto seguro. Como um(a) filho(a) pode se esquecer disso, ignorar anos de convivência nessa sociedade acolhedora e fraternal, seja filho(a) biológico(a) ou não? A ausência de minha filha me doía demais! Sou idosa, moro só, tenho saudade dos meus filhos e netos, afastados de mim pelos meus filhos. Busco, mas não encontro razão para isso. Mas sei que esse sofrimento não é só meu, com exclusividade. Infelizmente conheço muitas mães e pais idosos que sofrem dessa carência.

Não sei mais o que fazer porque já tentei conversar com eles sobre essa situação, mas eles desconversam, parecem não se importarem com meus sentimentos. Nos últimos tempos eu nada mais dizia, apenas fazia preces para eles se conscientizarem e mudarem.

No Dia de Finados, por ser feriado, alimentei expectativa de receber pelo menos algum dos meus filhos em casa. Arrumei-me, organizei a casa, fiz lanchinhos de que eles gostam e felizmente dois deles apareceram rapidamente, o tempo suficiente para um café, um abraço, mas que para mim significou muito. O filho que não apareceu me ligou e disse:

— Mãe, espero que você entenda, mas minha mulher precisa ir ao cemitério visitar os pais dela e por isso não irei ver você, está bem? — Fiquei muito triste com a situação e respondi: — *Desculpe, meu filho, mas não está bem não, não entendo isso. Ou seja, você não virá ver a sua mãe, que está **viva**, porque vai visitar os pais da sua mulher, que estão **mortos**? Meu filho, seus sogros não estão no cemitério. Eu até entendo a oferenda simbólica, mas o espírito deles, que é o que importa, não está debaixo da terra. Ore por eles, fale com eles com seu coração, de qualquer lugar. Quanto a mim, eu ainda estou aqui, **viva**, por enquanto! Ou você prefere me visitar quando eu estiver também no cemitério? Já lhe peço antecipadamente que não perca seu precioso tempo, não vá, pois não estarei lá.*

Observe a tão grande inversão de valores, que chega a doer na alma. Momento oportuno para lembrar o pensamento dessa saudosa sábia menina guerreira:

"Os mortos recebem mais flores que os vivos, porque o remorso é mais forte que a gratidão." Anne Frank[43]

Meus filhos não são tão próximos como desejei. Apenas uma filha, graças a Deus, tem estado mais presente em minha vida, o que muito me gratifica e conforta. O marido dela é pessoa normal, agradabilíssima e demonstra gostar de mim. Os demais são razões de minha profunda tristeza, porque sei que sempre fui boa mãe e não merecia esse tratamento.

Como mãe não desistirei deles! No passado eu tentava frequentemente reunir todos para almoço ou jantar, mas nunca conseguia. Eles estavam sempre muito ocupados. Uma das minhas maiores alegrias sempre foi e é tê-los todos reunidos, perto de mim (pelo menos umas duas vezes ao ano eu gostaria de usufruir dessa alegria). Isso é pedir muito? Creio que toda boa mãe merece esse mínimo de atenção, não é?

Não sou a mãe chata que fica ligando com frequência, fazendo cobrança ou visitando a casa dos filhos sem ser convidada. Respeito o espaço deles, só gostaria de maior atenção e convivência com eles. Cheguei a perguntar para esse meu filho distante se ele não me amava mais, se ele não me considerava mais sua mãe, e o que foi que fiz para ele ter mudado tanto comigo.

Ele me respondeu: — Pare com isso, mãe, não faça drama, minha vida é uma verdadeira maratona, não tenho tempo para nada, trabalho mais de 16 horas por dia, mas te amo e não te esqueço, e claro que você é importante para mim. — O que mais eu podia dizer ou fazer? Depois disso ele continuou a agir como antes, sai de férias, viaja, volta e nunca reserva um tempo para me visitar e juntos tomarmos um chá, batermos um papo, nada!

Até que um dia, na véspera dos meus 70 anos, recebi um diagnóstico muito ruim e precisei me internar. Passei por alguns procedimentos e fiquei alguns dias na UTI. Quase morri, mas essa triste passagem teve a parte boa, que foi a alegria de ver meus três filhos e netos reunidos comigo! Também genros e nora. Apenas pensei: "Poxa, que pena que só na doença pude ver todos os meus filhos e a família reunida!"

---

[43] Esta frase não consta no *Diário de Anne Frank*, mas revela uma interpretação de ideias dela.

Nesse momento, lembrei-me do lindo e emocionante filme *Estão todos bem*[44], protagonizado pelo grande ator *Robert De Niro*. Chorei muito ao assistir ao filme. Ele mostra a saudade, o desejo e a dificuldade de um pai idoso, viúvo, sozinho, na tentativa de reunir seus quatro filhos em casa. Identifiquei-me completamente com o filme, que retrata bem a minha história e a de tantas mães e pais idosos que sofrem com a ausência ou o abandono de seus filhos e que lutam para trazê-los de volta ao lar, berço e princípio da vida deles, mesmo que esporadicamente.

Os filhos não conseguem tempo para juntos com seus pais desfrutarem bons momentos, enquanto estão vivos, que é o que de fato levamos da vida e que importa, pois estamos nessa vida temporariamente, de passagem! E só conseguem tempo diante de uma tragédia!

A partir daí, com esse susto, meu filho e filhas passaram a ficar mais próximos de mim. A união e harmonia entre eles se restabeleceu. Acredite, cheguei até a agradecer pela doença que tive. Graças a ela e à providência divina, a proximidade e união voltaram a reinar entre nós!

Entendi minha doença como providencial!

Tive uma amiga, também meio esquecida pelos filhos, que teve problema de saúde, mas quando seus filhos apareceram era tarde, ela já havia partido. O sofrimento desses filhos foi terrível, sou prova viva do arrependimento deles e sentimento de culpa.

Uma culpa que carregarão para sempre. E sentimento de culpa é um dos piores ou o pior dos sentimentos!

Em minha última gravidez, meu filho ou filha partiu muito cedo, ainda no útero, no início de gestação. Fui responsável pelo que aconteceu. Mesmo considerando que na época não havia outra opção, sofro demais com essa ocorrência a todo momento. Ele ou ela levou consigo um pedaço importante de mim, para sempre, que nunca recuperei nem me perdoarei pelo que houve.

A partida de um filho é como se a mãe vivenciasse seu coração fora do corpo, indo embora!

---

[44] ESTÃO todos bem. Direção: Kirk Jones Vints. Produção de Jonathan King. Estados Unidos da América: Miramax Films, 2009. Filme.

Fase triste de minha vida, sofrida, complicada e inesquecível.

Peço aos meus três filhos que aqui estão que não me esqueçam, nem me abandonem. Lembrem-se de que os amo muito, mais que a mim mesma, e vou amá-los sempre. Creio ter merecimento para tê-los ao meu lado (de vez em quando pelo menos), por mais que sejam ocupados.

Sempre conseguimos priorizar tempo para tudo o que consideramos importante. Eu ficaria muito feliz com um pouquinho dessa importância.

Aproveito para deixar essa bela reflexão:

"Se pudéssemos ter consciência do quanto nossa vida é passageira, talvez pensássemos duas vezes antes de jogar fora as oportunidades que temos de ser e fazer os outros felizes." Francisco Cândido Xavier (Chico Xavier)[45]

Agradeço profundamente a vocês, meus anjos crescidos, por existirem na minha vida e sempre serão muito amados por mim por toda eternidade!

Beijos da mamãe!

---

[45] Esta frase tem sido largamente atribuído ao Chico Xavier, no entanto não é possível confirmar em qual contexto ela teria sido dita.

MEU PAÍS NÃO ME ACOLHE... PRECISO DE UM ABRAÇO! QUEM QUER ME ABRAÇAR?

Também sou filha de Deus! Peço socorro na esperança de que alguém me ouça. Melhor gritarmos juntos até alguém escutar e salvar a mim e a tantos outros(as) nas mesmas péssimas condições em que vivo. Faço parte de um contingente invisível, não visto nem absorvido, e jamais bem-vindo à sociedade! *Não! Não sou bandida! Mas me tratam como se eu fosse!*

Dizem que vivemos o momento da inclusão social e da diversidade. A mim parece ironia, porque me exilam, me excluem dos meus direitos de cidadã. Direitos pelos quais paguei caro através do meu trabalho de uma vida inteira. Eu e milhões de contribuintes. Isso é literalmente exclusão.

Lamentavelmente o sistema não cumpre devidamente seu papel com aqueles que tanto contribuíram por longos e consecutivos anos na construção do país. As palavras dos governantes são bonitas, mas não correspondem aos fatos. Roubam-nos na calada da noite ou descaradamente em plena luz do dia.

Difícil desafio viver assim; nos esmagam, bebem nosso sangue de canudo, não se importam com as classes menos favorecidas, responsáveis pelo Produto Interno Bruto (PIB) do país, grandes pagadoras de tantos impostos altíssimos, bem como de todas as contas e da luxúria dos poderosos desse sistema que tece a teia esmagadora, ditada por regras que beneficiam só a eles próprios, com leis ofensivas, injustas, exploradoras da grande massa.

Rompem-se vínculos essenciais e sacrificam ainda mais os direitos de quem tem direito, os quais deviam estar garantidos para quem, ao longo dos anos, pagou um preço alto por eles, para tê-los quando precisasse ou na velhice. E assim, parasitas, seguem de jatinho, roubando o dinheiro do povo, destemidos, numa viagem inconsequente, sem vergonha, sem moralização e sem fim.

Falta visão humanista, consciência e vontade política para governar com decência. A somatória de gastos com a administração pública é insana, de elevadíssimos salários e luxos, completa disparidade com a realidade de um país de salário mínimo miserável e muita fome. Além de regalias abusivas, como ajuda de custo para moradia, locomoção e tantas outras luxúrias descabidas, resulta um quadro volumoso, inchado, repleto de gordura, com numerosos ministérios, nepotismo, jeitinho do sempre cabe mais um amigo ou quem lhes convier, sem nenhuma decência nem escrúpulo, num sistema vicioso pago pelo povo.

O incrível é que o(a) político(a), quando candidato(a), para eleger-se, fala sempre a língua do povo e, após ser eleito(a), esquece o povo, trata seu estado, seu país e seu povo como se fossem suas propriedades, seus escravos, faz e desfaz o que quer e como quer, porque o sistema assim o permite. Uma vergonha que não se moraliza. E quanto aos seus eleitores? Esses políticos certamente riem e os consideram um bando de bobos que acreditam em milagre! Devia haver na lei o caminho direto ao *impeachment* para políticos(as) malfeitores(as), de postura contrária às necessidades de seu povo, estado e país, que não cumprem com promessas de campanha!

Eleitores(as) decepcionados(as) não têm acesso a políticos(as) blindados(as). Eles(as) mudam o discurso e ações após eleitos(as), se beneficiam de coligações partidárias, conchavos e leis que os(as) permitem permanecer em seu posto. Uma lástima vergonhosa.

Essa realidade é antiga, passa de gestão para gestão, muda o governo, os atores, mas o cenário e o espetáculo são os mesmos. Aproveitam-se da baixa formação cultural da grande massa, que há décadas recebe precária educação, nas escassas escolas de difícil acesso, sem nenhum estímulo ao estudo, em que o sistema finge que ensina, mas não ensina, mesmo assim passa o aluno de ano nesse ensino precário, até a conclusão do ciclo em que ele(a) está estudando. Forma essa que facilita enganar um povo ignorante e mal-informado, resultando em gerações alienadas com ausência de conhecimento e consciência na exigência de seus direitos de povo trabalhador sofrido.

A luta protagonizada pela classe operária é histórica e incompreendida. Penso que, se o povo se unisse em todo o país, realizasse paralisação geral, ampla e irrestrita para a mudança desse sistema viciado, abusivo, doentio e explorador, e só voltasse a funcionar após mudanças reais, consideráveis, conseguiríamos melhorias expressivas. Precisaria haver mobilização em massa para exigir redução de tantos cabides de emprego, regalias, salários altíssimos no poder público, além dos roubos... Incluindo a aposentadoria desses(as) políticos(as) que permanecem beneficiados(as) com luxos demasiados, salários altíssimos, equipe de segurança, excessos de regalias, vergonha que afronta a população que passa fome, tem necessidade de saúde, segurança, moradia e outras necessidades básicas, tanto de trabalhadores ativos como de aposentados.

Essa categoria do poder público é quem enriquece ilicitamente e leva a riqueza do país. Um verdadeiro disparate que afronta a classe trabalhadora, que, quando consegue se aposentar, continua a contar moeda e a passar fome até morrer.

Mas o povo não consegue esse movimento amplo. Faltam estudo, informação, consciência coletiva e união. Se houvesse moralização e justiça, a pirâmide dos poderosos desceria e elevaria o país.

À frente disso o que temos é muita gente interessada em ingressar para a vida pública, que estuda com afinco para ingressar na carreira política, no intuito de alcançar esses privilégios, boa parte não está interessada em contribuir com mudanças eficazes do país e ajudar o povo... *Sem generalizar, é claro!*

Sabemos que alguns políticos que tentaram ou ainda tentam essas melhorias foram e são impedidos, perseguidos, pressionados, ou mudam de postura e lado ou saem com eles(as) de alguma forma, às vezes de modo trágico. É o preço do sistema viciado, corrupto e injusto. Mas o povo é desunido, acomodado, de pouco conhecimento dos seus direitos e se deixa enganar nas eleições, em que vendem seu voto por qualquer cesta básica miserável.

É a barganha do poder corrupto explorador da fome do povo. E, nos dias atuais, acontece tão somente por um quilo de feijão ou um analgésico.

O tempo passa e seguem os valores avessos sempre a desfavorecer quem precisa e tudo paga. Como idosa que sou, aos 60 anos sofro com a falta de respeito a que sou submetida tantas vezes. Sinto-me profundamente desvalorizada, destroçada, esfacelada e sem futuro. Forçam-me para minha imobilização, pelas circunstâncias de nada me oferecerem como vínculo ou até mesmo uma pequena brecha por onde entre uma réstia de luz (sugam-me tudo). O que me acarreta sentimento de não mais fazer parte deste mundo, por não conseguir nele me encaixar de alguma maneira que me traga qualquer resultado positivo, e essa realidade arranca a minha esperança de viver, já tão minguada, e assim vivo a sucumbir, juntamente com tantas pessoas iguais a mim.

Negar ao ser humano o direito de ganhar seu próprio sustento é torná-lo indigno e reduzi-lo à condição vegetativa e indigência! São muitos os que sofrem de insegurança alimentar. Por que não dizer que é aparofobia?

Esta é a lei deles: matar "deixando vivo", por ironia ou prazer, "viva mesmo que na sobrevida, e salve-se quem puder e for capaz!" Permaneço de pé de teimosa que sou por natureza; e luto, mesmo que em vão, alimentada pela minha fé e esperança, as duas grandes aliadas que ainda me restam, capazes de me fazer renascer a cada dia.

Embora indignada entendi que se é inserido, a partir do nascimento, ao núcleo de seu pertencimento e consequente grau, de muito, pouco ou nenhum poder ou direito lhe é incorporado. Que muitas vezes a pessoa luta e consegue se erguer, mas os preconceitos e obstáculos dificultam essa ascensão e assim a pessoa morre pertencente ao mesmo núcleo de onde veio, sem nenhum direito a nada.

Trabalhei desde menina, vivi ao longo dos meus tantos anos de vida trabalhando, contribuí na construção do meu país e ajudei a alimentar um sistema falido que se degradou por tanta roubalheira, e hoje me pergunto: "E daí? *Valeu a pena tanta fidelidade de contribuição? O que fizeram com meu suado dinheiro, que durante anos paguei em impostos mês a mês? Fiz um investimento por anos, e agora? Joguei meu suado dinheiro no lixo?"*

Acreditava ter construído minha prosperidade na velhice. Batalhei muito durante uma vida inteira de trabalho árduo e contínuo, nunca imaginei que chegaria à velhice tão desprovida do essencial! *Fiz tanto e tudo me falta!*

De repente me vi desempregada, aos 60 anos, sem aposentadoria e literalmente expulsa do meu plano de saúde. Empurraram-me goela abaixo sem a menor consideração, decência ou piedade um aumento abusivo de mais de cem por cento. Negociar com eles? Sim, eu tentei, mas sem chance! Foram irredutíveis, frios, mercenários, agiram com total descaso.

Por eu não possuir condições financeiras, procurei ajuda jurídica pública. Além de não me ajudarem, riram de mim. Consideraram que, por eu ter casa própria, teria condições de contratar um advogado. Quase me sugeriram vender minha moradia para pagar um, ou simplesmente que ficasse sem plano de saúde; afinal, grande parte da pirâmide social não possui.

Foi assim mesmo que fui recebida por alguns órgãos públicos. Acharam-me com cara de rica. Creio que eu deveria ter me apresentado desdentada, maltrapilha, cheirando mal, para acreditarem nas minhas reais necessidades. Se eu tivesse condição, contrataria um bom advogado e certamente reverteria a questão, conforme presenciei alguns casos semelhantes ao meu, em que o reclamante teve ganho de causa e a justiça foi feita.

Por tudo que observei, existe um sistema injusto que rege esse tema. E o órgão regulamentador dessa categoria atua como uma verdadeira mãe e grande aliada das operadoras. Desse modo, inúmeros planos de saúde continuam a reinar cada vez mais triunfantes, fortes e ricos.

Quando no passado precisei do Estatuto do Idoso, entendi que ele estava interligado com o sistema que não assistia a nada, e nada consegui! Quem sabe agora esteja funcionando e honrando a sua existência.

As leis deixam brechas (a mim, entendo que propositadamente) para beneficiar espertalhões pertencentes à camada da pirâmide privilegiada!

Os planos de saúde aceitam as pessoas quando jovens, cobram-lhes o preço determinado por eles, com aumentos anuais acima dos índices de reajustes de qualquer categoria de trabalhadores. Em 2022, o salário-mínimo teve reajuste de 9,24%, e os planos de saúde, 15,5%. E, na ocasião de reajuste da última faixa etária (59 anos), extrapolam o índice de reajuste para literalmente expulsar o idoso, e ninguém faz nada. Exatamente o que me aconteceu em 2012. Essas operadoras acreditam que, a partir dos 60 anos, as pessoas são velhas, doentes ou propensas a ficar doentes e darão muitas despesas. Portanto, que migrem para a saúde pública!

Nesse cenário entram com força total planos de saúde estrategistas, espertos, de visão futurista, focados na priorização do atendimento desse público idoso, até então discriminado. E, claro, ganha mercado com eficácia total, mas os valores cobrados não são acessíveis a todas as pessoas. O impressionante é quem conseguiu se aposentar na faixa dos 60 anos e, milagrosamente, continua a trabalhar em regime CLT (digo milagrosamente porque o mercado de trabalho é ingrato com esse público e pouco contrata idoso). Mas quando o idoso aposentado continua a trabalhar é porque geralmente sua aposentadoria não lhe dá condições financeiras de sustentar-se. Observe como a injustiça persegue o trabalhador.

A pessoa aposentada que continua a trabalhar em regime CLT é obrigada a contribuir para a previdência social (a meu ver, uma contribuição injusta e exploradora), porque essa pessoa é mera contribuidora, que não terá mais absolutamente nenhum benefício em causa própria por essas contribuições adicionais após sua aposentadoria. Ou seja, ela vai todo mês doar parte do seu modesto salário, e tão somente contribuirá para outros, e não terá absolutamente nenhum benefício em troca!

Perceba a imoralidade. A pessoa está mal aposentada, não recebe valor de aposentadoria compatível com o que contribuiu por anos, por isso não consegue manter-se, razão pela qual continua a trabalhar, e ainda tem que contribuir para os outros? Outros quem?

Sabemos e vemos pelas mídias que desvios e roubos nessa área são constantes e as punições ficam a desejar, e o sistema segue sem conserto. Deixam sempre brechas, escapes para mais e mais roubalheiras. Nosso sistema previdenciário estimula mais rombos na previdência e a consequência é sempre tirar mais dinheiro do(a) contribuinte! Um assalto a trabalhadores(as), vergonha que ninguém tem a decência de moralizar.

Observe que digo isso com base em outro absurdo: *em 1999 foi criada a Lei 9.876/99[46], que desconsidera pagamentos de contribuintes feitos até o ano de 1994, para efeito de composição de valor para aposentadoria. Só considera o mesmo período para composição de tempo de serviço.* Tal tema é chamado de *Revisão da Vida Toda*, que é pauta pendente no Supremo Tribunal Federal (STF).

Quem criou e aprovou essa maldita lei devia ser preso por roubo a cidadãs e cidadãos trabalhadores brasileiros(as), bem como quem vota a favor dessa barbaridade! Precisamos acabar com essa imoral injustiça! Certamente foi um dos julgamentos mais esperados pelo Direito Previdenciário em 2022.

Em fevereiro de 2022, a justiça foi feita. Infelizmente, em março de 2022, houve impedimento, com pedido de destaque no plenário virtual do STF. Felizmente, em dezembro de 2022, o STF concedeu aos aposentados a revisão de seus benefícios, a Revisão da Vida Toda, em definitivo, incluindo contribuições ao INSS antes de 1994. Mas a situação permanece em apreciação sobre pagamentos retroativos desses direitos, e até o presente os aposentados seguem aguardando receber seus direitos. E da forma que o governo brasileiro trata os(as) aposentados(as), penso que o maldito sistema injusto, vicioso e desumano possa ainda cassar esse legítimo direito dessa categoria tão lesada, maltratada, e que pode os furtar ainda mais, os levando ao estado de penúria, sem nenhuma decência, prevalecendo a baixa moral de políticos decisórios.

A mãe de um amigo meu deu entrada no INSS em 1984, pedindo correção de um erro de sua aposentadoria. Apesar de ganhar em todas

---

[46] BRASIL. Lei n.º 9.876, de 26 de novembro de 1999. Altera dispositivos das Leis n.ºs 8.212 e 8.213, ambas de 24 de julho de 1991, e dá outras providências. *Diário Oficial da União*: seção 1, Brasília, DF, 29 nov. 1999.

as instâncias, não recebia seus direitos. Em 2004, finalmente o caso foi resolvido, de forma injusta, sem os devidos pagamentos retroativos das correções, apenas correção dali em diante, porém, tarde demais. A mãe do meu amigo já havia falecido. Verdadeira crueldade! Cadê a ordem, o respeito e a justiça? Até quando será assim?

Os Ministros do STF conforme é dito exercem a função de guardiões da Constituição Federal. Ou seja, cabe ao STF fiscalizar as ações dos poderes Executivo e Legislativo, garantindo que estes atuem dentro da constitucionalidade, julgar ações do Estado brasileiro, determinar o que está correto e o que não está de acordo com o que dispõe a Constituição. Dessa forma, milhões de brasileiros(as) contribuintes aguardam pela moralização e justiça.

Fica aqui a pergunta aos senhores Ministros que votaram contra os direitos dessa categoria: roubar direitos do(a) contribuinte é crime que a Constituição Brasileira aprova?

Quanto a dizer que o país não tem dinheiro para tanto... Como não tem? O(a) contribuinte pagou por isso, é direito dele(a)! Bastaria moralizar essa área, acabar com os roubos, desvios de dinheiro do povo. Observe esse disparate agravante de inversão de valores:

"Fundo Eleitoral de 2022 é 7 vezes maior do que valor destinado à Anvisa em 2021"[47]. Promulgado texto que prevê até R$ 5,7 bilhões para fundo eleitoral. Sancionado texto que prevê fundo eleitoral de R$ 5,7 bilhões. Cortes na saúde e educação vão bancar o fundo eleitoral." Fundo eleitoral, vergonha nacional.

De onde vem o dinheiro para bancar campanhas eleitorais? O Fundo Eleitoral é alimentado com dinheiro arrecadado com impostos pelo governo federal e distribuído aos partidos políticos para financiar campanhas eleitorais.

Diante dessa breve apresentação, que foi publicada nas mídias, que por si só é vergonhosa e atroz, não podemos mesmo ficar calados(as).

---

[47] GUEDES, Marcos; MOREIRA, Rudá. Fundo eleitoral de 2022 é 7 vezes maior do que valor destinado à Anvisa em 2021. **CNN BRASIL**, São e Brasília, 25 jan. 2022. Disponível em: https://www.cnnbrasil.com.br/politica/fundo-eleitoral-de-2022-e-7-vezes-maior-do-que-valor-destinado-a-anvisa-em-2021/. Acesso em: 9 jan. 2025.

Vamos lutar por justiça já! Pagamos por tudo e por todos os erros, roubos, rombos, distorção e luxúria pública e inversão de valores! Mas sermos escravizados e condenados a ficar sem direito ao dinheiro gerado pelo nosso trabalho e suor é demais! Não podemos nos calar!

Evidente que, se não houvesse tantas fraudes, roubos estrondosos, elevados desvios de dinheiro pagos pelos(as) contribuintes, todos teriam a garantia de suas aposentadorias de modo coerente, compatível com suas contribuições. Afinal, pagaram para isso!

Importante destacar aqui que essa conclusão não é apenas minha, uma mera contribuidora lesada, indignada e revoltada, mas conclusão de especialistas dessa área, legítimos peritos. Com as quais concordo plenamente!

Se as leis fossem rígidas, justas e punitivas para vetar a corrupção existente e futura, o sistema previdenciário estaria seguro e os contribuintes, garantidos. Mas não. Por isso, o dinheiro nunca dá, a conta não fecha, e as fraudes permanecem. E, assim, continuam a tirar mais direitos do contribuinte. *É a fórmula mais fácil, que se tornou hábito ou costume.*

Pobre povo, eterno pagador de todo dinheiro desviado pela corrupção. Os criminosos usam e abusam descaradamente desse dinheiro do povo, sem punição, e o contribuinte é sempre injustiçado, lesado, roubado, passando por necessidades básicas, porque seu dinheiro foi desviado para fins ilícitos.

Em resumo, aposentar-se em nosso país tornou-se um grande desafio. Quem está na fila sabe bem do que estou falando. Quem é jovem que se prepare! A cada tempo que passa, mais complicado e distante fica o sonho da aposentadoria já paga por você, contribuinte. Você pagou, paga e pagará, mas não terá a garantia do seu direito, chamado pela lei de benefício. Não *enxergo nenhum benefício, afinal pagamos para tê-lo.* Mas se você alcançar a aposentadoria, será sempre inferior proporcionalmente ao que pagou e lhe é devido direito. Muitas vezes o trabalhador não consegue se aposentar por ser comum na tramitação burocrática do processo pedirem documentos adicionais comprobatórios ou que o candidato precisa trabalhar mais X tempo. Trabalhar mais? Onde? Quem contrata o idoso? *E quando contratam é geralmente oferecido subemprego de mísero salário, desmerecendo e desrespeitando completamente a experiência e o potencial do idoso. É o lamentável etarismo. Mas quem liga para isso?*

Quais as políticas sociais de ações efetivas por parte do nosso sistema governamental para estimular as empresas a empregar idosos? Quantos empresários querem empregar esse contingente? Quais as práticas para assegurar ao idoso os seus direitos? Onde está o respeito pelo idoso?

Você vê alguma campanha dessa natureza nos meios de comunicação? Pois bem! Precisa pagar por mais determinado tempo para se aposentar? Quanto tempo? Como arranjar dinheiro para pagar, se a pessoa se encontra desempregada? Ela não tem dinheiro nem para comer... Quando consegue pagar esse tempo adicional, e está a um passo de completar o tal prazo, a lei muda novamente, e, claro, se estende mais o prazo com novas exigências. Aí a pessoa não aguenta mais e põe término à própria vida. Exagero? Não! Realidade! Observe a ironia.

De um lado, o mercado de trabalho não absorve os idosos por considerá-los velhos. De outro, o governo considera-os jovens produtivos e quer postergar o tempo para a aposentadoria deles, mas sem oferecer nenhuma forma de condição de vida para o idoso; a conta não fecha jamais. Resta a pergunta: como viverá essa população sem trabalho e sem aposentadoria? Seria a promoção de um holocausto para os idosos? Ou seria uma forma de aumentar o índice dos moradores de rua e das favelas?

Pergunto: aposentadoria existe? Até quando? E para quem? Os jovens de hoje conseguirão se aposentar no futuro? Não me refiro aqui a quem nunca contribuiu, não tem renda e se aposenta por idade com o benefício de um salário-mínimo, esse sim é benefício assistencial oferecido pelo INSS. Diferentemente de quem contribuiu uma vida inteira em conformidade com seu salário. Faço parte da fila de contribuintes para aposentar e tem muita gente nela. Mas o sistema previdenciário a cada tempo dificulta mais esse processo, por encontrar-se colapsado pelas razões óbvias. A culpa não é do povo, mas é ele quem paga e pagará a conta, e o preço é alto!

Tenho acompanhado a triste e longa trajetória de muita gente que tenta se aposentar, está desempregada, sem nenhuma renda e vive em condições precárias. O agravante dessa situação é que, antes dos 60 anos, poucos se aposentam (apenas determinadas categorias ou por problema de saúde). Mas essa pessoa precisa continuar viva, ou não? Razão básica da necessidade de algum dinheiro para manter-se, e, para tanto, precisa de trabalho ou de aposentadoria!

Será que o mercado de trabalho acha que ela não deve mais viver? Ou será o governo que acha isso? Ou ambos? É um sério problema social, governamental, estrutural, de sobrevivência ou fatalidade.

Meu inconformismo e revolta com esse tema me faz chamar sua atenção, para que pensemos juntos, tentemos mudar essa importante e grave situação de condição existencial humana. *Como viver sem possuir absolutamente nenhuma renda? Essas pessoas sofrem até pela falta de razão que justifique estarem vivas.*

Se ficar doente, aí o quadro complica, sem plano de saúde, sem saúde e sem dinheiro para comprar medicamento. Remédio e comida, duas prioridades que mais pesam para a classe pobre e idosa sem amparo, duas necessidades que se tornaram luxo. O que fazer?

Muitos ficam na dependência da família; quando a família pode ajudar é uma bênção! É fato, o cenário é triste! Como resolver essa necessidade tão prioritária?

Vamos apenas assistir? Ou simplesmente fingir que essa situação não existe e, se existe, não é conosco. Vamos ignorá-la? Pode não ser problema seu hoje, mas, amanhã, será.

Não vemos nenhum interesse da parte dos órgãos públicos em criar alguma frente de trabalho consistente e efetiva para esse contingente invisível e vulnerável.

Se existe, não é divulgada, porque esse público não tem conhecimento disso.

Os cinquentenários, sexagenários ou de mais idade sofrem sem emprego e sem aposentadoria.

Quem hoje é jovem, tem mãe, pai, tios(as), sogro(a) com a necessidade de aposentadoria ou de trabalho, e mesmo os que estão aposentados sofrem com uma aposentadoria minúscula, minguada, os(as) filhos(as) ou parentes precisam ajudá-los! E quem não tem filhos nem parentes que possam ajudar? *O jovem de hoje amanhã será idoso e vai enfrentar essa realidade ou outra ainda pior se nada fizermos já!*

Só escapará desse caos quem pôde ou pode fazer investimentos que lhe garantam o futuro na velhice. Estamos falando de necessidade básica, que atinge grande parcela da população. Somos um país de um povo sofrido, que trabalha para pagar altos impostos, muitas vezes, sem ver nenhum resultado nem destino desse dinheiro que sai do nosso bolso.

A cada reforma previdenciária as mudanças nunca beneficiam o(a) trabalhador(a), ao contrário; o(a) trabalhador(a) contribuinte de tantos impostos e do INSS é lesado, massacrado! No poder público, onde se concentram os mais altos salários, nada muda; pelo contrário, os reajustes salariais do pessoal da ativa são elevados, bem como para os aposentados desse setor privilegiado. Uma injustiça imensurável!

Os elevados direitos desses cidadãos estão sempre muito bem garantidos, preservados e imaculados por leis criadas pela cúpula dos privilégios. As mudanças sempre vêm para piorar a vida do povo, que trabalha duro, em todas as áreas, na produção geral de tudo que move e constrói toda a riqueza do país. O PIB, já citado.

São esses(as) trabalhadores(as) que sempre pagam a alta conta do poder público. Pagam por tudo e morrem contando moedas para comprar o pão de cada dia. Enquanto políticos corruptos compram cada vez mais mansões, carrões, iates, aviões, entre outros luxos.

Entendo que a "inclusão e diversidade" tão faladas, que dizem ter chegado para fazer a diferença, precisam absorver marcadores efetivos de garantia da dignidade humana!

Os(as) idosos(as) são empurrados(as) para o precipício do estado de penúria! Ainda assim, se estica cada vez mais o tempo de aposentadoria deles(as), sem oferecer nenhuma luz. É uma realidade gravíssima, desumana, com a qual todos nós temos o dever moral de nos preocupar e lutar por mudança.

Somos vítimas de um sistema unilateral explorativo, de grande abuso de poder. O tal sistema é nosso sócio só nos lucros (de cada um de nós). E cada vez mais aumentam as nossas contas a pagar.

Conforme sabemos, pagamos por tudo e por todos os erros, roubos, rombos, distorção, luxúria pública e inversão de valores. Não podemos nos calar!

Como diz nosso querido cantor e compositor Geraldo Vandré, na importante canção *Para não dizer que não falei das flores*[48], "quem sabe faz a hora não espera acontecer"!

Não dá mais para esperar, lutemos já por justiça!

Sou apenas a Luzia, mais uma Luzia trabalhadora e contribuinte de uma vida toda, hoje idosa, que espera por justiça! Minha história é igual à de milhões de brasileiras e brasileiros.

Envelhecer sem condições econômicas básicas é cruel e desumano! Por isso é que pergunto:

QUEM QUER ME ABRAÇAR?

---

[48] PRA NÃO DIZER que não falei das flores. [Compositor e Intérprete]: Geraldo Vandré. *In*: GERALDO Vandré (Ao vivo). [S.l.]: Odeon, 1968.

JUVENTUDE E MERCADO DE TRABALHO, ENGOLIR SAPOS OU MATAR LEÕES?

Quem na juventude nunca teve uma fase de impulsividade e até mesmo de radicalismo? Na adolescência então, muito mais, não é? Sem generalizar, mas sabemos que adolescente crê saber mais do que os adultos. Os pais, então, esses são para eles sempre ultrapassados (salvo exceções). Adolescente passa por fase difícil e complexa, às vezes de grande teimosia, que faz da sua insegurança sustentação de certezas, na tentativa de se garantir ou se autoafirmar. Falo por mim, mas também por presenciar a minha galera. Conheça uma passagem da minha adolescência e juventude, inclusive sobre minha experiência e visão do mercado de trabalho.

Comecei a trabalhar cedo, com apenas 13 anos. Meu primeiro trabalho foi numa papelaria, como balconista. Tinha que ficar de pé o dia todo, mesmo quando não tinha cliente. Achava aquilo uma maldade. Minhas pernas e coluna doíam demais, eu até tremia de dor. Achava aquela exigência cruel e desnecessária.

Chegava pela manhã já pensando na bondosa e acolhida hora do almoço, único momento em que eu poderia me sentar para descansar um pouco. Até que não aguentei mais. Após uma semana daquele trabalho escravo, minhas dores aumentavam; falei com o casal, dono da papelaria. Eles não entenderam, me acharam preguiçosa, me demitiram.

Depois dessa minha experiência horrível, decidi que estaria mais atenta para nunca mais ser explorada nos próximos empregos. E assim trabalhava pouco tempo em cada empresa, por não me adaptar a elas ou elas a mim. Tive dificuidades de me firmar pela frustração do primeiro emprego, que me deixou traumatizada; qualquer sinalização estranha eu já achava que queriam me explorar novamente. Tudo isso acompanhada de minha forte personalidade, imaturidade, mas também por ter encontrado chefes que nada tinham a me ensinar. Acredite!

Tudo que se espera de uma chefia é, no mínimo, que ela saiba mais que você! Mas quando ela nada tem a ensinar, a relação está castrada e nem mesmo respeito se consegue ter por ela. Aí é o fim! Se a chefia é fraca, não reúne conhecimento, bom senso, habilidade em liderar pessoas, não entende do negócio, não é criativa, inovadora, nem estimula essas virtudes a sua equipe, e não recebe bem nenhuma crítica... Essa pessoa é mesmo fraca, fora do contexto, fora do eixo, é medíocre!"

Logo, você, na qualidade de liderado, procura, mas não acha nada em que possa se espelhar, admirar, aprender ou orgulhar-se. E sem essas necessidades básicas não dá para equacionar ou equilibrar um relacionamento profissional, porque não falam a mesma língua. E quando você se depara com chefia, geralmente homem, que fica deslumbrado, babão com a beleza de uma funcionária ou candidata à determinada vaga?! O sujeito nem dá importância para currículo, se importa apenas com a beleza da moça. É como se para ele fosse um prêmio trabalhar ao lado de uma garota bonita, ou esperança de algo mais. Esses homens... Já presenciei diversos casos assim, de o sujeito responsável pela contratação, contratar por deslumbre com a aparência da bela candidata e não por qualificação; uma lástima!

São profissionais que não respeitam a cultura da empresa e desrespeitam o importante papel do Departamento de Recursos Humanos (RH). Recebem candidatos(as) a vagas de emprego por outras vias, sem os(as) interessados(as) terem sido pré-avaliados(as) pelo RH. Em empresas pequenas que não têm RH, essa prática do jeitinho especial é corriqueira.

Eu mesma, em início de carreira, fui contratada por minha beleza para vagas para as quais havia candidatas com melhor preparo profissional que eu, mas não eram bonitas! Eu percebia isso, mas precisava do trabalho.

Não seria eu a pessoa a falar para o responsável pela contratação ser profissional.

Mas essa falha do contratante masculino me fazia sentir um pedaço de carne ambulante; brinquedo do desejo de meu chefe, que ficava de olho em todos os meus movimentos. Ele olhava sem disfarces para meus seios e bumbum, e tudo que eu fazia estava ótimo para ele. Nunca nenhuma exigência, queixa ou crítica sobre minhas atividades. Eu queria que ele me cobrasse, divergisse de mim, pois só assim eu cresceria e aprenderia.

Até que definitivamente me cansei de ser vitrine dos desejos daquele profissional antiético. Pensei: "Nenhuma mulher é só peito e bunda, eu sou mais do que isso!" Pedi demissão, mas lhe disse umas verdades. Penso que a mulher que preza por sua dignidade e capacidade tem que combater essa insanidade masculina, exigir respeito e profissionalismo. Infelizmente ocorre muito no mundo corporativo, sempre. O homem fica deslumbrado pela beleza da mulher e a contrata por esse atributo. Onde está o cérebro e *profissionalismo desses homens minha gente? Podemos chamar isso de assédio sexual, profissional ou que tipo de assédio?*

Trabalhei com uma garota muito bonita e que sabia tirar proveito da sua beleza. Parecia que a beleza da moça havia lhe corroído o cérebro. Seu chefe era um imbecil, ficava embevecido perto da moça, estava sempre pronto a perdoar os constantes erros da garota. Ambos sofriam de limitação de neurônios. Era o Tico dele brincado com o Teco dela. Coisa de homem parvo, bobão, que só vê beleza física na mulher, ignorando sua capacidade e outros valores. A bela moça ingressou como estagiária, seu chefe, 15 anos mais velho que ela, tanto fez que a garota se envolveu com ele, engravidou e parou de trabalhar. Ele casou-se com a garota. E a vida profissional dela durou menos que o período da gestação.

Mulheres, onde estão seu profissionalismo, desenvolvimento profissional e ascensão de carreira? Mas se tem algo que ainda pesa muito nas contratações é a maternidade!

A mulher mãe ainda é muito discriminada desde a entrevista de emprego, em que é sabatinada quanto aos cuidados com os filhos pequenos. A preferência é por homens ou mulheres sem filhos. O homem pai segue livre, ninguém questiona nada. *Mamães, acordem e passem a dividir as tarefas e os cuidados dos filhos com seus companheiros (ou apenas com os pais de seus filhos, para mães que não têm marido). Os pais precisam ter as mesmas responsabilidades, para que essa necessidade chegue até o mundo corporativo de forma natural, como realidade comum a ambos os sexos. Caso contrário, a mulher continuará sendo discriminada!*

Dado importante: "Um estudo feito pela Fundação Getúlio Vargas (FGV), com 247 mil mães, mostra que 50% das mulheres são demitidas após, aproximadamente, dois anos da licença-maternidade"[49].

Essa triste e injusta realidade me fez lembrar que nos anos 1980 uma amiga de faculdade, que trabalhava num determinado banco tradicional, contou em sala de aula que esse banco havia realizado uma pesquisa de produtividade e foi constatado que a mulher era mais produtiva que o homem, mesmo considerando o período de ausência da licença-maternidade. *O que mudou nesses 40 anos? Aumento do machismo?*

Com 16 anos trabalhava numa empresa que eu adorava, dessa vez eu havia acertado e queria ficar nela por muitos anos. Mas meu chefe era um machista terrível. Eu me vestia como uma garota normal da minha idade, mas ele costumava me censurar e fazer piadinhas sem sentido, de mau gosto. Certa vez, ele me disse: — Com essas suas belas pernas à mostra, você com certeza vai bater a meta. — Em outro dia eu estava com dor de cabeça e ele fez uma piada sem graça, ignorei e ele acrescentou: — Não mexam com a Rita hoje, ela deve estar com TPM. — *Comentários infelizes, machistas, selvagens, abomináveis!* Por sorte ele mudou de área e seu substituto era um homem muito bacana.

Embora eu gostasse desse meu trabalho, queria muito ser atriz e vivia buscando uma forma de ingressar nessa área e fazer carreira. Eu já fazia teatro, até que surgiu uma oportunidade para pequenos papéis em novelas de um determinado canal de TV. As gravações aconteciam durante o dia e eu tinha que faltar ao trabalho.

---

[49] A TRIBUNA RJ. Estudo aponta que metade das mulheres são demitidas após gestação. *A Tribuna RJ*, Niterói, 25 set. 2021. Disponível em: https://www.atribunarj.com.br/materia/estudo-aponta-que-metade-das-mulheres-sao-demitidas-apos-gestacao/. Acesso em: 9 jan. 2025.

Para não faltar simplesmente e correr risco de receber advertência ou até mesmo perder o emprego, eu ia ao Pronto Socorro (PS), dizia que estava com muita dor no pé ou perna e que não conseguia colocar o pé no chão. Eu tinha mesmo essas dores, mas não tão fortes assim. Mas tinha que exagerar para atingir meu objetivo.

O médico examinava, passava medicação e me dava o dia com atestado que eu precisava. Eu saía do PS toda feliz, avisava no trabalho que não estava bem e ia gravar. Assim fiz algumas vezes e até cheguei a engessar a perna, com ajuda de uma amiga, para poder gravar. Até que descobri que meus colegas de trabalho haviam me visto numa novela e o comentário circulou pela empresa, "a famosa rádio-peão" que toda empresa tem.

Meu chefe queria falar comigo, fiquei preocupada, ele era um cara legal e disse: — Rita, preste bem a atenção no que vou lhe dizer. Já tive a sua idade, sei bem como funciona a cabeça de adolescente, portanto, não tente me fazer de bobo! Nessa escola que você está cursando já estou formado há anos. Sei exatamente o que está acontecendo, você não estava nem está com nenhum problema de saúde. — Eu, absolutamente muda, ele continuava a falar:

— Ainda bem, não é? Pois bem, das vezes que você esteve ausente do seu trabalho, você mentia estar doente. Mas faltava para gravar novela. Temos prova das suas mentiras, todos daqui já lhe viram na TV, inclusive eu. Só não vou demiti-la agora porque a conheço, sei que você é boa funcionária e precisa trabalhar. Mas se isso se repetir, uma única vez que seja, vou mandá-la embora por justa causa, que é cabível! Portanto, não se esqueça, estou lhe dando uma nova e última oportunidade.

Nossa! Que tapa na minha cara, minha vergonha foi imensa, fiquei vermelha, roxa, perdi o ar, o chão, queria sumir e não sabia onde enfiar a cara.

Foi uma experiência impactante, marcante para nunca mais ser repetida nem esquecida!

Abandonei as gravações da novela e permaneci na mesma empresa por mais sete anos.

Esse meu chefe foi realmente maravilhoso comigo em não me demitir. Ele me permitiu a possibilidade de crescimento de alguns valores que aprendi. E cresci!

Quando completei 18 anos, ele me disse: — Rita, parabéns pelo seu aniversário! Sei que hoje é um dia muito importante para você. É o dia de sua independência, mesmo que parcial ainda, mas sei que foi muito esperado esse dia, não foi? Sei também que você hoje à noite vai sair correndo daqui para o teatro. — E sorriu! Fiquei muito sensibilizada de como aquele meu querido chefe se interessava em conhecer seus funcionários com a única intenção de ajudá-los. Eu lhe respondi: — Sim, chefe, eu tento há dois anos assistir à peça *O poeta da vila e seus amores,* que retrata a vida do saudoso cantor e compositor *Noel Rosa,* tendo como protagonista o grande ator *Everton de Castro.*

De fato, eu já havia tentado com documentos falsos algumas vezes assistir a essa peça, mas era barrada. E, claro, fui no dia do meu aniversário de 18 anos assistir a tão desejada peça, com um grupo de amigos.

Deleitei-me com o espetáculo e com a impecável interpretação do querido ator Everton de Castro "incorporado em Noel Rosa". Um verdadeiro show. Tanto amei que voltei a assistir ao espetáculo por mais duas vezes!

Nessa idade eu ainda agia com muita impulsividade e teimosia. Fase em que sofremos de ansiedade, achamos que podemos mudar o mundo "a toque de caixa". Eu tinha pressa de tudo, não parava para pensar que tinha uma vida inteira pela frente para viver.

Mais adiante entrei numa etapa de extrema exigência comigo e com as pessoas ao meu redor, com elevado perfeccionismo. Achava que não dávamos o nosso melhor a nós mesmos e a terceiros do modo que precisávamos dar. Ainda estava imatura, continuava a achar que era mais esperta do que as outras pessoas, inclusive pessoas adultas, com muito mais experiência de vida, mais maduras, mesmo assim as considerava, de modo geral, ultrapassadas. Como hoje os jovens devem me ver.

Minha mãe me dizia: — Filha você precisa mudar esse seu temperamento, precisa ouvir mais as pessoas, em especial as mais velhas, que somam mais experiência, vivência e aprendizado de vida. Sendo como você é, vai encontrar muitos obstáculos na vida. — *Mas quem disse que eu a escutava!*

Passei por diversas empresas. Ainda jovem tinha um cargo de confiança numa organização e meu chefe me incumbiu de desenvolver um produto. Abracei o desafio e fui estudar estratégias para trazer o melhor resultado. Estudei o produto, fiz pesquisa de mercado, preparei-me e aguardava ansiosa o dia do lançamento, quando, numa reunião regional com todos os gerentes e diretores, de repente, meu chefe anuncia que outro gerente ia cuidar do produto que ele havia me incumbido de gerenciar. Nessa hora pensei: "Esse homem ficou maluco? Mas o que é isso?" Fiquei fora de mim!

Estava enfurecida e, na minha vez de falar, não medi palavras nem consequências e rasguei o verbo. Cheguei a dizer em alto e bom som que eu não era importante na empresa, muito menos minha função, que se fosse extinta não faria nenhuma falta. Meu chefe na hora arregalou os olhos, deu um soco na mesa e saiu da sala por um tempo.

Após a reunião ele me chamou em sua sala, julgava ainda ter razão e estava bravo comigo. Dizia-me o quanto estava numa saia justa com seus superiores por eu ser uma de suas gerentes e ter dito o que eu disse numa reunião de âmbito regional. Respondi-lhe:

— O que você esperava que eu fizesse? Trabalhei, pesquisei, me empenhei, desenvolvi um projeto de comercialização, me preparei para o lançamento do produto, de repente você muda de ideia, não me comunica, joga essa bomba na reunião, com absoluto desrespeito comigo? Você acha isso certo? Evidente que me senti sem nenhuma importância, desrespeitada por você, e foi puramente por isso que fiz aquela verdadeira explanação.

Meu chefe foi transferido para outra cidade. A área de suporte da qual eu fazia parte foi extinta, fui demitida, assim como todos da equipe dele. Sei que queimei meu filme, não somente com esse meu chefe, mas com outros diretores, que, não sabendo da verdadeira história, certamente me julgaram e me condenaram. Se eu não fosse jovem, talvez tivesse engolido aquele sapo, em vez de ter matado alguns leões, lobos e provocado a chegada de uma alcateia.

Entendia claramente que havia, em pequenas, médias e grandes empresas, pessoas chamadas de "líderes", ocupando cargos em diversos níveis de chefia, sem devido preparo, sem competência profissional, que abusavam do poder, se perdiam, tentavam manipular seus colaboradores sem nenhum respeito, como se eles fossem fantoches.

Muitas vezes exigimos tanto de nós e de outros ao nosso redor em busca de uma eficiência cada vez maior e nos deparamos com disparidades. Outras vezes extrapolamos esses limites sem êxito na corrida pelo perfeccionismo e freamos diante de situações adversas inesperadas, entre elas, chefias imaturas, despreparadas, inadequadas, incapazes.

Também é comum acontecer em organizações exigência excessiva nos resultados, nas metas, por vezes literalmente inatingíveis, sem efetivo e consciente estudo de variantes, viabilidade, possibilidades, numa utopia que não fará bem para colaboradores e empresa.

O inatingível caminha acompanhado de consequências negativas com frustração e fracasso. Mais tarde, descobrimos que essa demasiada inconsistência não se solidifica e não passa de invenção extrema, ilusória e desumana!

De que vale a regra para a vida profissional e até pessoal se sabemos que todo excesso é um mal que produz e reproduz a cegueira? Onde estão a ponderação e o equilíbrio tão necessários?

Deixamos de enxergar e viver com mais intensidade o benefício da coerência, da ponderação, que devem existir a qualquer tempo. Essa ausência nos deixa imersos numa distorção incapaz de enxergar resultados favoráveis ou satisfatórios, se com menos rigor, mas com competências de gestão sustentável. Há ainda muito profissional, hoje, repetindo esses erros!

O querer sempre mais e mais, sem limites, é um veneno que nos impede de enxergar a solução com simplicidade. Porque se entra na fase do quero mais e nunca se atinge a satisfação plena, numa busca incessante, que gera sentimento de fracasso, incapacidade e nos traz a infelicidade junto com a incompetência.

Importante dizer que, para melhor entendimento desse contexto, vai depender do grau de envolvimento, estágio pessoal e profissional de cada um. São experiências que, numa análise posterior, só descobrimos se entendermos a situação e a possível solução, quando aceitamos a mudança, estudamos seu comportamento e praticamos conceitos mais justos e mais humanos. E em alguns casos, só quando nos conhecemos profundamente de modo consciente e adquirimos de fato a maturidade!

Ainda sobre o aspecto do profissionalismo, observei, em minha trajetória nas empresas, que, infelizmente, há boa parte de pessoas atuantes no mercado de trabalho que nem dá para chamá-las de profissionais, e sim de trabalhadoras-robôs. Trabalham simplesmente por dinheiro (unicamente por essa necessidade), mas não gostam de trabalhar, nem do que fazem. Não são comprometidas com a causa. Já chegam na segunda-feira sonhando com a sexta-feira e contam as horas para o término do expediente. Bem diferente do profissional que escolheu uma profissão, estudou, tem afinidade com o que faz, ama trabalhar por: objetivos, resultados, realizações, gratificação, paixão e certamente sente orgulho desse seu diferencial. Lutei para me diferenciar e creio ter conseguido. Fazer a diferença é um divisor de águas e passaporte legítimo para o sucesso profissional e a gratificação pessoal.

Precisei ter muito jogo de cintura, e quem não precisa? Na vida, nos relacionamentos, no mundo corporativo. É necessário inovar, renovar, recriar. Mas também eliminar alguns leões por dia como exercício e prática de sobrevivência. Foi preciso suportar a pressão e as consequências. Outras vezes, minha sabedoria intuitiva me sinalizava e eu obedecia a ela. Melhor não matar nenhum leão, apenas aprender a lidar com eles; entendia que devia alimentá-los e me aliar a eles. Intuía que era também a hora de aprender a engolir sapos. Elementar o engolir sapos como prática inteligente de manter o equilíbrio em determinadas situações, até se adquirir grau adequado para as mudanças desejadas e planejadas. Ou, simplesmente, na ausência desse alcance, estar atento para o surgimento de novas oportunidades e abraçá-las para saltos que conduza a patamares mais favoráveis. E assim eu caminhava.

Sentia-me cansada, mas meu estado psicológico não discernia esse efeito cascata. Talvez liberasse grande volume de adrenalina, a qual me anestesiava ou me cegava como remédio "salvador temporário", de consequência intuitiva na preservação do meu eu! Isso me permitia não sentir o grande impacto. Fase tumultuada da minha vida que não conseguia perceber nem tinha tempo para reflexão.

Refletir sobre aquela situação, para quê? Ela fazia parte prioritária daquela minha realidade tão necessária, que me contemplava, e eu era de completa impotência para simplesmente ignorá-la, ultrapassá-la ou mudá-la a qualquer preço ou momento. Sabia apenas que tinha que vivê-la enquanto fosse possível. Mas precisava saber tramitar e crescer com aquele emaranhado até a superação para atingimento de um novo estágio mais favorável e *vencer não apenas a batalha, mas sim a guerra e salvar não só a mim, mas a outros tão mais importantes do que eu mesma: os liderados!*

Tudo depende do que se quer, de como se vive a vida e o que se espera dela e de si próprio, profissionalmente e na vida pessoal, mas com olhar no futuro, principalmente.

Quando há verdadeiro desejo de mudança para construção assertiva e mais humana, embasado no coletivo, em que as pessoas sejam tratadas e respeitadas como humanos e jamais como máquinas ou robôs!

Espero ter ajudado ao compartilhar com você parte de minha trajetória profissional.

Talvez toda essa minha explanação, da juventude até a maturidade, sobre vida profissional, pessoal e mundo corporativo, não seja de fácil entendimento, assim à primeira vista. Sugiro que avalie sua caminhada pessoal e profissional, analise o contexto, compare minha experiência com a sua experiência e sua evolução, e entenderá o que eu disse. Sei que não sou dona da verdade, e talvez essa plena verdade nem exista, haja vista a relatividade existente em diversos contextos.

Quero abordar o tema Cotas, que é muito importante: "A Lei de Cotas exige que as grandes empresas tenham um número mínimo de colaboradores com deficiência nos seus quadros — de 2% a 5% do número total de funcionários, na seguinte proporção: de 100 a 200 funcionários: 2%; de 201 a 500 funcionários: 3%; de 501 a 1000 funcionários: 4%"[50]. Por que as empresas não cumprem a Lei de Cotas[51] para pessoas com deficiência (PcDs)? *Essa minha argumentação a seguir é real, importante e grave!*

Ouvi diretamente de minha amiga que é surda ou deficiente auditiva. Ela mesma se classifica das duas formas. Estou justificando porque atualmente nos policiamos sem saber exatamente como nos referir a algumas pessoas ou a alguns temas pelas tantas novas denominações e classificações a pessoas que diferem do comum. *Penso que o mais importante seja o fim do preconceito existente conforme desabafo de minha amiga.*

Ela garante que muitas empresas em pleno 2022 cumprem minimamente a Lei de Cotas, **"pela obrigatoriedade"**, mas o acolhimento para as PcDs é muito ruim. Não há inclusão social nem interação. Essas pessoas vivem isoladas, discriminadas, não há para elas nenhum sentimento de compaixão nem igualdade com equidade. Os colegas de trabalho as discriminam, a chefia não promove a tão necessária interligação de acolhimento e inclusão, não há interação. As barreiras são tantas que impedem a inclusão e o crescimento de PcDs. É uma realidade muito triste, preocupante, vergonhosa e desumana! *Mas quem fiscaliza isso e faz valer a lei?*

Essa minha amiga sofre com esse tratamento vivenciado e presenciado por ela em algumas empresas por onde trabalhou e trabalha. Ela e seus amigos PcDs vivem essa terrível experiência. Uma realidade triste e desumana que precisa acabar. E quem é que se importa com isso?

É imprescindível que o jovem profissional de hoje seja humano, como também sua chefia. Precisa olhar o próximo com compaixão, enxergar a diversidade com respeito e amor, acolhimento especial a pessoas com necessidades especiais, sem preconceito.

---

[50] PESSOA COM DEFICIÊNCIA SP. A Lei de Cotas exige que as grandes empresas tenham um número mínimo de colaboradores com deficiência. Facebook, 6 jun. 2020. Disponível em: https://m.facebook.com/pessoacomdeficienciasp/photos/a-lei-de-cotas-exige-que-as-grandes-empresas-tenham-um-n%C3%BAmero-m%C3%ADnimo-de-colabora/2954596887904541/. Acesso em: 9 jan. 2025.

[51] BRASIL. Lei n.º 8.213, de 24 de julho de 1991. Dispõe sobre os Planos de Benefícios da Previdência Social e dá outras providências. Diário Oficial da União: seção 1, Brasília, DF, 25 jul. 1991. Disponível em: https://www.planalto.gov.br/ccivil_03/leis/l8213cons.htm. Acesso em: 9 jan. 2025.

É o jovem de hoje quem gerenciará as próximas décadas (fundamental essa remodelagem para extinguir essa pobreza de prática existente na atualidade e consertar grave problema).

É fundamental oferecer qualidade de vida no trabalho, bem-estar em igualdade com equidade às PcDs.

Você que está no comando, faça a diferença, deixe seu exemplo como legado, orgulhe-se de você! Enquanto muitos não valorizam nem se importam com nada disso, pense que você não faz parte desse universo da mesmice sombrio, ofereça seu diferencial, busque ofertar o seu melhor, com compaixão, consciência, amor ao próximo, visão humanista de melhorias coletivas, e não só para você!

Jamais se esqueça de agradecer por ter nascido sem essas necessidades especiais, razão fundamental para você ajudar com afeto e respeito a quem precisa!

REALIDADE DA MULHER CINQUENTENÁRIA OU ++

A realidade da mulher cinquentenária ou de mais idade (++) não é apenas uma, são muitas! Estou passos à frente, bem além dessa faixa etária que ficou para trás há muitos anos! Por isso, quero partilhar com você, mulher jovem, mulher madura ou idosa como eu, um pouco de minha andança de conhecimento adquirido sobre os temas que aqui abordarei, por acreditar que eles interessem à mulher em geral, independentemente da idade.

Tenho 79 anos de vida bem vividos, os quais me permitiram vivenciar, presenciar e apreciar as tantas situações aqui descritas, as quais me deram experiência e a convicção sobre minhas declarações. São considerações do meu ponto de vista feminino, de modo neutro, sem protecionismo, demérito nem discriminação ao sexo feminino, masculino ou de qualquer outro gênero.

Relato apenas situações por mim vividas, presenciadas ou ouvidas de vários ângulos, ao longo de minha vida. Darei uma pincelada nesses temas como boa observadora que sou do universo feminino e humano, com um olhar aprimorado, apaixonado, com especial enfoque na mulher nessa faixa etária dos 50 anos em diante.

Não sou especialista dessa área nem tenho a pretensão de me expressar como tal, apenas faço algumas considerações de modo simplificado, com base na minha vivência de mulher madura. É meu modo de homenagear com todo o merecido respeito e carinho a mulher que conquistou ou ultrapassou meio século de vida. As cinquentenárias, sexagenárias, septuagenárias, octogenárias, até as centenárias!

A mulher, ao atingir 50 anos (boa parte), exala sua preciosa maturidade. Independente de estarem sozinhas ou com seu (sua) parceiro(a). Ela está mais livre devido ao crescimento dos filhos, para as que são mães, também pela condição profissional definida, adquirida ao longo dos anos de trabalho. Sua estabilidade profissional a faz gozar de alguns privilégios (geralmente não quer ou não pode mais ter filhos).

Algumas delas, dependendo da sua categoria profissional, estão aposentadas, muitas trabalham, e há também as que ainda estão na grande batalha para iniciar uma carreira, porque nunca haviam trabalhado antes, pelos mais variados motivos.

Outra virtude que a idade madura oferece é a conquista atenuada da impulsividade, o controle da ansiedade e a certeza do que se quer. Evidentemente, há também mulher que só adquiriu idade e quase nada de maturidade, pouco aprendeu da vida, parou no tempo, está fora da curva!

Em termos físicos, há a vaidosa e de boa condição financeira, que se cuida bem e se mantém com boa ou ótima aparência. Frequenta academia, pratica atividades físicas diversas, entre tantos outros cuidados com o corpo e a mente. As casadas permanecem em geral na jornada dupla de trabalho, algumas recebem boa ajuda do marido e da empregada nas tarefas domésticas, outras não.

É comum as sem companheiro(a) se reunirem com seu grupo de amigas e amigos em cafeterias, bares, padarias, academias ou restaurantes, pelo menos uma vez por semana ou a cada 15 dias, para pôr a conversa em dia. Saem para dançar, vão ao cinema, shows, teatro, viajam, procuram viver bem a vida, e fisicamente estão com tudo em cima, de acordo com sua idade e seus hábitos de saúde bem cultivados.

Muitas mulheres maduras alimentam-se de forma mais adequada e saudável, realizam procedimentos estéticos, sentem orgulho de ser e estar assim, tão bem, conforme a idade que têm. Mas há as impossibilitadas de se cuidar, apesar de se importarem com a aparência. Apenas não possuem condições financeiras para esses cuidados estéticos.

Com a chegada dessa idade e a consequente ação do tempo, muitas, infelizmente, não podem se dar ao luxo de maiores cuidados com o rosto e corpo, os quais "fazem a diferença e bem para a cabeça", mas o bolso não lhes permite esses privilégios, muito menos dispõem de tempo.

São inúmeros os perfis das mulheres de 50 ++. É impossível mencioná-los todos aqui!

Em suma, fisicamente, de acordo com seu metabolismo, genética e cuidados pessoais, a mulher cinquentenária, ou além dessa idade, pode estar ainda com uma beleza radiante, de chamar a atenção ou não por "N" fatores!

A vida sexual dessas mulheres maduras não ocupa mais alto grau de prioridade ou necessidade para muitas delas. Parte delas passa muito bem sem sexo. As que têm parceiro (às vezes) têm vida sexual ativa. Isso significa que os homens também se incluem nesse contexto, afinal, a idade também chega para eles (depende de cada homem).

Muitas mulheres que não têm parceiro seguem por longos períodos sem vida sexual ativa e dizem não sentir falta. Algumas, esporadicamente, saem com alguém, outras perderam o interesse sexual, tornaram-se altamente seletivas e preferem manter-se castas. Evidente que com o passar dos anos os hormônios exercem menor poder no desejo sexual de ambos os sexos, e, segundo especialistas, quanto menos você pratica sexo, menos desejo terá. Algumas mulheres dizem que só têm libido quando têm um parceiro(a).

Mas quem é que valoriza as virtudes ou a beleza da mulher madura dessa faixa etária? *Os homens? Que tipo de homem?*

São diversas as mulheres que chegam ao meio século de vida, ou além, ainda lutando pela sua sobrevivência e, como não conseguem se recolocar no mercado de trabalho, partem para o trabalho autônomo, informal, e passam a realizar inúmeras atividades. Desde as mais sofisticadas até as mais simples, de acordo com suas qualificações, possibilidades, habilidades e oportunidades. E muitas se dão bem, se redescobrem, são empoderadas e fazem sucesso.

A mulher cinquentenária ou ++ tem diversas fases e faces, desde sua vida profissional, pessoal, amorosa e espiritual, mas o que ela quer mesmo é estar em paz e ser feliz sozinha ou acompanhada.

Para um relacionamento amoroso ela não prioriza a beleza física do homem, e sim o caráter, a gentileza, a educação, o respeito, a fidelidade, a lealdade, o companheirismo, a parceria, a generosidade e, claro, que o homem a enxergue e a respeite fisicamente como ela é, sem querer exigir que ela tenha rosto sem marcas ou rugas e corpo escultural, com tudo no lugar, como de uma jovem mulher.

Com 58 anos, namorei um homem de 62 anos. Ele era divorciado e morava só, não tinha carro porque, "segundo ele", considerava altos os custos de manutenção, preferia utilizar táxi e outros meios quando tinha alguma necessidade.

No começo íamos ao motel com meu carro. Depois paramos de ir, ele preferia encontros em minha casa, onde eu fazia e servia o jantar, oferecia café da manhã, todo fim de semana. Tempos depois, ele passou a esticar um pouco mais e dormia também alguns dias na semana. Trouxe algumas roupas, me sugeria fazer pratos que ele apreciava, mas nunca contribuía com as compras, nem trazia sequer uma garrafa de vinho ou a sobremesa. Quando me dei conta, ele estava literalmente morando em minha casa. Também não lavava a louça.

De repente me vi até lavando e passando as roupas dele. Fiz um balanço sobre aquela relação que já durava seis meses. Ele passara a ficar mais em minha casa do que na dele. Refleti que estava sendo lesada, explorada e disse a mim mesma: "Estou fazendo papel de boba, cozinho para ele, lavo, passo, arrumo a casa, ele come, bebe, dorme, tem sexo, companhia, tudo de graça. Pago sozinha todas as contas, ele age sem o mínimo bom senso, não colabora com nada e quando saímos ainda divido a conta". A situação passou a me incomodar demais, percebi que o amor que sentia por ele estava acabando pelo seu comportamento explorador.

Como se não bastasse, ele me disse: — Decidi vender meu apartamento porque fica lá fechado e eu fico direto aqui com você, o que acha?

— Respondi-lhe de imediato: — O quê? Não, claro que não! Não venda e pode voltar para lá, porque estive pensando e quero terminar nosso relacionamento. Tenho vontade de ficar só! Por favor, vá embora agora! — Ele não gostou, argumentou, claro, estava cômodo para ele. Terminei aquele relacionamento enfadonho.

Aos 65 anos, relacionei-me com um homem de 76 anos. Um dia ele me disse que eu estava barriguda, que precisava emagrecer, que minha bunda estava caída e com celulite; que eu devia fazer exercício localizado e musculação; e para completar me sugeriu fazer plástica nos seios para levantá-los. *Por um segundo senti-me feia, péssima, reduzida à pior das mulheres. Mas esse mal-estar durou apenas um segundo!*

Logo refleti, reagi e lhe disse: — Você definitivamente está com a mulher errada e eu com o homem errado! Não farei nada disso porque respeito a minha idade e me aceito como sou. Quanto a você, sugiro fazer uma prótese peniana, creio que sua próxima companheira irá apreciar. — Ele se ofendeu e me dizia: — Como pode dizer isso de mim? Você nunca reclamou antes! — Respondi-lhe: — Realmente, nunca lhe falei sobre isso, o que significa compreensão e generosidade feminina de mulher que respeita o homem dentro de suas condições de limitação da idade. Bem como você deveria ter comigo o mesmo respeito que tive por você! — Nunca mais vi o infeliz ignorante.

Qualquer homem minimamente inteligente sabe que uma mulher madura, a partir de determinada idade, não terá jamais um corpo escultural, perfeito, com tudo no lugar. Da mesma forma que o homem nessa faixa de idade não tem o mesmo corpo de um homem jovem, pois a lei da gravidade já se encarregou de transformar aquilo que para ele é tão vital, o sexo, que, muitas vezes, não funciona como ele gostaria. O fato é que a mulher, desde jovem, aceita o homem de qualquer perfil estético, físico. Ela o acolhe sem preconceito ou restrição, e isso o deixa numa posição muito confortável em relação à mulher.

Esta é uma das nobrezas do sexo feminino, valorizar o que de fato tem valor. É comum o homem de qualquer idade desejar uma mulher bonita de corpo e rosto. A beleza interior, a inteligência, não lhe importam.

Existe um vasto universo de cinquentenárias ou ++, de inúmeros perfis, em diversos estágios de vida, que são felizes, vivem muito bem, estão e querem permanecer sem companheiro. Mas há as que desejam encontrar um homem de verdade, companheiro, para juntos aproveitarem a vida de modo harmonioso, afetivo, com respeito, amor e cumplicidade.

É fato: difícil encontrar homem hétero, nessa faixa etária ou ++, livre, descomplicado, sensato, que queira envolvimento sério com as cinquentenárias ou ++!

Por quê? Boa parte dos homens quer as mocinhas, as bem mais jovens que eles. Ainda bem que já ultrapassei essa fase e tenho o meu velhinho como companheiro! É bem verdade que a mulher na faixa etária dos 50 anos ou mais tem dificuldade de encontrar homens disponíveis porque eles estão casados com suas companheiras, desde a juventude, ou muitos estão no segundo casamento, ou em relacionamentos com mulheres mais jovens, outros são gays, ou de outros gêneros, e os héteros que estão sós, infelizmente, muitos são problemáticos, há também os que optaram por ficar só. Na época dessa minha constatação, estava na busca de encontrar um companheiro. Pensei: "Que saudade da minha adolescência, quando meninas e meninos eram leves, livres, soltos, sem vícios nem sequelas de relacionamentos amorosos. Os hormônios estão saltitantes, estão interessados em tudo o que é novidade, curiosos e desejosos de experimentar o primeiro beijo, a sede de viver um romance. Conhecer o que ainda não experimentou. As oportunidades estão por toda a parte, a demanda é vasta, de modo simplificado, sem armas, reservas nem lembranças de vivências traumáticas, prontos para o amor".

Na vida adulta o quadro é outro. Na terceira idade, então, boa parte de ambos os sexos geralmente já está repleta de experiências, as mais diversas, tanto boas, como companheirismo, amizade, respeito, quanto ruins, como fracasso, traições, desamores, desencontros, sofrimentos. Assim, habituados com seu ritmo de vida, se tornam mais seletivos, cobertos por barreiras, temerosos, sequelados, traumatizados.

Sabemos que a idade chega para ambos os sexos, mas a mulher sente mais no corpo, rosto e na alma pela cobrança da sociedade ditadora de padrões preconceituosos e machistas.

Independente do gênero sexual, com a chegada aos 50 anos, a pessoa se torna mais seletiva, mais observadora (em sua maioria). E, a partir dessa idade, cada vez mais exigente! Esses 50 + + têm medo de aventurar-se, preferem qualidade de vida e sossego. A mulher costuma ser mais seletiva e preocupada com o começar de novo!

Sabemos que o ser humano não nasceu para viver sozinho, mas, convenhamos, não há nada que pague a tranquilidade, a paz, a liberdade de ir e vir sem controle ou cobrança.

São bênçãos espetaculares, grandiosas que, quando conquistadas, não queremos mais perdê-las!

Evidente que, se a pessoa encontra um parceiro ou parceira (viva a diversidade, com todo o respeito), e se o(a) parceiro(a) é companheiro(a) que vale a pena e agrega valor, a vida fica mais colorida e rica de ser vivida a dois. Digo isso por experiência própria.

Tenho um relacionamento com meu parceiro de modo bem equilibrado, estruturado, com muita liberdade, para que ambos sintam a leveza no amor e a alegria de compartilhar vidas!

O fato é que muitos homens não enxergam a beleza ou valorizam as qualidades da mulher após seus 50 anos e não têm interesse por elas para um relacionamento sério. A partir dos 60 anos, então, é ainda mais difícil. Digo isso sem nenhuma maldade, apenas como observadora dessa realidade, após vivenciá-la e conversar com inúmeros homens e mulheres. No entanto, percebo uma recente tendência de mudança por parte de alguns homens.

Não reúno nenhum dado estatístico de pesquisa, sou apenas uma mulher idosa, que permanece há quase 80 anos neste planeta, que viveu alguns romances, que é observadora, curiosa e interessada nesses temas da terceira idade, sobre os quais faço algumas considerações do universo feminino e masculino héteros, a partir dos 50 anos.

Não me arrisco a abordar esses temas no universo das pessoas LGBTQIA+ por falta de conhecimento. São histórias da minha vida (como mulher hétero, evidenciei a mulher cinquentenária que vivi e também as com mais idade, 60 e 70 e tantos anos). Considerei que seria injusto não citar nada sobre o homem, afinal, os sexos se interagem, estão interligados nesse contexto. Mesmo porque a ideia é de breve abordagem das diferenças entre os sexos feminino e masculino na sua forma de pensar, ser e agir nessa fase da vida.

Conforme disse, em minha opinião, pela minha experiência e observação, creio que o homem cinquentenário, ou com mais idade (boa parte), prefere a mulher bem mais jovem. Pode ser por autoafirmação, por querer sentir-se mais jovem, por desejo de paternidade tardia, consciente ou inconscientemente, uma vez que, quando jovem, não deu a devida importância à oportunidade de ser pai, ou então para mostrar e provar para ele próprio e para os amigos que ainda é viril, que pode ter filhos, entre outros motivos.

E certamente pela vaidade por poder estar ao lado de uma mulher jovem e, com isso, querer provar para a família, os amigos e para a sociedade que ele é o "cara". Que tem a capacidade de conquistar uma mulher jovem.

Ou ainda por sentimentos de cuidar e proteger alguém jovem. Outras vezes, por arrependimento de não ter estado próximo dos filhos na juventude, quando deveria. São sentimentos diversos que alguns admitem, e outros tantos negam, reprimem, escondem, inclusive deles próprios. Até que um dia, angustiados, resolvem ir ao encontro de um(a) amigo(a) para um desabafo, na esperança de se sentirem acolhidos, de ouvirem um conselho, uma opinião, enfim, encontrarem um alento para suas questões íntimas. Como foi o meu caso, em que meu amigo me procurou na espera de um conforto, um abraço, um alívio para suas dúvidas existenciais e de relacionamentos. Muitos sentem a necessidade de ouvir a opinião feminina sobre essas questões. Disse-me meu amigo que esses são os sentimentos de muitos homens héteros, seus amigos.

Ouvi alguns relatos de amigos ao longo dos tempos. Há homem que não se dá conta de sentir ou pensar dessa forma, mas no seu interior sente esse tormento e só mais tarde descobre ou assume o que está sentindo (pelo que vivenciei com alguns que me confessaram isso).

Sempre me interessei em entender e conhecer o ser humano, o que pensa, como age e os porquês de cada um. Só assim concluí que o maior mistério do mundo é entendê-lo!

Outro contexto é de o homem desejar uma mulher jovem por puro e simples prazer e veneração à beleza juvenil; ou como forma de cultivo ou expectativa de seu próprio rejuvenescimento e profundo contentamento de estar em constância com a juventude, por considerar que, assim, está preservando sua mocidade, mesmo que inconscientemente, segundo revelação de alguns que me disseram o seguinte: *"Pela simples razão de a juventude ser bela por si só, e isso lhe bastam! Prova disso, há homem idoso que diz ser melhor uma mulher feia e jovem a uma linda e idosa!"* Sem dúvida, muitos homens pagam o preço para ter a juventude ao seu lado.

A neta de minha amiga tem 25 anos. Bonita, jovem, como eles gostam. Já namorou alguns homens maduros e sua conta bancária agradece. A moça possui um belo patrimônio adquirido de seus relacionamentos com homens maduros. Ela não se constrange em dizer que: "Da mesma forma que certos homens maduros não respeitam a mulher como pessoa e a veem apenas como objeto, há muita mulher jovem que sabe disso e aproveita para tirar vantagem financeira e conseguem com êxito, e dão o troco". Segundo a moça, é também uma forma de vingança!

Essas jovens não consideram essa prática errada; acham justo que haja alguma vantagem para elas, pois, ao contrário, iriam preferir relacionar-se com homens jovens viris, em plena juventude, da mesma faixa etária delas. E realizam esses relacionamentos com enorme satisfação!

Sendo poucos homens cinquentenários ou ++ que apreciam e realizam relacionamento amoroso sério com mulheres cinquentenárias ou de mais idade (as ++ que denominei aqui), torna-se restrita essa conquista para a mulher desse grupo que deseja um parceiro. Mas, claro, sem generalizar, jamais! Creio em relacionamentos sérios e bonitos com grandes diferenças de idade (eu mesma já vivi isso).

Há muitos anos participei de um canal de encontro de mulheres e homens héteros por meio de uma revista. Era uma ferramenta que propiciava encontros de mulheres e homens. Tenho duas amigas que se casaram com homens que elas conheceram através desse canal. Na ocasião recebi mensagens de 384 homens, conversei com 352 e fui ao encontro de 98.

Eram homens que se diziam livres, desimpedidos, separados, divorciados, solteiros, viúvos. Conheci alguns bem bacanas. Também conheci esquisitos, problemáticos assumidos, e, por isso, estavam sós. Outros com sequelas de algum relacionamento, traumatizados, e também alguns não héteros em processo de aceitação.

Escutei muitas barbaridades também. Houve quem dissesse estar cansado de chegar em casa e encontrar a casa vazia. Que sentia falta de encontrar a casa limpa, a roupa lavada e o jantar na mesa. Eu sugeri a contratação de uma empregada doméstica. É muita sacanagem, não é? Machismo tosco! Foram meses de encontros. Deparei-me com um panorama diverso e complexo, homens com suas neuras, malandros, depressivos, carentes, revoltados, viciados, fanáticos por religião, futebol, pesca, jogos, e tantos tipos mais, o que me deu embasamento para completar minha opinião. A maioria não passou do primeiro encontro para um café ou um chope; em alguns casos, houve um segundo encontro, mas sem nenhuma evolução porque não existiu afinidade!

O homem cinquentenário ou de mais idade ++ que está sozinho vai se relacionar, namorar e, quem sabe, até se casar, porque, diferentemente da mulher, o homem é mais dependente, tem necessidade de estar acompanhado, sente dificuldade de viver sozinho. É como se precisasse da continuidade da mãe, como me disseram 25 deles! Mas, claro, sem generalizar. Freud explica? Na ocasião, pensei: "Não quero ser a extensão da mãe de nenhum marmanjo, não. Não estou procurando a extensão do meu pai!"

Houve homem que declarou isso com a seguinte ressalva: "Jamais diga a alguém que ouviu isso de mim." Outros assumiram pensar assim e não se importavam de o mundo saber, porque ele considera a boa mulher a de espírito maternal! Ou teria o machismo contido nesse contexto?

E assim considerei que havia atingido meu objetivo porque vivenciei e pude constatar muitas das minhas teorias sobre o homem. Como já tinha conhecimento das queixas femininas por intermédio de amigas, por outros meios, assim, concluí minhas teorias.

Importante lembrar que evidentemente nada é regra básica ou verdade única. Sempre há múltiplas situações e comportamentos desse contexto, e as exceções, conforme sabemos. Minha explanação é apenas um breve registro de situações vivenciadas, presenciadas, observadas, ouvidas e armazenadas por mim, uma mulher de 79 anos que aprecia o universo humano e quis dividir com você, mulher, com você, homem, e com você de qualquer outro gênero. Contudo, no término de minha pesquisa, fiquei satisfeita em ouvir de alguns homens que apreciam e até se casariam com mulheres 50, 60, 70 +, de sua mesma faixa etária. Uma bênção!

Você pode não concordar com minha forma de pensar! Mas poderá analisar, refletir e ter as suas próprias conclusões. É esse o objetivo desse meu conto, por observar que as pessoas andam sem tempo para exercitar seu autoconhecimento e também para conhecer o outro.

E quem é que tem respostas concretas para o universo humano tão complexo?

Fique em paz!

SAÚDE, PRIORIDADE, COMPLEXIDADE, DESAFIO, VIDA OU MORTE!

Sou apenas mais uma que sofre as consequências do sistema, assim como milhões de pessoas. Considero importante falar dos problemas para tentar resolvê-los de alguma forma, pois omitir não resolve.

Sabemos que a saúde é o nosso bem maior. De nada adianta ter estudo, sucesso, bens materiais, beleza, dinheiro, fama, prestígio, quando a saúde nos falta, é o fim de tudo.

Política de saúde pública é essencial em todos os países, acompanhada de todo processo de legitimação de ordem social.

Entendo que a saúde pública deva oferecer um conjunto de medidas para garantir o bem-estar físico, mental e social de sua população. Em alguns países essa política é bem alicerçada, bem administrada e consegue oferecer saúde com qualidade e dignidade a seus habitantes. Sabe-se que o Brasil não é o pior país nessa área, mas está longe de oferecer o modelo ideal. Nosso sistema de saúde pública e também o privado há muito são deficientes (mesmo antes da pandemia da covid-19), conforme segue:

"Garantido no artigo 196 da Constituição Federal, o SUS é o único sistema de saúde pública do mundo que atende mais de 190 milhões de pessoas — 80% delas dependem, exclusivamente, dos serviços públicos para qualquer atendimento de saúde [...]"⁵² Maior sistema público de saúde do mundo, SUS completa 31 anos.

Mas qual é o problema do SUS?

O sistema único de saúde, SUS, sofre com dois problemas básicos que acabam por fomentar as demais situações que abordaremos neste conteúdo que são: verba insuficiente e gerenciamento malfeito desse dinheiro. A questão das verbas depende de ações políticas para modificar a destinação do que é arrecadado em impostos.

O que torna o sistema público de saúde do Brasil tão ruim?

Quais os principais desafios da saúde pública no Brasil, atualmente?

Quais são os principais problemas da saúde pública no Brasil?

"Fazer investimentos na saúde pública brasileira é algo urgente", afirma Frederico Guanais, diretor-adjunto da divisão de saúde da Organização para a Cooperação e Desenvolvimento Econômico (OCDE). Segundo ele, "a pandemia da Covid-19 deixou claro que despesas na área de saúde são investimentos. Recursos escassos e mal geridos colocam a saúde pública no patamar deficitário."⁵³

Após essa breve apresentação do panorama da saúde, nesses 31 anos de existência do SUS, acompanhei diversas ocorrências de pessoas que dele necessitaram em diversos estágios de saúde, em alguns estados do Brasil.

Vou relatar fatos reais que aconteceram comigo, com minha família, minhas amigas, meus amigos, vizinhas, vizinhos e com pessoas conhecidas que precisaram da área da saúde pública e privada.

Em 2009 minha mãe ficou doente (estado grave). Nessa época ela morava numa pequena cidade do estado de Mato Grosso. Era uma cidade de poucos recursos na área da saúde e não possuía UTI. Não dava para

---

⁵² BRASIL. SUS completa 31 anos de criação. **Casa Civil**, Brasília, 21 set. 2021. Disponível em: https://www.gov.br/casacivil/pt-br/assuntos/noticias/2021/setembro/sus-completa-31-anos-de-criacao#:~:text=Garantido%20no%20artigo%20196%20da,para%20qualquer%20atendimento%20de%20sa%C3%BAde. Acesso em: 9 jan. 2025.

⁵³ FERNANDES, Daniela. Por que o SUS é um dos maiores sistemas de saúde pública do mundo. **BBC News Brasil**, Paris, 24 jul. 2020. Disponível em: https://www.bbc.com/portuguese/brasil-53521793. Acesso em: 9 jan. 2025.

esperar a morosidade do SUS na liberação de locomoção para transportá-la para outra cidade. Meu irmão pagou por uma ambulância e levou nossa mãe para uma cidade maior, no mesmo estado, para interná-la numa UTI.

Após longa viagem e tensão, na chegada, a terrível surpresa... Infelizmente passaram informação errada, não havia nenhuma UTI (livre) no hospital dessa cidade maior (mesmo para particular, conforme era a situação). Fiquei por toda madrugada ligando para todos os hospitais de todas as cidades de Mato Grosso na busca de uma UTI particular. *Falei diversas vezes com a área e a pessoa responsável pela regulação, que controlava as UTIs da região, e nada consegui. Senti-me impotente, frágil, desesperada, desagregada, revoltada com o precário sistema de saúde nos oferecido. Estava consternada e muito infeliz!*

Minha mãe não resistiu. Faleceu sem ter tido a chance ou a oportunidade de ser salva! *Revoltante! Uma dor imensurável para mim e toda a família para toda a vida!*

Anos depois, na cidade se São Paulo, tentei utilizar o atendimento do SUS, mas desisti pela longa espera.

Minha prima, no início de 2022, precisou do SUS, também em São Paulo, para passar por consulta com determinado especialista. Ela já tinha o diagnóstico e os exames, que comprovavam doença séria. Já havia feito consultas e exames pelo plano de saúde que ela tinha; *porém, era um plano que não passava confiança, devido a acontecimentos graves ocorridos com esse plano.* Ela queria ir para um hospital especializado, com médicos(as) especialistas, e que atendia pelo SUS.

Ao chegar a uma Unidade Básica de Saúde (UBS), ela descobriu que teria que começar do zero. De nada adiantava ter exames com diagnóstico, os quais ela considerava que agilizaria o processo, mas o SUS não os aceitou e lhe disse que agendasse uma consulta com um clínico geral e nessa consulta seria avaliado se ela precisaria mesmo passar por especialista. Ela achou um absurdo, mas, como não havia outra opção, agendou. Porém, o agendamento foi para dali a três meses. Tempos depois as mídias passaram a divulgar um tempo médio para atendimento em consultas com especialistas de um a dois anos, e para cirurgias espera de até quatro anos.

Imagine: você descobre que está com uma doença séria, constatada por exames, procura atendimento médico e se depara com essa realidade... Entendo que o contingente é volumoso, mas esse modelo é para matar o paciente, não é? Dessa forma não atende mesmo às necessidades básicas da população!

Há 16 anos enfrentei verdadeira saga, desesperada para conseguir medicação de alto custo para minha filha, através do SUS, em São Paulo. A medicação, na época, custava 12 mil reais e minha filha precisava do medicamento todo mês. Nosso plano de saúde também não custeava, nem havia lei que o obrigasse.

Após inúmeras idas ao SUS, sem nenhum êxito, fui encaminhada para a Secretaria da Saúde, que, por sua vez, tinha a medicação, mas novamente me foi negada. Segundo eles, a tão importante medicação para minha filha não fazia parte do protocolo deles para a doença dela. Argumentei nesses lugares que essa conduta ou regra não estava correta nem justa, pois nenhum órgão tem o direito de escolher quem deve viver ou morrer. Afirmei que aquele procedimento era injusto, discriminatório e criminoso. Além de desacatar a conduta médica do médico de minha filha (especialista na área específica da tal doença). Minha manifestação foi em vão.

O sofrimento de minha filha, o meu e o da família foi enorme, durante meses, enquanto a doença avançava. Após inúmeras tentativas e meios alternativos, conseguimos a medicação. Hoje ela faz parte do protocolo para esta doença, Espondilite Anquilosante (EA). Tenho certeza de que essa inclusão tem beneficiado muitas pessoas com a doença. Também vigorou a lei que obriga planos de saúde a oferecer a medicação para portadores dessa doença, entre outras enfermidades.

E se o cenário da saúde pública já não era bom, na pandemia se agravou. Estamos diante de um sério problema de saúde pública. Foi dado à covid-19 e à pandemia pauta diária da doença, desde contágio, gravidade, internações e mortes. Mas há pessoas morrendo todo dia na fila de espera de atendimento do SUS, para diversos atendimentos e tratamentos, desde uma consulta básica a falta de medicação, precariedade sanitária de muitos hospitais, falta de produtos de higiene básica, ausência de médicos, demais funcionários, leitos, UTIs, entre outras necessidades de primeira ordem. E lamentavelmente na saúde privada não é tão diferente. Faço essa afirmação com conhecimento de causa.

Quem nunca teve exames negados pelo seu plano de saúde? O médico solicitante é especialista, porém, como funcionário do convênio ou prestador de serviço, sua solicitação é rejeitada. Você fala com a ouvidoria, diretoria e recebe a confirmação da negação apoiada pelo rol de procedimentos da ANS, grande mãe dos planos de saúde. Um absurdo sem freio!

Devido ao aumento de necessidades causadas pelo contágio da covid-19, acrescido de estrutura inadequada, visão lucrativa demasiada, entre outras razões, a rede privada de certas operadoras de planos de saúde também tem oferecido atendimento caótico. A começar por norma interna que exige um mínimo de tempo de consulta (muitas vezes bem limitado) para atendimento ao paciente. É notória a pressa do médico para concluir o atendimento, porque existe uma fila de outras pessoas para serem atendidas e ele precisa oferecer produção. Muitas vezes o paciente, após longa espera, quando é chamado, mal consegue dizer sua queixa por completo, pois o médico não tem tempo para ouvir. Situação essa que impede o profissional de fazer uma boa avaliação sobre o estado de saúde do paciente, afinal médico não é um robô. Mas se o(a) médico(a) não cumpre essa exigência, certamente não é bem-vindo ao plano de saúde, e com o INSS não é diferente. O povo carece de atendimento mais humanizado e acolhedor, seja na saúde pública ou privada.

Muitos planos de saúde têm apresentado desde escassez de profissionais competentes, ineficiência de médicos especializados, enfermeiros, equipe de baixa qualificação, maquinários sucateados para realização de importantes exames, ou em número insuficiente ou danificados por muito tempo, o que dificulta a realização de exames em pacientes em estado de saúde grave, e tantas outras necessidades de pacientes que não são atendidas a contento.

A pessoa prioriza a saúde e, para não sofrer na fila do SUS, com muito sacrifício se associa a um plano de saúde, que nem sempre tem custo ajustável ao seu bolso, e, quando precisa usá-lo, muitas vezes, descobre que foi enganado. O alto custo e a má qualidade do plano têm levado o associado a migrar novamente para o SUS. *O paciente hoje se vê entre a cruz e a espada!* O atendimento médico deixa a desejar em quase toda parte. Sem dúvida, nosso sistema de saúde pública e privada está doente. Alguns especialistas já disseram isso e está visível nas mídias.

No início de 2019 (antes da pandemia), meu amigo ficou muito mal, com tosse, febre, todos os sintomas de gripe, por um mês, indo e voltando ao pronto-socorro do seu convênio, sem diagnóstico nem cura. Ele soube que uma pessoa com a qual ele havia tido contato tinha contraído H1N1/Influenza. No terceiro retorno ao PS, comunicou o fato. Disseram-lhe, então, que ele estava com a respectiva doença. Deram-lhe Tamiflu para tomar naquele instante e também lhe prescreveram esse medicamento, que é indicado no combate à doença. Meu amigo, inconformado, perguntou: — Mas vocês não vão fazer exame para saber com precisão? Vão considerar que estou com H1N1 apenas pelo que eu disse e vão me medicar como se eu tivesse de fato essa doença, sem ter certeza? — Responderam: — *Nosso protocolo só realiza esse exame em pacientes em estado avançado da doença (hospitalizado); você não precisa se internar, pode se tratar em casa e ficará bem.*

Há 20 anos, quando minha filha passou a sofrer de uma doença autoimune rara, a qual afetava diretamente sua coluna lombar e articulações, levei-a em diversos ortopedistas, fisioterapeutas, fisiatras, reumatologistas, pelo nosso plano de saúde da época, além de tentativas também pelo SUS e médicos(as) particulares. Uma maratona por cinco anos consecutivos e não descobriam o que ela tinha, enquanto a doença avançava e ela já não conseguia mais andar, entre outros movimentos articulares que perdia.

Tentamos medicina alternativa (diversas delas), até que minha filha foi encaminhada para a Clínica da Dor de alguns hospitais referência em São Paulo, onde era assistida por junta médica de inúmeras especialidades, sem nenhum resultado. Foi submetida à realização de cirurgia paliativa (Rizotomia de Facetas Periféricas).

Como foi descoberto o diagnóstico da doença? Tive uma crise de choro no meu trabalho. Uma colega, ao me ver chorando, perguntou o que eu tinha. Contei-lhe o que estava me acontecendo e ela me disse: — O que sua filha sente e sofre é bem parecido com a doença da minha irmã, que também ficava assim! — Perguntei-lhe: — E qual é a doença da sua irmã? — Ela respondeu-me: — Artrite Reumatoide Deformante Juvenil. — Perguntei-lhe: — E como foi que ela descobriu que tem essa doença, que tipo de exame ela fez? — Minha colega perguntou à irmã e me passou o nome dos exames. Anotei e de imediato agendei consulta com uma nova reumatologista. Fui à consulta no lugar de minha filha porque ela não conseguia andar. Levei todos os exames dela, expliquei tudo à médica e lhe disse:

— *Peça os exames que você considerar importantes, mas, por favor, peça esses dois e lhe entreguei o papel com o nome dos exames anotados.* E foi assim que finalmente veio o resultado: Espondilite Anquilosante (EA), uma doença terrível que paralisa todas as articulações e deixa a pessoa imóvel, além das dores e outros sofrimentos! A partir daí iniciamos a nova luta para adquirir a medicação de alto custo (conforme disse). Outra história...

Em 2015 visitei uma amiga de boa condição financeira, que tinha um plano de saúde top e que havia realizado uma cirurgia importante num hospital referência em São Paulo. Mas ela não passava bem, permanecia com dores após quase um mês de cirurgia. Queixava-se das dores com seu médico cirurgião, ele lhe dizia que as dores eram normais por determinado tempo pós-cirurgia e aumentava a dosagem da medicação. Até que, não suportando mais tanta dor, ligou novamente para o médico e lhe disse:

— Doutor, não aguento mais! Quero fazer algum exame que possa verificar como está a minha cirurgia! — Ele lhe disse: — Está bem, pode vir. — Ela foi, fez novos exames e o doutor descobriu que se enganou drasticamente ao operar a vértebra errada da paciente. Imagine como ficou essa mulher, sabendo que sofria por erro médico e que teria que repetir a cirurgia! O relato a seguir aconteceu comigo recentemente.

Todo ano realizo *check-up*. Nos últimos dois anos, me queixava ao cardiologista de dores e cansaço no peito e costas quando praticava alguma atividade física. Todo ano realizava exames ergométrico e mapa, que sempre davam resultados normais. Em consulta pós-exames com o cardiologista, ele disse-me: — Avaliei seus exames, estão ótimos. Não se preocupe com seu coração, pois ele está excelente. Fiquei feliz e tranquila.

A partir daí, quando realizava atividade física e sentia os mesmos sintomas, dizia a mim mesma que me esforçasse mais, que estava fora de forma física. Até que resolvi investigar melhor, quando minha intuição e inquietude me chamaram a atenção. Pesquisei sobre meus sintomas, procurei novo cardiologista, expliquei meu problema, enfatizei também meu histórico familiar, o qual constava em meu prontuário do convênio, mesmo assim reforcei. Esse novo cardiologista me fez algumas perguntas, respondi-lhe e acrescentei: — Doutor, gostaria de fazer algum outro exame que possa oferecer resultado com maior precisão. Estou preocupada com esses meus sintomas devido a meu histórico familiar. — O cardiologista respondeu-me: — Pode deixar, vou pedir também uma tomografia das coronárias com contraste. — Quando saiu o resultado desse exame, em nova consulta com esse novo cardiologista, ele me disse:

— O mapa, holter e o ergométrico deram resultados normais, mas a tomo mostrou um problema importante. — E explicou-me com detalhes.

Ou seja, eu caminhava para um enfarto. Ele entrou de imediato com algumas medicações, proibiu-me de fazer qualquer atividade física, nenhum esforço, e já solicitou um cateterismo.

Detalhe importante: nesse dia eu havia caminhado cinco quilômetros e tive os sintomas fortes, um perigo. Fui salva por Deus! No procedimento do cateterismo, houve a necessidade de colocação de stent (foi feita angioplastia). Conclusão: em oito meses saí da condição confortável, tranquila que o cardiologista anterior havia me dito, para condição de risco de vida com 90% de comprometimento da artéria principal, além do comprometimento de outras artérias. Pelo que pesquisei e em conversa com alguns médicos, para eu ter chegado ao estado que cheguei, certamente havia muito tempo que o problema tinha se instalado e se desenvolvido.

Por insegurança, medo, mas também para garantir um atendimento melhor, estou em paralelo fazendo acompanhamento com dois cardiologistas.

Hoje vivo uma nova realidade, com medicações específicas para o coração, mudanças de hábitos e restrições alimentares. O que posso dizer: "Agradeço muito a mim mesma pela minha inquietude, intuição, estudo e pesquisa sobre doenças com sintomas semelhantes aos que eu sentia, troca de médico e pedido para a realização de exames com maior precisão!"

Essa passagem me deu a convicção de que cada um de nós tem que ser o seu melhor médico, atento, que lê, pesquisa, instiga, questiona o(a) médico(a), pede exames diversificados. Que bom estar aqui para dar esse alerta a você, leitora e leitor (poderia não estar).

Em qualquer especialidade médica é preciso haver sensatez, interesse pelo paciente, ser um(a) verdadeiro(a) médico(a) e não apenas um(a) simples doutor(a). Até porque nem todos os médicos(as) possuem doutorado (embora sejam chamados de doutores).

Reforçando essa minha convicção: aconteceu em março de 2022, no estado de Rondônia. Meu irmão precisou de cirurgia para retirada de uma grande pedra na bexiga. Realizou todos os exames pré-cirúrgicos, conforme orientação médica, e já na mesa de cirurgia foi salvo pelo anestesista, que descobriu que ele não havia interrompido o uso de anticoagulantes (seu médico esqueceu-se de avisar). Detalhe importante: *procedimento particular!* Meu irmão poderia hoje não estar mais aqui por pura negligência e incompetência médica.

Não tenho dúvida de que, por razões dessa natureza, muitos pacientes morrem antes da hora, todos os dias! A única certeza que temos desta vida é que um dia partiremos para outro plano. O dia e a hora, não sabemos, mas é certo que erros médicos antecipam a ida de muita gente. Por isso, fique sempre alerta aos sinais de seu corpo: se cuide, se monitore, esteja atento, pesquise e lute por sua vida!

Quanto aos exames citados, que os resultados foram insuficientes. O que posso dizer? Para mim não deram resultados reais. Para que servem exatamente e qual é a função deles, não sei!

Acompanhe com atenção este próximo caso.

Final de 2012, minha vizinha descobriu que estava com câncer. Ela tinha excelente plano de saúde, e seu médico, considerado referência nessa especialidade, era chefe de equipe num hospital top nessa área, em São Paulo. O médico solicitou os exames pré-cirúrgicos e não lhe deu boas expectativas. A mulher ficou sem chão! Antes de fazer a cirurgia, resolveu buscar parecer de outros especialistas e, segundo outros especialistas, havia primeiramente outros caminhos e recursos como tentativas de cura.

Resultado: ela não realizou a cirurgia, fez tratamentos alternativos e está curada! (Não sei se teria ganho maior com a cirurgia tratando-se de um especialista consagrado).

No ano de 2020, meu amigo, no interior de São Paulo, por meio de seu plano de saúde, fez uma terceira tomografia para confirmação de nódulo para realização de cirurgia. Não houve cirurgia por duas razões básicas: a terceira tomografia apontava que o nódulo que deveria ser extirpado não era do lado direito e sim do lado esquerdo. E pelo tipo de nódulo não era necessário ser retirado. O médico solicita realização de um quarto exame para confirmação do lado certo do nódulo. Meu amigo se recusou e solicitou auditoria dos exames já realizados. Feita auditoria, foi constatado erro do último laudo, e finalmente veio a resposta com precisão, não havia nenhum nódulo do lado esquerdo, e não houve mesmo necessidade de cirurgia. Meu Deus! *Quantos erros sérios. É assustador!*

A partir do segundo semestre de 2021, minha tia, muito querida, ficou doente. Eu a ouvia reclamar de seu plano de saúde, do precário atendimento do hospital próprio do convênio, quando ela precisou ser internada. Ela alegava ser o atendimento de baixa qualidade, com médicos inexperientes, entre outras reclamações. Preocupei-me com ela e tentei ajudá-la na troca de seu plano de saúde, na busca por médicos e hospitais melhores.

Infelizmente, sua família mais próxima achou melhor ela dar continuidade onde estava (tentei argumentar, mas não fui ouvida). A saúde de minha tia foi piorando, sem nenhum diagnóstico. Ela não tinha apetite, se alimentava mal, perdia peso. Três meses se passaram sem os (diversos) "médicos" encontrarem a real doença ou doenças. Inadmissível! Em três meses foram quatro internações e nenhum diagnóstico.

Ela sofreu AVC e os médicos nem perceberam, durante dias. A partir disso, ela já não tinha mais domínio de nada. Voltou para casa, sofreu piora, retornou ao tal hospital, ficou por mais uma semana internada. Os médicos apenas suspeitavam de que ela tinha tido um AVC. Internaram-na na UTI para melhor monitoramento. A mim parecia que eram no máximo estudantes de medicina do primeiro ano e jamais médicos! Eles nunca sabiam de nada!

Na tarde em que antecedia a madrugada de seu falecimento, em fevereiro de 2022, foi gravada uma conversa do "médico" que estava de plantão com um filho dela. *Ele dizia que o estado de saúde dela era estável e, por isso, ele não via necessidade de mantê-la na UTI e a liberou para o quarto.*

Esse médico dizia que ela estava com anemia profunda e que havia solicitado três bolsas de sangue para ela. Porém, estavam demorando em fazer a transfusão porque eles ainda não sabiam o tipo sanguíneo dela. Veja os múltiplos absurdos! Embora com algumas internações no mesmo hospital, não tinham o diagnóstico nem sabiam o tipo sanguíneo dela, uma barbaridade! E seguem mais absurdos. Só depois de uma semana internada é que descobrem que ela estava anêmica? E, mesmo sem saber o tipo sanguíneo, o médico diz que pediu três bolsas de sangue para ela... *Mas antes de pedir o sangue para a transfusão, não deveriam ter checado o tipo sanguíneo dela? Esse sujeito tinha que ter o CRM cassado!*

Esses foram apenas alguns pontos da composição de tantos absurdos ditos pelo sujeito que dizia ser médico, conforme consta no áudio. A mim pareceu mais um charlatão, um impostor!

Nessa triste noite, minha tia sofreu piora, ficou roxa (não se sabe com precisão se ela recebeu ou não as tais bolsas de sangue), e cada médico tinha uma versão. Um verdadeiro show de horrores. Levaram-na com urgência para a UTI, foi entubada às pressas e faleceu na madrugada. Um caso típico de morte de paciente por falta de tratamento adequado, negligência e incompetência médica (falhas que certamente ocorrem corriqueiramente nesse e em tantos hospitais, como se fosse protocolo normal). Se somente eu reúno essas experiências, se fizermos uma pesquisa com a sociedade descobriremos índices alarmantes de diversas tragédias. *Um panorama triste, abusivo, irresponsável, assustador, desumano e cruel! E quem é que fiscaliza e aplica punições para essas barbáries?*

Quem não se lembra das muitas pessoas que ficaram cegas após passarem por mutirão de cirurgia de catarata? *Quantos responsáveis por essa tragédia foram punidos?*

Em 2018 uma pessoa a mim muito próxima e querida realizou uma cirurgia de grande porte num hospital público do estado de Rondônia. Ela ficou internada em estado grave, na UTI, por dois meses (boa parte desse período entubada).

Foi desenganada pelos médicos que conversavam claramente sobre seu estado de saúde ao lado dela, na UTI, sem nenhuma cerimônia, total falta de ética, de bom senso, sem nenhuma humanidade nem psicologia. Os médicos chegaram a afirmar certa noite para os filhos da paciente que ela não tinha mais chance, era caso perdido, que tentaram de tudo, mas que ela não ia resistir além daquela noite. Os filhos choravam compulsivamente ao lado da mãe, na UTI, que ouvia tudo, apavorada, desesperada, tentava dar sinal de vida, mas não conseguia!

A paciente me contou que naquele momento lutou com todas as suas forças e fé. Foram momentos de completo desespero! E como que por um milagre, no dia seguinte, ela acordou com seu estado de saúde inexplicavelmente melhor, saiu da UTI, e uma semana depois teve alta e segue viva e que assim continue (uma verdadeira bênção)!

Importante revelar aqui que nessa noite em que a paciente foi desenganada pelos médicos, seus filhos me avisaram completamente desesperados. Na hora segui até um Núcleo Espírita e pedi ajuda. Informei o nome da paciente e demais dados. Um grupo de médicos passistas, mensageiros do bem, do amor e da cura, fez oração, vibrações e energização.

No dia seguinte, logo cedo, seus filhos me ligaram para me darem a maravilhosa notícia de melhora da mãe. *Há muito acredito e defendo que* ciência e espiritualidade se completam e devem trabalhar juntas. Independente da religião, os poderes da espiritualidade, da oração e da fé curam.

Conheci duas mães infelizes devido a erros médicos: ambas deram à luz bebês fora do tempo (com atraso), por falha do hospital, no estado da Paraíba. Um bebê sofreu problema de oxigenação cerebral, perda de audição e tem dificuldade de aprendizado, mas segue vivo. O bebê da outra mãe nasceu com mais complicações, graves sequelas e faleceu logo após o nascimento.

Essas entre outras fatalidades ficam em boa parte na impunidade. As vítimas e família por falta de informação, conhecimento de seus direitos, sofrimento do momento, dificuldade de comprovar o crime, entre outros fatores, simplesmente se calam, sofrem e nada fazem.

Situações como essas e tantas outras acontecem no âmbito da saúde pública e privada diariamente e são abafadas, escondidas, não explicitadas (só vistas aos olhos de Deus).

Leio, acompanho, escuto e constato maravilhas sobre o substancial avanço da medicina. Entendo que quanto mais estudamos, maior conhecimento absorvemos, consequentemente aumenta a nossa competência e responsabilidade. Por isso não entendo essas barbáries!

Fala-se na atualidade sobre a medicina moderna que vê a doença, porém com foco maior na pessoa, que é a parte principal. Mas onde está sendo aplicada essa medicina?

Sabemos que o médico de família, aquele médico amigo da família do passado, que tratava de todas as especialidades de doenças e de todas as pessoas de uma mesma família, que conhecia cada um não apenas pelo nome, mas também pelo seu histórico de saúde, e o assistia da melhor forma, com companheirismo, carinho amizade e atenção, não existe mais! E o que temos hoje?

A prática da medicina preventiva é boa para o paciente, que recebe tratamento adequado e pode gozar de mais saúde; para o médico, que obtém gratificação profissional por realizar atendimento satisfatório, honrando seu juramento de Hipócrates; e certamente para os planos de saúde e o SUS, que não sofreriam altos custos futuros no tratamento de doenças diversas, em fase agravada ou avançada. Importante que os planos de saúde e SUS foquem nisso.

As complicações não param aí, vão muito além. Na área odontológica há também grandes erros sem punições. Há 22 anos minha amiga realizou uma cirurgia na gengiva superior, do lado esquerdo. O dentista garantiu que ela tinha bolsa gengival e a cirurgia era indispensável. Após a cirurgia, ela percebeu que seus dentes ficaram expostos sem a proteção da gengiva, que subiu demais, e seus dentes ficaram extremamente sensíveis a alimentos frios. Até o ar do inverno doía quando ela abria a boca. Ela precisou fazer enxerto de gengiva. Detalhe: era para ela fazer também a mesma cirurgia da gengiva do outro lado da boca, mas, claro, ela jamais fez (ainda bem), e nunca teve nenhum problema desse lado!

Ela reclamou com o dentista, que não admitiu seu erro, isentou-se completamente da responsabilidade e lhe deu respostas não convincentes, com vagas justificativas.

Os futuros dentistas a quem ela relatara o fato lhe diziam: — É complicado para mim, que não a examinei antes da cirurgia para opinar. — Assim como na medicina, na odontologia também se preserva o princípio da ética entre colegas de profissão e se estabelece a lei do silêncio. *Perdas e danos são sempre do paciente e família!*

Há sete anos um dentista extraiu o dente do siso da minha filha, mas quebrou o dente do lado. Não disse nada a ela no dia, restaurou o dente quebrado com resina e ela não percebeu, claro, acabava de extrair um dente e estava com a boca anestesiada.

Tempos depois a resina caiu. Ela, a princípio, achou que havia quebrado o dente comendo algo duro. Voltou ao dentista e ele acabou por revelar o ocorrido. Ela mudou de dentista. Com frequência, caía a resina, e novamente manutenção. Até que precisou fazer uma coroa definitiva para o dente danificado justamente por um dentista, profissional em quem confiamos e dele se espera verdadeiro cuidado com nossos dentes.

Erros médicos e odontológicos são inúmeros, mundo afora, sem punição! Reafirmo, se informe e verá! Quanto a nós, o que fazer? Não há receita mágica ou de precisão. Além da sorte e proteção que todos nós felizmente possuímos (temos que estar munidos de energia positiva e sempre atentos a tudo sobre nós), devemos explorar sobre o que temos e sentimos, pesquisar sintomas, reunir conhecimento, analisar se já temos diagnóstico ou não... Questionar o(a) médico(a), cobrar determinados exames, acompanhar resultados, buscar uma segunda, terceira ou quarta opinião médica.

Em caso de necessidade de internação ou cirurgia, ficar em alerta para, em conjunto com a família e o(a) médico(a) ou médicos(as), acompanhar todo trâmite. Sempre perguntar sobre o medicamento recebido, para que serve e por que preciso usar ou tomar.

Já vi paciente alérgico a uma determinada medicação. Quando o profissional da enfermagem vai ministrar-lhe o remédio proibido, o paciente é salvo porque perguntou qual medicamento ia tomar. Quando é lhe dito o nome do remédio, ele é salvo pelo "eu **não** *posso tomar esse medicamento"! Já informei isso por escrito. O seu* **não** *o salvou!*

Há um ditado popular que diz: "É o olho do dono que engorda o gado e o seu negócio". Ajude seu médico, diga a ele: "O olho que preciso operar é o direito ou o esquerdo, doutor; faça uma marca no meu olho, por favor, para não haver erro."

Eu disse exatamente isso quando operei meu olho, porque sei que esse erro de médico operar o olho errado já aconteceu com algumas pessoas.

Você vai se tornar um(a) chato(a), neurótico(a)? Vai! E daí? É esse comportamento que poderá protegê-lo(a) de danos e salvar a sua vida. Pode também não funcionar, mas você pelo menos tentou. A única certeza que temos desta vida é que um dia vamos partir. *Mas não queremos que ninguém antecipe a nossa partida, não é?*

Além do mais, temos a obrigação de nos cuidar bem e certamente não queremos sair de circulação antes do tempo, não é? Queremos viver mais e mais, não importa a nossa idade. Então, mãos à obra! Lute por sua vida!

Vale aqui uma importante ressalva. Existem bons médicos e médicas, que estudaram medicina por afinidade, identificação, amor à causa, que possuem desejo real de ajudar e curar pessoas. Que honram o juramento de Hipócrates e desempenham seu trabalho com paixão, comprometimento, amam o que fazem, e realmente fazem toda a diferença na vida de seus pacientes. Esses(as) médicos(as) podem ser encontrados! Torço para que você, sua família, eu e todos nós encontremos essas bênçãos para o bem de nossa saúde e nossa vida.

E não para por aí! Para termos saúde, envolve verdadeiros desafios e etapas preventivas fundamentais, desde atividade física e para o cérebro, bem como uma alimentação correta, dormir bem, beber muita água. Como diz o dito popular: "Somos o que comemos". Isso mesmo!

A alimentação também nos proporciona saúde ou doença e até morte. Por isso, precisamos saber o que comer, por que comer, quando, quanto, de que forma.

A comida pode ser remédio ou veneno (depende do que comemos), desde qualidade, quantidade, como é feita, se cozida, assada, frita, com qual tipo de gordura, quantidade de sal, tempero, tudo isso se soma e faz toda a diferença. Devemos conhecer os nutrientes, as propriedades, a potencialização dos alimentos, para consumi-los de forma equilibrada, como se fossem verdadeiros medicamentos, para não precisarmos de remédios. Para tanto, muitas vezes necessitamos de orientação de profissionais da área da saúde.

Tudo isso é muito complicado. Como falar de orientação alimentar e boa alimentação, quando boa parte das pessoas não tem o que comer e, muitas vezes, quando consegue comer, é apenas qualquer coisa, o que encontrou para matar a fome?

Meu desabafo tem o propósito de alertar você, leitora e leitor. Se sozinha reúno experiências e conhecimentos desses fatos reais, imagine no universo de cada pessoa? Pergunte para parentes e conhecidos, certamente ficará surpreso, admirado com inúmeras histórias.

Viver é literalmente um desafio diário que chega a ser até provocação, dependendo do grau de necessidade, precariedade e condições em que se vive! O importante é não desistir, persistir, não se revoltar, nem cair nos desvios, lute e siga no caminho do bem e creia na força Maior Divina! Asseguro vitória por experiência própria e de tantas pessoas, inclusive as aqui citadas.

A vida é um grande aprendizado, ora somos aprendizes, ora precisamos ser mestres.

Sejamos mestres de nossa saúde, da melhor forma possível, para sermos capazes de trabalhar e contribuir lado a lado com nossos mestres médicos e médicas, dentistas e tantos mais profissionais da área da saúde.

Aja sempre com fé em você, na sua vontade de viver e no ser superior em que você crê e que habita dentro de você.

Vamos ter fé e esperança, que todos nós vamos encontrar esses bons profissionais na área da saúde. E que encontremos esses bons médicos e médicas, independentemente de serem ou não doutores e doutoras, nos mais diversos lugares, tanto sofisticados como nos mais simples e modestos.

Boa sorte, saúde, longevidade e muita luz na sua vida!

IDADE É PROBLEMA? TENHO 98 ANOS, CONSEGUI ESSA DÁDIVA!

Meus 98 anos me ensinaram muito! Não reclamo jamais! Agradeço demais por permanecer por aqui lúcida e com saúde! E não vamos questionar a natureza, ou vamos?

Sabemos que a natureza é bela e sábia, como dizemos naturalmente. Mas, talvez, ela seja também ingrata, uma vez que nela está inserida a devastadora lei da gravidade, do envelhecimento físico e mental, das perdas e reduções dos sinais vitais, da queda do maravilhoso poder da sedução da beleza juvenil, que perdemos ou sentimos reduzir com as constatadas limitações que se sucedem ao longo dos anos.

E lá se vão a elasticidade, o colágeno, o ácido hialurônico e outras riquezas naturais da juventude, verdadeiras belezas, e quem viver determinada idade verá a diferença!

Aprendi que não vale a pena sofrer com isso. Não cometa os meus erros. Eu sofria a toda época, sem viver bem a minha idade do momento, e só lembrava daquela idade com saudade quando já era passado e pensava: "Como eu queria ter agora menos 20 anos ou dez anos". Viva bem e curta cada ano de sua vida, pois não há retorno.

Se chegou aonde eu cheguei, com saúde, é razão para agradecer, comemorar essa vitória e celebrar a vida com muita alegria! Evidente que você terá e sentirá efeitos e resultados das tantas alterações da ação do tempo. Sei bem do que estou falando porque já passei por todo esse temido processo.

Vou lhe contar um segredo: quando criança já tinha medo de envelhecer. Desde muito cedo o fantasma da idade já me assustava. Recordo-me que aos nove anos sofria porque estava prestes a completar dez. Isso mesmo! Mas eu era assim, sofria porque saía da casa da unidade para ingressar na casa da dezena e nunca mais retornaria à unidade.

Essa mudança tinha peso para mim, e por si só já me causava sofrimento. Mais tarde, ao completar 18 anos e também 21 anos, passei novamente por mais sofrimento dessa natureza. Ao mesmo tempo em que eu queria muito atingir a maior idade, que me emanciparia e me daria autoridade, liberdade de ação, me entristecia porque sabia que estava envelhecendo. Na sequência eu pensava: "Que bobagem, envelhecemos a cada segundo desde que nascemos!" Mas eu era assim!

Depois fiquei mal prestes a completar 30 anos porque saía definitivamente da casa dos 20. Posteriormente, ao completar 40, nova tortura porque entrava definitivamente para a casa dos "enta". Aos 50, nossa! Meio século de vida, achava muito tempo, e aos 60, então, foi horrível! Era a decretação de que estava idosa e entrava para nunca mais sair dessa categoria. Nessa fase eu me questionava e falava muito comigo e com meu corpo. Minha mente, muito ativa, não parava, mas às vezes o corpo não correspondia ao ritmo dela.

Como o ser humano é uma máquina, meu corpo não respondia na mesma velocidade de minha mente, que queria e exigia do corpo mais e mais. Isso me incomodava porque eu queria estar jovem de corpo e mente.

Aos 60 anos eu pensava como uma mulher de 30, 40, talvez. Buscava o equilíbrio de corpo e mente, até que fui obrigada a respeitar a idade do meu corpo, incompatível com a velocidade da minha mente jovem. Fiquei triste, mas superei com o tempo, aceitei e respeitei minha condição física. Mas me incomodava o fator idade e as transformações que meu corpo e rosto sofriam.

Ao mesmo tempo que eu queria viver muitos anos (adoro a vida), a longevidade me enchia de medo; medo das limitações que meu corpo e mente sofreriam, medo das costumeiras doenças da velhice, medo de me tornar dependente de alguma forma, medo da lei da gravidade, do desgaste do corpo, da face, de vivenciar tudo desmoronar, ficar feia e triste por me ver com esse pobre visual, e medo da rejeição das pessoas. Pensava que envelhecer não é fácil, e eu não me preparei para tanto.

Sempre fui vaidosa e ficava apavorada e triste ao me imaginar no futuro, velhinha, com o rosto todo enrugado, craquelado, pálpebras caídas, papadas de camadas no queixo duplo, rugas e cavidades aprofundadas na face, franzido intenso na testa e deformidade da pele. Além do tradicional bigode chinês acentuado, alongado até abaixo da boca, como marionete, que me fazia lembrar o terrível boneco Chucky, e nariz e orelhas maiores que antes.

Sim, orelhas e nariz crescem à medida que a pessoa envelhece, e, às vezes, eles até se alteram de formato. O corpo fica flácido, a coluna arcada, os reflexos e sentidos reduzidos, não exatamente aos 60, mais adiante. Mas, convenhamos, não dá para dizer "viva à velhice!" Eu não conseguia! Por todas essas mudanças, acreditava que ia me olhar no espelho e chorar muito por minha grande transformação. Chegava a desejar não querer ficar velha para não me ver assim.

Considerava que toda pessoa devia estacionar no aspecto físico e mental aos 30 anos, no máximo 40. No auge do esplendor da beleza! E, a partir daí, até morrer em qualquer idade, mesmo que bem avançada, sem sofrer mais nenhuma alteração da ação do tempo, no aspecto físico e mental, e assim se manteriam rosto e corpo jovens e bonitos até o fim.

Hoje, com a idade que conquistei, penso que, se eu tivesse tido na época que era jovem o entendimento que tenho da importância da vida e seus reais valores, certamente teria agido de forma mais correta comigo, com meu corpo e minha mente e teria vivido melhor. A começar pela cabeça boa que comandaria meu corpo, eu teria sido mais feliz com a minha realidade de cada idade, em cada época. Essa consciência, infelizmente, chegou para mim com muito atraso! *Pois é! A cabeça domina o corpo. A mente constrói e destrói, cura e mata!*

Por isso, é fundamental uma alimentação de boa qualidade, hábitos saudáveis para corpo e mente, como exercícios para o corpo e cérebro, bons pensamentos e sabedoria, sem se esquecer de alimentar bem o espírito, o que é fundamental!

Posso considerar-me uma mulher centenária e hoje agradeço por toda a sustentação do meu estado físico, mental e espiritual. Sei que fui e sou agraciada principalmente pela boa saúde de que gozo, por ter todo funcionamento normal dos meus órgãos, cabeça, corpo e mente, uma verdadeira bênção!

As pessoas de modo geral não acreditam que tenho a idade que alcancei. Acham-me bem mais jovem. E ainda me acham bonita! Claro que tenho muitas rugas, marcas de expressão intensas, bigode chinês acentuado, papada no pescoço, seios caídos, perda de massa muscular, coxas, barriga e braços flácidos, nádegas sumidas e cabelos brancos e ralos. Ainda assim não choro ao me olhar no espelho, nem sofro. Mas não sei se chorarei aos 100 ou 110 anos. Tenho uma amiga de 103 anos que está ótima. Espero chegar lá assim como ela, saudável e lúcida, que é de dar inveja!

Aos 98 anos o cabelo eu pinto, a bunda empino, a barriga eu contraio, braços e coxas eu cubro e a maquiagem continua a ser a melhor amiga da mulher. Ainda bem que tem também sutiãs e calcinhas com enchimento! Brincadeiras à parte, não faço mais nada disso, me assumi como sou e estou, mas já fiz tudo isso!

Quando atingimos uma determinada idade e estágio da nossa vida, não dá mais para suportar disfarces e nada mais nos resta senão assumirmos o que nos tornamos e somos. É o que temos para oferecer de melhor e dizer com orgulho: "Cheguei até aqui com boa saúde, lúcida e bonita". Nessa idade temos muito a oferecer, porém, em outros âmbitos de magnitude!

Nessa fase, a matéria não nos prende nem tem importância. Valorizamos mais a espiritualidade. Fazemos uma autorreflexão sobre tudo o que realizamos, aprendemos, sobre aquilo que nos tornamos e o que ainda podemos fazer para evoluirmos e estarmos prontos antes da partida para o plano maior.

Já temos idade mais do que suficiente para termos aprendido que desse mundo nada levamos e sabemos que aqui estamos apenas de passagem. Uma passagem temporária que, às vezes, tem vida longa, como é o caso da minha vida. Por alguma razão o Criador considerou que minha missão ainda não acabou, por isso, aqui permaneço. Ou, quem sabe, Ele esteja me dando a chance de aprender o que ainda não aprendi nesses anos todos. Creio que eu precise melhorar ainda como ser humano para poder partir e retornar à minha origem. Enquanto isso eu tento e busco me elevar.

Contudo, me impressiono com as pessoas ainda jovens que dizem não ter medo algum de envelhecer. Apenas considero precoce esse ponto de vista. Mas se for genuinamente verdadeira, parabéns, vocês estão mais evoluídas que eu e muita gente!

Admiro as pessoas já bem idosas (como eu ou até com mais idade), bem transformadas pela ação do tempo, porém, bem resolvidas. Que assumiram com louvor seu novo arquétipo, que se orgulham de fato de estarem remodeladas fisicamente e interiormente. Vivem felizes, desfrutam desse estágio e dizem ter atingido com dignidade e nobreza o seu apogeu. Consideram cada ruga não apenas marcas do tempo, mas sim como provas do quanto puderam viver, que reúnem vasto conhecimento armazenado, da sabedoria adquirida, e vivem felizes com essa conquista. Orgulham-se de tudo isso alcançado, se consideram prontas para o dia da passagem, porque tiveram a sabedoria e prepararam-se para esse momento. Isso deve ser realmente maravilhoso! Eu quero chegar a esse estágio!

Veja que interessante! Essas pessoas, embora estejam a cada dia mais próximas da partida, não têm medo nem sofrem com isso, porque se prepararam. Refiro-me ao preparo da alma, do espírito. Elas se sentem prontas para partir para outra dimensão quando chegar o momento. A todas essas pessoas, eu realmente as parabenizo de coração, porque são heroínas, entenderam e aceitaram o seu papel evolutivo nessa temporada terrestre e cumpriram sua missão com eficácia, sabedoria e estão prontas. Estar pronta para a partida faz toda a diferença! Eu continuo com medo de partir. Creio ainda não estar pronta para a passagem de plano.

Acredito que o Pai Maior, poderoso e bondoso como é, tem conhecimento dessa minha limitação e está me oferecendo a oportunidade para eu alcançar essa bênção. E assim seguirei nessa busca e hei de atingi-la.

Tenho uma amiga de 88 anos que sofre muito com a transformação natural da ação do tempo, e me disse ter inveja das pessoas jovens. Deseja e faria qualquer coisa para voltar no tempo. Também morre de medo de partir, e a cada dia ela pensa ser seu último dia. Vive com ideia fixa nisso, diz para si mesma: "Posso partir a qualquer momento porque, se não fui quando jovem, na minha idade não escaparei." E com isso minha amiga sofre diariamente e sabe que morrerá infeliz.

A longevidade pode ser assustadora para quem não está preparado para viver tanto!

Hoje, com o avanço da ciência e da medicina, a pessoa pode viver mais e se manter física e psicologicamente melhor. Se a pessoa jovem se alimenta de nutrição saudável para o corpo e a mente, não tem sérios vícios, dorme as horas necessárias, respeitando seu metabolismo, pratica atividade física, entre outros cuidados, ela pode envelhecer de forma espetacular, bem diferente do que acontecia há tempos. Observe o disparate que vivi!

Na época de minha juventude, mas também num passado não tão distante, era bonito fumar. A mídia estimulava as pessoas a fumarem. A TV mostrava diariamente propagandas de cigarro. Eram lindos comerciais com grupos de jovens e adultos, todos bonitos e felizes, fumando! Abordavam o bem-estar desses fumantes apreciando a vida ao lado de carrões, iates, belos lugares e gente bonita de aspecto saudável (todas fumando).

Fui fumante durante anos e sei como é difícil largar o vício. Naquela época fumar simbolizava saber aproveitar a vida e viver bem. Era também considerada uma atitude inteligente, como ficou eternizada em uma propaganda de cigarro, protagonizada pelo ex-jogador de futebol Gerson, ao divulgar que fumava determinada marca de cigarro. "Você também gosta de levar vantagem em tudo, certo?"

A frase se imortalizou e se consolidou como lei de Gerson até hoje.

Lembro-me de meu tio, quando, na ocasião de toda aquela alienação pelo cigarro, comprou um kit de cigarros contendo isqueiro, porta-cigarros, piteiras e presenteou minha tia (que não fumava). Mas ele achava bonito e queria que a esposa aderisse ao vício.

Atitude inconcebível, não é? Veja o que são valores, hábitos, costumes ou alienação de uma época. Naquele tempo não havia recomendação médica que orientasse as pessoas sobre os perigos, as doenças e os riscos do tabagismo. O que me leva a crer que a medicina daquela época não tinha ainda descoberto os malefícios do cigarro. Até em filmes se mostravam pacientes em leitos de hospital, em convalescência e fumando. Os médicos atendiam os pacientes também fumando. Você poderá comprovar isso em filmes bem antigos.

Os fumantes eram milhares e em número crescente. Aqueles "inocentes fumantes iludidos" se achavam felizes e atribuíam aquela ilusória felicidade ao cigarro. E só mais tarde o cigarro mandou a conta para diversos deles pagarem, e o preço foi bem alto para muitos!

Havia também na mesma época muita propaganda de bebida alcoólica. Isso permanece até hoje e não entendo! A bebida é outra grande vilã da saúde, que destrói quem bebe e também sua família! No entanto, a mídia continua a estimular o consumo de bebidas alcoólicas e a lei creio que assim permite. Como se não bastasse, inúmeros consumidores de álcool, sem nenhuma sensatez e responsabilidade, após beberem, dirigem seus carros e provocam graves acidentes e mortes. Tiram vidas de inocentes ou os deixam paraplégicos, entre outras graves sequelas. Os índices dessas fatalidades são altíssimos; no meu ponto de vista, vem comprovar que infelizmente as leis vigentes não são eficazes.

Há muitos anos, eu ainda fumante, fazia anualmente check-up e, em consulta com uma pneumologista, ela me disse: — A senhora fuma tão pouco, por que não para de fumar? — Eu, viciada, alienada, respondi-lhe rindo: — Fumo pouco justamente para não parar, doutora. — Ela argumentou: — Em minha opinião a senhora não é uma dependente química, é apenas uma dependente psicológica. –Perguntei-lhe: — E qual das duas dependências é mais fácil de deixar, doutora? — Ela não soube me responder!

Os tempos mudaram, houve grandes melhorias para muitas coisas. As informações nos chegam com facilidade, adquirimos consciência de tantas questões importantes e necessárias para a nossa vida e nossa saúde, que veio com o avanço da ciência, da medicina, da tecnologia de grande acesso à informação. Dessa forma, hoje é muito mais fácil uma pessoa bem-informada se conscientizar para fazer melhores escolhas. Mas, voltando ao tema idade, observe: *Na "maior idade plena", que normalmente é denominada para jovens no Brasil e em alguns países ao atingir 21 anos, aqui está batizada por mim de melhor idade.*

E por que defendo essa terminologia? Considero que a idade de 21 anos é a melhor idade mesmo. Nessa idade, a pessoa é jovem, adquiriu todos os direitos de ir e vir, tem plenos poderes para fazer o que quiser, está com tudo em cima; corpo e mente com vasta energia, tem a beleza jovial na sua plenitude; tem um mundo pela frente para desfrutar e conquistar. Geralmente já concluiu a faculdade ou está prestes a concluí-la, já trabalha, ou não, está repleta de expectativas de vida para o agora e para o futuro, com sonhos, anseios e pronta para abraçar a vida. *Por todas essas constatações maravilhosas, acho justo chamar essa fase de melhor idade. Quanto às pessoas maduras, consideradas de meia-idade aos 50 anos, ouso aqui aplicar a denominação maior idade, conforme justificarei a seguir.*

Meio século de vida, 50 anos, matematicamente é maior que 21 anos. Com a maturidade da idade, aqui por mim chamada de maior idade, a partir de 50 anos, a pessoa adquire de fato maior grau de compreensão, percepção, tolerância, conhecimento, resiliência, ponderação e experiência, entre outras tantas virtudes.

Todas essas belezas armazenadas ao longo da vida, desde vida pessoal, intelectual, profissional, espiritual e familiar, com elevada vivência somada às experiências e conectadas a vasta habilidade da vida, autoconfiança, *feeling*, intuição, malícia, autoconhecimento, melhor gerenciamento das emoções e consequentemente maior equilíbrio emocional nos relacionamentos, entre tantas outras qualidades e virtudes de grande importância, que só quem viveu essas experiências na escola da vida, que é de valiosíssimo aprendizado, entenderá bem esse contexto.

Quem ainda não chegou a essa idade tomara que chegue! Infelizmente, boa parte das pessoas que já chegaram aos 50 anos ou mais enfrenta sérios problemas, que afetam profundamente sua saúde, em decorrência da desvalorização, etarismo e tantas complicações diversas, entre elas a dificuldade financeira, que provoca e desencadeia inúmeras doenças mentais e físicas. Eu felizmente superei também essa fase, senão já teria partido.

A idade também nos revela um triste cenário do século XXI, em que os conceitos de beleza na nossa sociedade estão correlacionados à juventude. Muito bem explícito na mídia, nas propagandas de venda de vários produtos e serviços.

Os idosos aparecem nas propagandas timidamente, apenas nas vendas de planos de saúde, dentadura, fixador de dentadura, casas de repouso, fraldas geriátricas e jazigo. Que maldade!

Enterram o idoso antecipadamente. Pergunto:

Os cinquentenários, sexagenários, septuagenários e demais idosos com mais idade não fazem parte do consumo de tantos outros produtos?

A própria mídia propaga tanto a questão da inclusão social e da diversidade como um direito de todos, mas na prática poucos as praticam.

Claro que esse preconceito não se restringe apenas à categoria da idade mais avançada, o terrível etarismo. Sabemos que as pessoas PcDs, gordas, negras, LGBTQIA+, entre outras, também sofrem discriminações! E, para disfarçar preconceitos, esporadicamente encaixam pessoas desses grupos, consideradas pelas convenções impostas marginalizadas e invisíveis, como figurantes.

Santa ingenuidade de minha parte, quando fiquei sem minhas empresas aos meus 55 anos. Eu tinha algumas lojas que não sobreviveram às tantas crises que se sucederam ao longo dos anos. E não havia considerado, em hipótese alguma, a possibilidade de que a minha idade, na época, seria um problema que me custaria tão caro. Pensava que seria até mais fácil me reerguer porque era experiente e armazenava conhecimentos de mercado, amizade com muitos do mundo empresarial, tinha *know how* etc. Mas me enganei completamente!

Importante dizer que o quesito idade atinge também o homem, claro! Mas o preconceito e a discriminação seguem imperantes e severos contra a mulher.

Retornar ao mercado de trabalho? Por parte do contratante vem logo a dúvida: "O que essa pessoa mais velha fará que uma mais jovem não possa fazer? Nossa empresa é composta de jovens, logo, alguém com mais idade vai destoar tanto que nem ela própria irá sentir-se bem." Acredite! Escutei muito isso e sei que o mercado de trabalho permanece assim, porque tenho contatos com profissionais atuantes, que ocupam cargos de chefia, que me revelam isso. Também conheço pessoas na faixa dos 50 anos vivendo hoje o que vivi lá atrás.

Tenho esperança de que o atual movimento de inclusão social e diversidade faça valer seu propósito, absorva esses vulneráveis, que não seja modismo passageiro, se firme e ganhe espaço tão necessário.

Há também o preconceito contra o ex-empresário. Muitos pensam: "Essa pessoa está habituada a liderar, ordenar e não vai acatar ser subalterna. Está cheia de vícios de patrão, não vai mudar e não dará certo". Outros vão além: "Se fracassou na própria empresa, na empresa dos outros fará pior". É sério! Uma tremenda falta de sensibilidade e excesso de preconceitos de ordens diversas são fatores inibidores de contratação do ex-empresário!

O empregador também considera que após os 50 anos as pessoas estão mais lentas e com menos energia, que não produzem como os jovens. Muito triste esse pensamento. E se misturam preconceitos e receios, fatores altamente determinantes para dificultar ou barrar a contratação do cinquentenário ou com mais idade. Essa é uma triste realidade! *Acredite, tem empresa que atualmente já veta a admissão de pessoas a partir dos 40 anos!*

Na minha época de trabalhadora, após tantas tentativas sem êxito, busquei alternativas, inclusive em empresas pequenas, de pequeno porte, de bairro, nas quais apostei que as exigências e os preconceitos seriam menores.

Fui por iniciativa própria a um *buffet* próximo de minha casa e a gerente tinha a minha idade. Fiquei feliz e pensei: "Creio que aqui terei possibilidade de ingressar". Pura ingenuidade! A gerente trabalhava lá desde muito jovem. Disse ter adorado meu currículo e a mim, mas só tinha vaga de vendedora e, pela minha experiência, ela não poderia me contratar como vendedora porque o cargo não estaria à minha altura. Argumentei não me importar, mas ela foi irredutível e afirmava que não podia mesmo me contratar!

Passei a apresentar meu currículo para lojinhas do meu bairro, candidatava-me para muitas delas e nada. Resolvi simplificar meu currículo, apenas com minhas qualificações e experiências para vagas de "N" perfis, básicos, simples, para principiantes em início de carreira, e mesmo assim não me chamavam.

Eu estava disposta a abraçar a oportunidade que surgisse, mas não surgia. Tirei a idade do currículo, me chamavam, eu chegava até a entrevista, mas não evoluía.

Tive outra experiência quando fui entrevistada por uma gerente de loja também do meu bairro. Ela me disse: — Minha loja só comporta uma gerente, que sou eu. Estou precisando de vendedora e não de uma pessoa com o seu conhecimento. Desculpe, mas infelizmente não posso contratá-la. — Nem quis ouvir minhas argumentações.

Mais adiante, participava de um processo seletivo para gerente de loja. Na entrevista de trabalho a gerente de uma grande rede perguntou-me: — Você tem disponibilidade para trabalhar de segunda a sábado? — Respondi-lhe que sim! Em seguida, ela perguntou-me se eu poderia, às vezes, durante a semana, ficar até mais tarde, e eu novamente lhe respondi que sim. Ainda me perguntou se, por acaso, eu fosse aprovada, eu poderia comparecer no dia seguinte para o treinamento, e eu também lhe dei resposta positiva. A gerente demonstrava ter gostado de mim. Confirmou meus telefones, dizia que me ligaria no final daquele dia.

Terminada a nossa conversa, fui ao toalete. Quando saía do toalete, escutei-a conversando com alguém na sala ao lado. A porta estava entreaberta e escutei claramente a conversa. Ela dizia: — Eu até gostei dela. — A pessoa com quem ela conversava indagou-lhe: — Da tiazinha? — que era eu, claro! A gerente lhe respondeu: — Que tiazinha nada, amiga, ela está muito bem, viu. — Ela continuou: — Até pensei em contratá-la, mas não farei isso por receio. Talvez o patrão goste dela mais que de mim, e aí posso perder meu lugar. Afinal essa coroa tem ótimo currículo, reúne conhecimentos, experiência, ótima desenvoltura e tem a disponibilidade que não tenho por ter filho pequeno. Essas coroas são perigosas para nós jovens, pode apostar.

Decidiu não me contratar por insegurança. Na hora fiquei abismada! Por um instante pensei em dizer a ela que havia escutado tudo, mas não quis me estressar, considerei que não valia a pena e fui embora. Concluí que, se ela soubesse que ouvi a conversa, por medo e constrangimento até poderia me contratar. Poderia admitir-me na tentativa de reparar seu erro, com receio de complicação maior de seu preconceito. Mas, uma vez que para ela eu representava perigo e ameaça, ia se livrar de mim a qualquer momento, arrumaria uma desculpa. Entendi que não valia a pena ingressar num lugar para trabalhar com uma pessoa que de pronto já me mirava e eu era carta marcada.

Há muito jovem atuando no mercado de trabalho que pensa assim: "Esses coroas já tiveram a sua vez, devem se aposentar. Agora é a vez dos mais jovens!" Você percebe? Mas é ele quem agora está no comando, na ativa e dá as cartas. Como dá para reverter isso?

Por outro lado, convenhamos, o jovem de comando atual até estaria com a razão se o nosso sistema previdenciário fosse justo com quem precisa e merece se aposentar. E com quem está aposentado. Infelizmente esse nosso sistema é injusto e desonesto no que diz respeito às regras da previdência para aposentadoria, no passado e atualmente! Ainda bem que me aposentei bem antes dessa maior roubalheira. Enxergo o modelo atual como um estímulo à população para a bandidagem, uma vez que o trabalhador não é respeitado, nem reconhecido, é explorado e roubado. Triste realidade que me deixa revoltada!

E, à medida que eu percebia as dificuldades para retornar ao mercado de trabalho, ia reduzindo meu grau de exigência, excluindo qualificações e experiência do meu currículo.

O sistema da época era mesmo complicado, e percebo que continua assim ou talvez pior. *O problema é que nem todo cinquentenário quer ou pode aposentar-se e não mais trabalhar, pela razão básica de precisar de sustentação financeira para se manter e, muitas vezes, também ajudar a sua família!*

Nos dias atuais está difícil para a pessoa se aposentar, e quem está aposentada ganha valor irrisório, precisando continuar a trabalhar, mas não consegue emprego! Resumindo: todos, jovens e adultos de qualquer idade ou gênero, necessitam de trabalho, de dinheiro e condições dignas para se manter vivo, mas não tem trabalho para todos que precisam! O que fazer?

Sabemos que o trabalho dignifica o ser humano! Precisamos de dignidade. Onde buscá-la?

O filme *Um senhor estagiário*[54], protagonizado pelo excelente ator *Robert De Niro*, é muito interessante e retrata bem o valor do profissional idoso. Mostra como a pessoa idosa oferece forte potencial e competência, que pode contribuir com o crescimento das empresas, das pessoas, em especial dos profissionais mais jovens! O filme mostra bem essa realidade na qual vale a pena se espelhar.

Mas o profissional idoso não é bem-vindo nem aceito pelo mercado de trabalho moderno, formado por novos conceitos de cultura? *Modelo moderno mesmo? Mas que modelo de cultura temos ou buscamos atingir? Conceitos de cultura? Que cultura é essa?*

Considero contracultura ou distorção dela! São conceitos alicerçados no preconceito e na injustiça. Penso que há certos tipos de cultura que não passam de extrema estupidez e ignorância (de cultura só carrega indevidamente o nome)! Importante salientar que o problema de idade atinge evidentemente ambos os sexos! Enfatizado aqui o sexo feminino, por essa história retratar a passagem de vida de uma mulher, a minha história! *Mas também por questões comprovadas no mundo corporativo (grande incidência do imperialismo do machismo)!*

---

[54] O SENHOR estagiário. Direção: Nancy Meyers. Produção: Nancy Meyers, Suzanne Farwell. Estados Unidos: Warner Bros. Pictures, 2015. Filme.

A mulher enfrenta ainda maiores dificuldades. Em algumas regiões do mundo há muitas disparidades nas empresas entre homens e mulheres, por exemplo, salário inferior ao do homem em cargos semelhantes, preferência na contratação de homens, entre outras práticas de injustiça e machismo!

Quanto ao etarismo, ironias à parte, uma vez que o Brasil caminha para um alto índice da chamada "terceira idade" ou "maior idade", conforme chamei aqui essa fase da vida. Acho justo classificar assim, simbolizando também a palavra maior em comunhão com a idade, mas também no sentido de maestria, grandeza pela vasta vivência, pelos anos a mais de luta, experiências, fracassos e conquistas. Pelas alegrias e tristezas, choros, lágrimas e glórias, mas principalmente por alcançar essa idade, à qual não é fácil chegar diante das tantas dificuldades! Sem mencionar as muitas doenças, antigas e as novas que surgem, elevado índice de violência, desequilíbrio socioeconômico e terrestre, destruição da natureza, descasos etc.

Muitos desses cinquentenários e idosos de mais idade passaram e passam por privações, fome e frio, violência física e moral, entre outros sofrimentos, e sobrevivem. Dessa forma, só posso parabenizar esses tantos heróis e heroínas! Eles(as) driblaram tudo isso, mas principalmente persistem na luta e driblam a doença da cegueira dos responsáveis pelo catastrófico panorama! Logo, podemos imaginar a quantidade de espinhos e feridas que esses(as) bravos(as) cinquentenários(as) ou mais, verdadeiros(as) guerreiros(as), tiveram que enfrentar. Talvez essa seja a sua maior conquista, pois, com todos esses fatores existentes no mundo e ainda assim atingir o cinquentenário ou mais, são literalmente vencedores(as), e pelo grande desafio e superação merecem todo o nosso respeito!

Essas considerações são extensivas a todos(as) que acabam de atingir ou já ultrapassaram os seus 50 anos de vida!

Ao refletir sobre as citações expostas, estar vivo, fazer parte deste mundo, a partir de determinadas idades, é heroísmo, é hora extra, é lucro, é milagre! É também ousar, atrever-se a desafiar o tempo e a vida, mas seguramente é vencer! Há também quem diga ser sinônimo de sorte ou pura punição, dependendo de como se viva!

Teremos grande contingente de pessoas mais velhas, talvez "aposentadas", nos próximos anos. Muitas com plena condição de desempenho produtivo, porém sem trabalho ou fonte de renda, proibidas de produzir, e que viverão de miseráveis migalhas! Quanto ao fator experiência? Poucas empresas valorizam essa capacidade técnica e humana desses cinquentenários ou de mais idade!

Creio que o mais viável para o mundo corporativo seja o equilíbrio de profissionais jovens, com recente formação acadêmica, atualizados, cheios de energia e gás, porém sem nenhuma ou pouca experiência, poder produzir, se capacitar tecnicamente, lado a lado com profissionais veteranos de vasta experiência, os(as) idosos(as) com devidas condições são o modelo ideal!

Essas pessoas viveram anos e anos de sua vida trabalhando em tantas áreas, sabem praticar suas atividades com eficácia, possuem plenas condições de ensinar e trocar informação com o novo profissional. Reúnem maturidade, equilíbrio emocional e melhor gerenciamento de conflitos.

Muitas delas são verdadeiros(as) conselheiros(as) de profissionais jovens, como mostrado no filme mencionado. Por outro lado, vem a séria questão: *"Se até para os jovens o emprego é deficitário, escasso, para quem já passou dos 50 anos, então, não terá chance mesmo, não é?"*

Você percebe que a conta nunca fecha? Pergunto: temos algum projeto de lei para mudança desse cenário? Se existe, é efêmero, não divulgado porque não sabemos. Será que haverá conserto para esse desmantelamento? Vamos promover alguma mudança? Você, de qualquer gênero ou idade, abrace essa causa!

Apesar de os meus 98 anos terem visto múltiplas desordens, abusos, descasos, violências, preconceitos, desamor, guerras, eu continuo a acreditar que a humanidade ainda tem cura. Não me tornei amarga nem infeliz sem esperança. Também vi e vejo muita beleza e amor por parte de muitas pessoas e quero viver mais!

Essa é apenas uma simples história de uma senhora de 98 anos que viveu muito, e tudo o que humildemente espera com essa contação de sua história é contribuir de alguma forma para mudanças que beneficiem quem necessita de oportunidade hoje e no futuro.

Viva a inclusão social, viva a diversidade, viva a pluralidade, viva linguagem inclusiva e a união... Mas confesso que partirei desta vida triste e frustrada por nunca ter vivenciado a DEMOCRACIA tão sonhada!

Alguém já disse e reafirmo: sozinhos(as) somos pétalas, mas juntos(as) somos flores! Então vamos construir um belo e infinito jardim?

Espero somar e corroborar com a minha história de quase um século de vida para dias melhores... Muita luz da sabedoria para você!

LEI DA ATRAÇÃO, FÍSICA QUÂNTICA E AGRADECIMENTO ANTECIPADO COMO PROVA DE FÉ!

Elá estava eu, Joana Valente. Com esse nome eu tinha que mostrar muita valentia mesmo, não é? Agora que é passado até dá para rir, mas na época sofri e chorei muito! Não é fácil ser forte o tempo todo por uma vida inteira, principalmente quando estamos atravessando fases turbulentas de grande provação. Não sou de ferro! Sou humana, sou falha e, às vezes, sou fraca, sim, me dou esse direito, pois não sou robô!

O exercício de fazer a mente se manter fértil, alegre, positiva e confiante plenamente não é tarefa fácil, e raramente se chega ao alcance das 24 horas consecutivas necessárias. Quem consegue?

O poder do subconsciente é faraônico, ele salva e mata. Nossos pensamentos oscilam, muitas vezes, de bons a ruins, e aí a confusão está lançada! Até resgatar o equilíbrio ideal é uma verdadeira batalha.

Aos 46 anos fiquei viúva e sozinha! Meus pais já eram falecidos, e minha única irmã faleceu num acidente de carro aos 20 anos de idade. Meu falecido marido era filho único, e seus pais também eram falecidos. Não tivemos filhos e meu único parente era um tio, irmão de minha mãe, que também faleceu.

Durante sete anos eu e meu esposo tentamos adotar uma criança. Foram muitas as tentativas para a adoção por longos anos. Tempos depois nos apresentaram uma garota já crescida e quisemos adotá-la. Mas, devido às múltiplas exigências, excesso de burocracia, à lentidão dos trâmites de adoção e a nossa constante expectativa frustrada, desistimos!

 Tempos depois meu marido faleceu! Infelizmente fiquei mesmo só e não tive coragem de sozinha tentar nova adoção e passar por tudo novamente! O sistema de adoção brasileiro parece não querer liberar o processo de adoção, nem se importar com as crianças órfãs. Acompanhei algumas pessoas que tentaram adotar, mas a demora fê-las desistir. E, por isso, muitos adotam fora do país. Triste realidade! Buscar lá fora o que temos, infelizmente, com fartura em casa.

 A criança pela qual lutamos para adotar cresceu, fugiu do orfanato aos 14 anos, engravidou e entregou o filho para adoção no mesmo orfanato e sumiu no mundo. Uma pena irreparável. É esse o panorama que pessoas de bem encontram em suas tentativas de adoção, enquanto milhares de crianças precisam, sonham e esperam ganhar uma mãe, um pai, uma família e um lar.

 Um casal amigo, em 2022, adotou uma criança de Serra Leoa, na África ocidental. Atravessaram o mundo para buscar a criança, o filho que tanto desejavam, após esperarem por anos na fila da adoção brasileira.

 Acompanhei um casal de homens gays que adotou uma criança que ninguém queria, devido à sua condição especial. O casal que adotou possui condição financeira e também muito amor no coração. Oferece os melhores tratamentos e a criança tem tido ótima evolução em seu estado de saúde! Anos depois, esse casal, feliz como pais, resolve adotar uma segunda criança. Após anos na fila de espera, mais uma vez, adotou um menino de sete anos, em 2020. A família havia crescido. Todos felizes, viviam em harmonia, quando a mãe biológica, que havia dado seu filho ao orfanato, se arrepende e quer a criança de volta. Essa mãe consegue reaver a guarda da criança e os pais adotivos tiveram que abrir mão desse filho.

 A criança havia ficado no novo lar por oito meses, quando foi entregue para a mãe biológica. Na ocasião o menino estava com oito anos. O sofrimento do casal e da criança foi enorme. Já tinham formado vínculo familiar, e o menino pela primeira vez desfrutava de um verdadeiro lar com amor, carinho e cuidados (mas foi dado à criança o caminho incerto)!

Voltou para a mãe biológica, que possui situação socioeconômica carente, além de ter no passado entregado o filho para adoção. Esse *precedente da lei de adoção brasileira causa insegurança para quem deseja adotar (além da morosidade).*

Os pais adotivos tiveram receio de brigar na justiça e no futuro a criança conhecer a história e se revoltar contra eles. Esse casal é muito especial mesmo! Fiquei comovida e lamentei!

Quanto a mim, hoje eu teria a companhia daquela filha, teria lhe dado um futuro melhor, creio que eu, meu marido e a garota teríamos sido uma família feliz! Hoje teríamos uma à outra, e talvez eu não tivesse sofrido tanto de instabilidade emocional e solidão. E continua o crescente índice de criança órfã, enquanto vigora o sistema frio, moroso, burocrático!

A solidão não é boa companheira! Mas não pensei em me casar novamente, porque fui tão feliz em meu casamento que acredito não ter a mesma sorte duas vezes. A maioria das pessoas não tem essa chance nenhuma vez! Sonho com meu falecido marido me dizendo: "Joana, encontre um bom homem e se case, seja feliz!" Nem penso nisso. Entendo que já tive a minha cota de felicidade conjugal.

Possuía considerável patrimônio, mas meu contador desonesto me roubou e tento reverter há tempos a situação na justiça. Subi e desci as escadas da vida tantas vezes que conheço bem essa gangorra. Quem poderia me ajudar não se encontra mais aqui.

Havia dias que ficava demasiadamente triste, em profunda solidão. Sentia-me sozinha, não querida, uma pessoa que não fazia falta a ninguém! Essa tristeza, acompanhada da preocupação pela minha situação econômica, me deixava ainda pior, numa solidão tão invasora, asfixiante, completamente no fundo do poço, abandonada e me definhando.

Procurava pessoas que eu considerava amigas, na tentativa de vender a elas algumas de minhas obras, e me decepcionava. Entendia que, muitas vezes, "certos amigos" tendem a desvalorizar o que fazemos, que olham, mas não enxergam real valor em nós, apenas veem com olhar de reprovação e preconceito. Não entendo. Pensava: "Seria inveja? Ao invés de apreciarem a minha arte, me estimularem, ajudarem, parecem procurar, cavar até achar algo errado... Parecem torcer contra!" Era como se precisassem encontrar defeitos para invalidar meu trabalho! Impressionante, mas há pessoas que agem assim, e, claro, não as vejo mais como amigas!

Passei por terríveis momentos em que minha cabeça não suportava mais tantos bombardeios. Nessa fase, estava impotente, cansada de tanto tentar me manter viva, com sérias dificuldades para seguir adiante. Precisava renovar minhas energias, mas com frequência meus pensamentos eram inundados de sentimento de impotência e desejo de partir desta vida como tábua de salvação. Desejava me encontrar noutra dimensão, apesar do medo do desconhecido. Essa tormenta, excessivamente apavorante, pesada e duradoura, me tirava a força para qualquer nova tentativa. Só enxergava partir desta vida e chegava novamente a pedir a Deus para levar-me o quanto antes para outra esfera.

Era uma fase de grande fragilidade, movida por baixa energia negativa, em que meu campo energético só atraía frequência compatível com minha baixa irradiação de pouca fé!

Na minha caminhada recebi centenas de lambadas; andava calejada e sem qualquer boa perspectiva. Via-me impossibilitada de sonhar ou esperar algo de bom me acontecer. Parecia que nada mais de ruim me surpreendia, e eu já ficava à espera de coisas ruins, interpretava que não tinha mais direitos aos bons acontecimentos. Portanto, sem nenhum acesso a eles. Estava na obscuridade, achava que nada de bom me pertencia e jamais me aconteceria de novo, apenas fazia parte de um lindo passado. *Eu havia ingressado num estágio de energia negativa tão intensa, de campo vibratório tão baixo, de alto perigo!*

Sabemos que a nossa mente é poderosa, o poder do subconsciente é fantástico e realizador! Nossa mente, tão grandiosa como é, pode curar ou matar. Consequentemente nosso emocional se mantém ou não equilibrado, se eleva ou afunda conforme o que vivemos, pensamos, sentimos, cremos, intencionamos ou praticamos. Dessa forma nossos comandos impulsionam para sua elevação ou declínio.

Naquela etapa da minha vida eu estava desprotegida, era como um imã que atraía tudo de ruim. *Não me blindei, fiquei desamparada, era uma esponja sem nenhuma proteção (abri campo e escancarei as portas para tantas moléstias).*

Era mesmo de se esperar por mais más notícias. E assim passei a receber mais e mais notícias ruins. Aborrecida e incapacitada de resolver, novamente pedia a Deus para me levar.

Esse arsenal desordenado em minha cabeça me prejudicava, afetando minha saúde em todos os sentidos. Desde a saúde física, mental, emocional e espiritual, alinhadas ao intenso sentimento de perda da minha dignidade e liberdade. Via-me atrofiada, acorrentada!

Infelizmente a parte material conta muito neste mundo materialista, em que tudo tem preço e até para beber um copo de água temos que pagar. Os sentimentos de impotência e dependência eram intensos, deixavam-me com dificuldade de entendimento para enxergar a luz. Sentia-me diante de uma verdadeira guerra interna e externa, tendo que me defender sem ter nenhuma arma. Precisava me proteger de tudo, de todos e até de mim mesma (tornei-me perigosa e altamente tóxica para mim), tamanho era o meu quadro de obscuridade, negatividade e angústia por inúmeras tentativas, fracassos, depressão, alucinações e sentimento de vitimização e perseguição...

Eu precisava cuidar da minha saúde mental e espiritual, mas sem forças pedia novamente a Deus para me levar! Esses meus pensamentos vinham frequentemente. Alguém me disse: — Por que não adota uma criança para lhe fazer companhia? — Respondi-lhe como canta nosso querido cantor e compositor *Djavan*, na sua bela canção *Esquinas*[55]: *"Sabe lá o que é não ter e ter que ter pra dar"?* — *Essa pessoa sou eu!*

Até que passei por uma experiência assustadora, quando necessitei fazer uma cirurgia. Foi uma experiência única, vi nitidamente a morte a minha frente. Após a cirurgia, ainda internada, estava mal (meu quadro de saúde provocou enorme correria dos médicos e enfermeiros pelo hospital).

---

[55] ESQUINAS. [Compositor e Intérprete]: Djavan. *In*: LILÁS. Intérprete: Djavan. Rio de Janeiro: CBS, 1984.

Naquele dia tive a sensação e percepção de que partiria! Quase morri de medo, mas minha fé me invadiu com intensidade e foi maior que eu. Recorri a Deus com todas as minhas forças para não me levar. Implorei a Jesus que me salvasse, não me levasse ainda, em uma entrega absoluta de profunda fé tão intensa que havia em mim e eu desconhecia.

Foram momentos cruciais, decisivos e inesquecíveis! Sabia que, se naquele instante eu não lutasse com todas as minhas forças e fé pela minha vida, eu teria partido. Cheguei a ver o túnel de que tanto falam, entre outras experiências tão profundas, intensas, sobrenaturais, sobre as quais não me sinto capaz de expô-las aqui, são indescritíveis.

Conversei de coração aberto com Deus, com Jesus, numa entrega profunda, verdadeira e plena! Afirmei que não estava pronta para partir, que tinha muito a realizar nesta vida, que precisava dessa nova oportunidade. Supliquei sincero perdão por meus pedidos insanos para deixar de viver aqui na terra. Foram momentos difíceis e decisivos que me fizeram ter a mais absoluta certeza de querer me manter viva neste planeta e de total arrependimento de ter desejado o contrário.

Passei não só a pedir perdão, como a implorar para ficar. Agradecia antecipadamente por ficar, pois eu precisava e acreditava que realmente ia permanecer por aqui!

E assim comprovei que há, de fato, uma força maior, uma Energia que move o Universo e a todos nós. Essa mesma Energia do Universo existe dentro de nós, somos constituídos dessa energia. Constatei que Deus e Jesus são um só, Pai, Irmão, Amigo, Bondade, Caridade, Amor, Misericórdia, que não são punitivos, são pura Energia do Bem! Meu pedido de perdão foi aceito e me livrei da passagem. *Meu agradecimento antecipado provou minha fé, meu estado de saúde melhorou e finalmente tive alta.*

A questão do partir antes da hora é polêmica. Como saber qual é o dia, a hora, se morreu no dia certo ou se algum imprevisto, algum descuido antecipararam o nosso dia? Quem sabe disso a não ser Deus? *Mas entendi claramente que (em certas situações), se você se entrega, não reage nem luta por sua vida, você vai!*

A vulnerabilidade daquela condição de estagnação que vivi me levou ao limite de minhas forças e da minha sanidade. Mas aprendi que é fundamental medir bem o que pedimos, mesmo diante de situação desesperadora, porque viver é a maior bênção. Nasci de novo!

Para mim ficou a lição e o aprendizado que muito me marcaram! Fui perdoada, acolhida, permaneci por aqui e muito agradeço por mais essa chance de viver! Tive convicção de que agradecimento antecipado é prova de fé, e fé realiza milagre!

Dias depois, numa praça, uma mulher me abordou: — Dona Joana, lembra-se de mim? Sou a Neiva, sua vizinha, fazia tempo que não a via, quase nunca paro em casa... — Confesso que não me lembrei dela, e ela continuou: — Minha cadela deu cria, tive que doá-la e também todos os filhotes, mas falta esse aqui. Veja que lindo, só não fico com ele porque estou de mudança para longe e lá não terei ninguém para cuidar dele. Viajarei muito! Por isso estou doando todos eles. — Olhei para o cãozinho, me encantei e o adotei.

Depois, ainda perguntam porque as pessoas adotam cães em vez de criança. A facilidade é incomparável! Mas por que não adotar ambos que carecem e merecem? Esse cãozinho caiu do céu e fez grande diferença na minha vida. O ser humano é complicado, inquieto, imperfeito, ingrato, e não sou diferente!

A vida seguia seu curso, eu me lembrava do tempo em que sentia a vida a me ofertar tanto, e depois como eu passava o tempo na "mesmice", sem nem mesmo sentir-me fazer parte dela, nem fazer sentido estar nela diante das circunstâncias de grandes dificuldades.

Mesmo com todo o meu rico aprendizado ainda agi com insensatez e ingratidão! Já tinha excepcional experiência e prova espetacular sobre gratidão e podia me fortalecer disso! Mas errei e falhei de novo!

Reanimei-me, me mantive firme e forte, na medida do possível e até do impossível! Entendi que temos a obrigação e o compromisso de zelar pela nossa vida sempre, até o último suspiro, e que gratidão é uma virtude que tem de ser cultivada, sempre! Refleti mais e melhor sobre tudo o que vivi. Perdas, danos e ganhos! Passei a me policiar e a observar mais as pessoas.

Vi dona de casa reclamar que sua casa é grande e dá muito trabalho para limpá-la e mantê-la arrumada (não agradecia por ter uma casa), sem enxergar que boa parte das pessoas não tem nem um simples casebre para morar. Muitos pagam aluguel, outros moram na rua...

Há mãe que reclama do trabalho que seus filhos dão em vez de agradecer pela dádiva de tê-los saudáveis. Não enxerga quantas mulheres sofrem por não conseguir ser mães. Outras mães têm filhos com problemas de saúde diversos, alguns não andam nem falam e jamais poderão chamá-las de mãe, e essas mães sonham com essa doce palavra vinda da boca de seus filhos.

Outro exemplo é o da pessoa que reclama que seu cão late muito quando ela chega em casa. Esquece totalmente de agradecer ao seu cão por ele lhe fazer uma festa quando ela chega em casa. Nem se dá conta de que não há mais ninguém na casa que lhe receba com tanta alegria e sem qualquer cobrança (conforme é meu caso). Vi milhares de exemplos catastróficos que retratam como nós humanos somos ingratos, não sabemos agradecer pelo que temos.

Muitas vezes achamos que temos pouco e, por isso, não precisamos agradecer. Ficamos de olho no que o outro tem. Sempre achamos que o vizinho tem mais e melhor e reclamamos por qualquer coisa banal, nos esquecemos de agradecer pelo que temos, por pouco que seja.

Passei a pensar e agir sempre com gratidão. Agradecia o pouco que tinha e sempre acreditava que poderia ser ainda pior; sim, sempre pode ser pior, ou melhor. Vai depender de diversos fatores, como merecimento, aprendizado, resiliência e gratidão. Eu poderia nem ter aquele pouco. Por não agradecer poderia perder esse pouco pela minha ingratidão.

Pensava melhor e enxergava que não tinha pouco e que muita gente adoraria ter o que eu tinha e seria grata se tivesse, porque era o suficiente. O muito ou pouco é relativo e depende de quem aceita o que tem ou recebe com devido entendimento e agradecimento.

Sempre haverá pessoas que terão mais, ou ainda menos do que temos, e são gratas pelo que têm ou não. Dessa forma passei a agradecer por tudo que tinha, mesmo que pequeno, básico ou pouco. E agradecia de coração! Isso faz todo sentido em nossa vida!

O agradecimento precisa ser verdadeiro. Mas há gente que só diz: "Eu mereço mais". Será que merece mesmo?

Também há quem tem muito e não agradece; aí o tempo revelará o retorno dessa ação.

Outras vezes as tormentas por que passamos são provações para aprendermos, crescermos e elevar nosso interior, nossa alma.

Por outra ótica, fazia ou não sentido aquela etapa da passagem da minha vida para qualquer outro estágio que fosse se não dependia só de mim, dos meus desejos, atitudes ou ações, mas sim do fator tempo de Deus e meu merecimento?

Eu ouvia as pessoas dizerem que nosso erro ou pecado estaria em sermos apressados, precipitados, ansiosos e incompreensíveis. Que tínhamos que entender que nem sempre o que queremos é o correto ou é o que Deus quer para nós. Porque Ele sempre nos reserva o melhor, no seu tempo. Se considerarmos os propósitos de Deus, a história de Jesus, a missão de cada um traçada no plano espiritual... A lógica nem sempre é simples de enxergar ou entender. Em tese, esses planos de Deus, esses conceitos me faziam pensar que, se nossa missão já está traçada pelos planos de Deus, se confirmada na prática, de nada valiam meus esforços, desejos intenções ou luta porque meu destino já estava predestinado por Deus ou acordado no plano espiritual. Ao mesmo tempo eu pensava sobre o livre-arbítrio de cada pessoa para dirigir sua própria vida e fazer suas escolhas. Isso me dava esperança e eu pensava: "Então devo lutar mais!"

Uma amiga sempre me dizia: — Você não encontra a solução para seu problema, porque, embora você diga que acredita em Deus e entrega a Ele a solução de seus dilemas, você permanece preocupada. Isso significa que não confiou completamente ou não acredita nEle verdadeiramente, e continua tentando resolver do seu modo. — Ela prosseguiu: — Observe a palavra "preocupada", significa que você está "pré-ocupada", ou seja, não está livre, disponível para receber o que tanto quer! Entenda... Tudo se resolverá no tempo certo e determinado por Deus e não no nosso tempo.

Eu pensava que ela podia estar com a razão, porém como me manter em absoluta despreocupação quando precisava tanto de algo primordial para viver?

Resolvi experimentar o conselho da minha amiga. Passei a praticar o exercício de pura crença e procurei me desligar das preocupações. Até conseguia por instantes, mas não o bastante por longo período. Foram muitos exercícios e nenhum que me levasse ao controle e equilíbrio de estado de crença em permanência absoluta, por 24 horas consecutivas, sem oscilações. Por outro lado, eu pensava: "Se temos a liberdade de escolha de nossas ações, somos os únicos responsáveis pelo nosso destino. E a colheita do amanhã é resultado do plantio de hoje". *Não é nada simples tudo isso! Qual caminho seguir?*

Quase toda pessoa tem seu Deus, no qual acredita, independentemente de como Ele seja, se chame ou simbolize para cada pessoa. É a crença e a fé de cada um.

Estimulada por livros e filmes de autoajuda, lei da atração e física quântica, adotei e assisti por mais de 30 vezes ao filme *O segredo*, sagradamente todos os domingos, por seis meses. Assisti também às *Técnicas para o segredo*. Era um exercício de reforço e energização semanal que eu realizava e levava a sério tudo que o filme induzia. Fiz meu quadro de visão estimulada pelo filme, pendurei-o em meu quarto. Nele constava tudo o que eu queria para minha vida. Queria, precisava, desejava e muito aspirava. Acordava pela manhã e logo olhava para ele. Buscava a imagem holística da realização, me transportava para o futuro, procurava não só pensar, mas sentir o resultado da minha conquista.

Premeditadamente e com intervalos, dava um tempo e não corria atrás de nada. Procurava descansar minha mente para ver se atingia outras ondas ou frequências vibratórias de canais mais eficazes, energias capazes de melhorar minha sintonia com meus propósitos e facilitar assim os meus ideais de alcance. Nada acontecia!

A parte mais difícil era me manter confiante e sem nenhum desvio de minha crença por 24 horas consecutivas. Tinha também a questão da fé. A fé intensa e cega, pura e simplesmente cega, em que, por absolutamente nada, eu jamais devesse, por um segundo sequer, duvidar de atingir meus objetivos. Segundo alguns dos ensinamentos que aprendi, em livros e palestras, esse é o segredo para todas as conquistas. Necessário um exercício mental, sentimental, fenomenal, sobrenatural, para mim, porém, impossível de manter por tanto tempo ou por tempo suficiente, sem interrupção, para sua concretização. Principalmente quando se trata de alguém que esteja passando por uma fase difícil, de baixa-estima, devido à longa caminhada, sem êxito, em campos sombrios.

Complicada a questão de nortear-se pura e simplesmente pela fé cega!

Cada pessoa, então, precisa ter fé, crer em algo, senão estará predestinada ao caos? Sendo assim, seria de completa punição para quem não tem fé. Não seria justo! A fé envolve a essência de cada pessoa em conformidade com sua crença. Todo esse contexto é complexo para ser entendido, administrado, escolhido e seguido.

Nenhuma pessoa pode ser obrigada a ter fé, muito menos alto grau de fé; principalmente se tratando de fé desmedida, porque é cega e deve ser intensa, permanente e inabalável. E quem não tem e nem consegue tê-la será penalizado(a) por não a possuir nem a alcançar? Classifiquei essa prática impossível, além de insustentável e injusta.

Nunca fui nem consigo ser partidária da fé cega por considerá-la uma crença vazia, superficial, sem fundamento, em que simplesmente se aceita o que é dito e imposto, sem estudo, nem questionamento, ausente de conhecimento. Penso que nada podemos aceitar dessa forma. Temos que entender, e para entendermos precisamos estudar, questionar, pesquisar, dissipar dúvidas para termos certeza do que é ou não viável, e então absorvermos e adotarmos.

A fé nasce com a pessoa, ou se adquire e ela se desenvolve com estudos, aprendizado, experiências e provas? E quem já tentou de tudo e não tem fé ou até tem, mas se julga que sua fé é pequena e, embora tenha se esforçado muito, não consegue aumentá-la, como fica?

Creio que nascemos com a fé, porém precisamos desenvolvê-la!

E, quanto ao destino, quem o entende com exatidão? Não se muda o destino ou muda? As pessoas já nascem predestinadas e nada podem fazer para mudar sua vida? Quem tem essa resposta com a mais pura verdade? Aí vem de novo a questão da livre escolha de cada um... Eram muitas questões importantes envolvidas para serem estudadas, pesquisadas e exploradas. Simplesmente não dava para escolher aleatoriamente uma delas sem obter o devido conhecimento profundo e necessário... E assim eu partia para a ação.

Tempos depois, através de estudos descobri que todos nós fomos criados simples e ignorantes para termos a condição de evoluir. Que nascemos de uma Grande Energia, nascemos brutos como um diamante que precisa ser lapidado e nessa composição bruta está inserido o Princípio Inteligente. Nesse Princípio Inteligente contém tudo o que precisamos com todas as virtudes de amor, compaixão, caridade, solidariedade, discernimento e tantas outras belas virtudes, inclusive a fé. Disso passei a assegurar após algumas experiências: *essa fé, se desenvolvida e bem alicerçada, é suficientemente capaz de realizar verdadeiros milagres!*

Nessa composição estão inseridos também os defeitos, o lado ruim, sombrio, perverso da maldade, violência, baixa vibração, entre tantas outras crueldades, para que possamos conhecer os dois lados e tenhamos a liberdade de escolher o que queremos e qual caminho seguir. Só precisamos acioná-los e desenvolvê-los. Aí é que consiste a responsabilidade e o futuro de cada um.

Também entendi que nesta vida estamos muito envolvidos e focados nas questões materiais, na corrida pelo dinheiro, para melhorar de vida, e projetamos metas para realizar cursos e atingirmos melhores patamares profissionais, para adquirirmos mais bens materiais, como a compra da casa, a troca do carro, o planejamento da viagem tão sonhada e mais e mais coisas materiais, porém nenhuma meta para melhorarmos como pessoa. Isso mostra como vivemos e o quanto estamos distante do nosso lado espiritual, o quanto nos esquecemos de alimentar nosso espírito, tão importante e necessário para nossa evolução.

Pecamos e não nos dedicamos a nossa essência. Não elaboramos metas sobre nosso crescimento como pessoa, ajudar o próximo, os animais, ou mesmo alguma ajuda ao meio ambiente. Essa ajuda pode ser de muitas formas (material ou espiritual), como um abraço, uma oração, acolher, ouvir com o coração alguém, por exemplo.

Percebi o quanto estava falhando nesse quesito e disse para mim mesma: a partir de agora vou me policiar, vou fazer minha meta de melhorar como pessoa, cuidar mais de minha essência, ajudar ao próximo, me dedicar ao voluntariado e nada de pensamentos ou sentimentos negativos. Só terei pensamentos positivos, de grandes realizações e nobres feitos. Tentarei me firmar na fé e na certeza. Mesmo antes de esses meus desejos se realizarem, vou agradecer antecipadamente como se já os tivesse alcançado, afinal já fui abençoada com essa prática.

Trabalhei melhor meu interior na busca de crescimento e alcance de merecimento, passei a ser mais cautelosa e a policiar meus pensamentos, palavras atitudes e intenções, além de desejar e lutar ardentemente por minha elevação interior. Passei a ser mais paciente e tolerante em tudo, mesmo nas simples coisas. Exemplo: no passado, quando eu marcava compromisso com alguém e essa pessoa desmarcava ou simplesmente não comparecia, sem avisar, eu ficava muito irritada. Mudei essa atitude. Passei a pensar que, se esse encontro não aconteceu, foi porque certamente não seria bom e que surgirá nova oportunidade, se de fato for para melhor.

Outros exemplos: uma consulta foi cancelada, a contratação do meu trabalho foi suspensa, entre outros. Isso não mais me irritava, apenas pensava que, por alguma boa razão, não era para acontecer, o que significa que surgirá ocasião mais propícia, e passei a crer que as coisas que não davam certo eram providenciais e livramentos. Isso me bastava para me deixar bem e em paz!

Dediquei-me mais aos estudos e à pesquisa para melhor entendimento de todo contexto que envolve a fé, com mais reflexão, empenho e também oração de agradecimento.

Uma vizinha me disse: — Joana, você fala tanto de fé, de crença e de agradecimento, no entanto, vive cheia de problemas. — Respondi-lhe:

Verdade, já imaginou que eu poderia estar pior se não tivesse fé nem valorizasse o poder da oração e da crença? Passei a me perguntar: "O que me move? Dúvida, insegurança, ambição, culpa, amor, fé? Como desejo ser, estar e viver? O que me incomoda? O que me falta? O que posso mudar para melhor? Onde estou falhando? Com o que estou gastando meu tempo, que é tão precioso?"

Após refletir sobre essas questões, passei a gerenciar melhor meu tempo com pensamentos, intenções e ações positivas e maior dedicação a minha espiritualidade.

Intensifiquei minha corrente do bem voltada para o universo e para todas as pessoas, num sentimento de paz e desejo em conformidade com a fé e merecimento de cada um! Relaxei!

Por incrível que pareça, o que direi agora é a mais absoluta verdade: a partir do momento em que passei a praticar essa compreensão, de modo verdadeiro e coração aberto, coincidência ou não (pra mim não são coincidências), as tantas complicações que antes existiam em minha vida foram se desenrolando e desaparecendo. Era como se antes faltassem peças fundamentais para a montagem do quebra-cabeça e que a partir dali essas peças haviam reaparecido.

Compreendi que as pessoas andam com ausência de fé e carência de gratidão. Eu andava assim, mas virei a chave! Curei-me de doenças e neuras, recuperei o que havia perdido e conquistei mais do que precisava!

A energia que você emana é absorvida pelo Universo e retorna para você e para atmosfera. Vibre boas energias sempre!

Muitas energias e vibrações positivas para você!

Sejamos Amor, Paz e Luz!

CASAMENTO NÃO É LOTERIA, É GANHAR OU PERDER!

Janete conheceu seu marido no cursinho pré-vestibular. No ano seguinte cada um foi para uma faculdade. Viam-se nos finais de semana. Casaram-se seis meses após se conhecerem! O que aconteceu? Por que se casar tão rápido assim? Seria amor ou desespero?

Pois bem, Janete estava tão empolgada que só mais tarde descobriu que sua decisão de se casar tão precocemente foi movida pelo desejo de sair da casa dos pais. Ela sofria muita pressão deles, que a consideravam uma garota muito além de seu tempo, com ideias revolucionárias, não compreendidas, e que representavam perigo.

Seus pais tinham constante preocupação pela inquietude da filha e acreditavam que o casamento mudaria o comportamento da jovem. Até que Janete conheceu um rapaz no cursinho, Rodrigo, um idealista também, e simultaneamente se encantaram. Tamanha foi a afinidade que logo iniciaram namoro e em breve tempo se casaram.

Janete encarou o casamento como uma oportunidade de sair da casa dos pais e livrar-se da pressão. Uma decisão movida pelo desejo de liberdade e não necessariamente por amor. O que já não era um bom começo! Por coincidência, basicamente ocorreu o mesmo com Rodrigo. Porém, com grande diferença. O rapaz precisava sair da casa dos pais porque eles não o queriam mais com eles, devido ao seu grave problema de recusar tratamento.

Havia uma mistura de sentimentos e necessidades envolvidas, desde paixão, empolgação, ideologias em comum e necessidades individuais. Tudo aconteceu tão repentinamente que havia quem pensava que Janete estava grávida, mas ela não estava. Teve sua primeira filha dois anos após o casamento.

Tempos depois, já casada, Janete entendeu que não houve amor nem maturidade suficiente das duas partes para aquela tomada de decisão tão séria. Mesmo assim seu casamento poderia ter dado certo se não tivesse um grave problema. Janete não contava com um fato extremamente sério: infelizmente, ela não fora informada de que seu marido era alcoólatra. Nem por ele, nem pela família dele. Descobriu através de um amigo e padrinho de casamento do marido, que lhe falou naturalmente sobre o problema, na noite da véspera do casamento, que aconteceria logo pela manhã. O amigo não imaginava que Janete não sabia. Na sequência ele percebeu o estado de choque da noiva, entendeu que havia cometido um grave erro, acarretado problema e tentava por tudo minimizar a situação. Mas não houve jeito, o estrago já estava feito. Janete lhe disse, enfurecida:
— Pedro, não sei se devo considerá-lo amigo ou inimigo. Isso não é coisa que se diga na véspera do casamento de uma pessoa! O que posso fazer agora? Acreditar cegamente em você e cancelar meu casamento agora à noite? Meu casamento será amanhã cedo, se esqueceu? Você está feliz em saber que irei me casar toda perturbada com essa notícia bomba? Por favor, vá embora, vou tentar dormir (se eu conseguir) e quando acordar já irei me casar. Ou seja, você percebe que não há mais tempo nem para eu pensar melhor e checar a veracidade do que você acaba de me dizer?

Pensei: "Certos homens só complicam a vida das mulheres, é isso?"

O padrinho e amigo do noivo vai embora. Janete está em pânico, ela tinha acabado de se mudar para a sua nova casa, onde viveria com o marido. Naquela noite foi impossível dormir. Estava completamente tomada pela insegurança e pelo medo. Pensou em desistir, mas era complicado tomar uma decisão daquele porte, em cima da hora, apenas porque uma pessoa falou algo desagradável. E se não fosse totalmente verdade? E se esse amigo do noivo exagerou? Ficou com a cabeça fervilhando repleta de dúvida e o coração apertado! Foram horas de incertezas, dor e sentimentos variados.

Ela pensava: "E se meu noivo só bebe de vez em quando? Não dá para acreditar cegamente nesse amigo dele que, de última hora, sem medir consequências, cai aqui na minha casa de paraquedas e derrama uma tonelada de complicações sobre mim? Nesses meses que namoramos, Rodrigo nunca ficou bêbado. Eu sei que eles trabalham juntos, mas à noite Rodrigo estuda comigo, nos fins de semana estamos sempre juntos, então, que horas e quando ele bebe? Afinal, qual foi o objetivo desse rapaz? Esse sujeito pode ser considerado amigo de alguém? E se ele for louco, bipolar? Será que devo desistir de tudo?"

Eram muitos "será, será, será" que atormentavam a cabeça de Janete e nenhuma certeza. Até que ela grita socorro! Sua cabeça girava feito um furacão! Não havia tempo nem estrutura emocional para devida avaliação. Como falar com seu noivo à noite, por telefone, sobre algo tão delicado e sério? Só iria criar uma situação vexatória. E também até que ponto valeria a pena?

Ela pensava: "Se meu noivo for de fato alcoólatra, partindo do princípio que sempre me escondeu, não vai me dizer a verdade nesse momento. Devo cancelar o casamento? Como poderei desistir agora? E quanto aos convidados, às famílias? Todos os preparativos? A casa pronta e eu já morando nela? Meus planos? Nossos planos de casamento, meus e dele, nossos projetos?"

Nessa noite Janete viveu a noite mais longa e penosa da sua vida. Uma noite eterna e a mais cruel. Pensava, pensava e pensava, mas não chegava a nenhuma conclusão. Sua cabeça doía. Tomou analgésico para aliviar a dor, mas não havia nenhum remédio eficaz para confortar seu coração. Somavam muitas questões envolvidas que não dava para simplesmente cancelar tudo, assim, de repente. Chorou, chorou, chorou... Com muito custo, por exaustão, adormeceu, e logo o dia amanhecia. Ela acordou com o trim, trim, trim do despertador.

Faltavam apenas duas horas para seu casamento e ela voltara a relembrar de tudo e a pensar: "Oh, meu Deus! Aqui estou novamente, encharcada nessa terrível dúvida e ainda sem nenhuma decisão". Confusa e temerosa seguiu em frente. Vestiu-se e chegou tensa ao cartório, e se casou! Após o casamento, houve um almoço com a família das partes.

Janete passou a observar melhor as atitudes do agora marido e percebia que ele bebia muito no almoço. Ela ficava na dúvida se ele bebia para comemorar ou se era um hábito do vício. Pensava: "Ele às vezes bebia quando saíamos, mas sempre de modo social, absolutamente normal, e nunca ficou embriagado em minha presença. Mas hoje ele está bebendo muito. Será pela emoção do casamento?"

Após o almoço, o casal se despede e só se reencontra à noite, na cerimônia do casamento religioso, na igreja. É início de noite, Janete, vestida de noiva, está com a família. Muito tensa, ela diz: — Oi, família, vocês sabem que quase nunca bebo bebida alcoólica, nem gosto, mas hoje, em razão da minha ansiedade e tensão, quero beber algo, preciso relaxar, estou nervosa. — Ela bebia para relaxar, mas nem assim conseguia e seguiu para a igreja, guardando sozinha consigo aquela tão apavorante notícia bomba.

Quando chegou ao altar, identificou claramente que seu já marido estava embriagado. Na cerimônia ele cambaleava, sapateou na calda do seu vestido e, na hora do juramento, ele o fez aos gritos. Estava completamente bêbado! Janete e todos os convidados na igreja estavam assustados, além de ela estar também envergonhada.

Enquanto o padre realizava o casamento, a noiva seguia triste, preocupada e pensava numa forma de anulá-lo, e, em meio a toda confusão na sua cabeça, disse sim! Quem estava presente na cerimônia jamais esqueceu o vexame que o noivo deu.

Após a cerimônia na igreja, houve um breve coquetel na casa do casal recém-casado, apenas para os familiares e amigos próximos.

O noivo bebeu tanto durante esse breve evento que, embriagado como estava, só falava bobagens. Ele até convidara para dormir na casa uma amiga do trabalho que havia perdido a hora do último ônibus de viagem. E a amiga, que também estava alta pelo álcool e sem discernimento, aceitou o convite. Alguns amigos perceberam o absurdo, não permitiram e levaram a moça.

Janete assistia a tudo em estado de choque, sem saber como agir. Finalmente todos se foram e o casal estava a sós. O noivo simplesmente caiu na cama, em sono profundo, de terno, gravata, sapato... Adormeceu até o dia seguinte. A própria Janete vai contar agora a sua história.

Passei algumas horas chorando, triste, arrasada. Tentava tirar sozinha meu bonito vestido de noiva, que devia ter nas costas uns "cinquenta botõezinhos". Nesse momento lamentei muito o modelo que escolhi.

No dia seguinte, infelizmente, em vez de ser uma viagem para a lua de mel, foi para uma lua de fel! Ficamos numa bela casa de campo, numa linda cidade. Eu me transformei numa recém-casada tensa, infeliz, alerta por 24 horas, insegura, à espera da catástrofe a qualquer momento.

Na sala da casa tinha um barzinho repleto de bebidas. Como estava atenta, toda vez que ia tomar banho, ouvia do banheiro o som de batidas de garrafas e copos. Ele esperava o momento do meu banho para abastecer o seu vício e ficava bêbado. Até que não suportei mais segurar a barra sozinha e me abri com ele, disse-lhe que já sabia de tudo, mas, como previa, ele negou.

A partir daí ele escancarou: bebia mesmo! Nos anos seguintes ao nosso casamento, tentei ajudá-lo de todas as maneiras a se curar do vício do alcoolismo. Busquei ajuda psicológica, terapia, Alcoólicos Anônimos (AA), mas ele não aceitava espontaneamente. Passei a colocar em sua comida remédio para ele parar de beber, também não funcionou, porque ele ficava alterado, com manchas vermelhas pelo corpo, e "os amigos" de copo conheciam os sintomas e o alertou. Ele ficou zangado comigo. Interrompi essa prática por receio de lhe causar algum efeito colateral maior.

Nesses anos juntos, vivi meu grande martírio. Foi um pesadelo, do qual, por diversas vezes, considerei nunca mais me livrar, fora a vergonha da situação. Tivemos duas filhas. Passei por muitas situações vexatórias e sabia que a tendência era piorar, como, de fato, piorava a cada ano, e eu não queria jamais que minhas filhas presenciassem e sofressem com aquela situação. Considerava muito triste para uma criança ver o estado degradante de seu pai, não restando alternativa senão a separação.

Cansei de vê-lo chegar em casa carregado por amigos. Ele se tornou um marido doente, demasiadamente ciumento e muitas vezes também violento. Ia me buscar desnecessariamente em meu trabalho após beber. Fazia cena de ciúmes. Cheguei a perder emprego por sua causa. Tinha ciúmes de qualquer homem que se aproximasse de mim, até de padre, e também ciúmes de mim com nossas filhas, ciúmes da roupa que eu usava e tantos outros embaraços típicos do alcoolismo.

Com o passar do tempo, a bebida causa bloqueio e confusões cerebrais profundas. Ele pintava até janelas e vitrôs do nosso apartamento, para ninguém me ver, e morávamos em andar alto. Eu vivi uma saga de terror sem igual! Não me conformava de essa fatalidade ter me acontecido e pensava: "Eu não posso me escravizar, preciso de minha liberdade. Estava sendo tolhida, acuada, massacrada!" Tentei por quatro vezes me divorciar, ele não aceitava, ameaçava a mim e aos advogados, que declinavam da causa. Ameaçava-me de que sumiria com as crianças, comprou arma para me matar caso eu fosse embora de casa com as crianças.

Algumas vezes, ele, quando bêbado e completamente enlouquecido, me agredia fisicamente. Tive de ir à delegacia dar queixa. Na época, não havia a lei Maria da Penha, e nada acontecia com ele, a não ser uma advertência verbal.

Na quarta tentativa, finalmente consegui divorciar-me! Dessa vez era uma advogada, uma mulher forte, determinada, profissional comprometida e destemida, que foi incisiva, firme sem intimidar-se com as ameaças dele. Para essa conquista, tive que renunciar ao pouco que tínhamos, também meu de direito e de nossas filhas. Mas foi essa a exigência dele para assinar o divórcio, e eu não me importei. Meu único desejo era me livrar dele!

A parte material tornou-se insignificante diante de toda aquela tormenta. Tudo que eu buscava era o resgate de minha vida, minha paz, juntamente com minhas filhas!

Claro que o ideal é criar os filhos com a família completa, pai, mãe e filhos. Sei, porém, que isso só é possível quando a família é adequada, harmoniosa, ajustada, feliz e capaz de criar e educar a criança com valores essenciais, como respeito, amor, carinho, alegria, transparência e bons exemplos. Se não existem esses valores essenciais no lar, a melhor receita é, sem dúvida, a separação! Ainda bem que eu pensava assim e sempre defendi meu ponto de vista, do qual nunca mudei de opinião!

Nessa árdua batalha não contei com a ajuda de ninguém. Minha família morava distante e nem sabia da minha saga. A família dele não se importava comigo nem com as nossas crianças, somente se preocuparam com a nossa separação por receio de ter que o aceitar de volta.

As pessoas, de modo geral naquela época, anos 1980, eram contra a separação. Alguns amigos me diziam que eu devia pensar melhor, porque não seria fácil para uma mulher sozinha, jovem, trabalhar, administrar a casa e cuidar de duas crianças pequenas, que, por pior que o pai fosse, era o pai, e que eu estava no meio de uma selva de pedra, sem apoio de ninguém.

Mas eu não valorizava essas crenças sem fundamento, avessas aos princípios básicos em que eu acreditava, e sigo acreditando, e eram argumentos, a meu ver, sem nenhum embasamento ou sensatez, que não faziam parte da minha leitura de mundo!

A família dele me considerou uma pessoa má, sem coração e me dizia que a boa esposa é aquela que se casa e fica até o fim da vida com o marido, lutando com ele, na alegria e na tristeza, de acordo com os dogmas do matrimônio. Não adiantava eu explicar meu sofrimento e o das crianças. Eles não se importavam conosco mesmo! Eu também não me importava com o que a família dele pensava ou achava; afinal, a vida era minha e só a mim cabia tomar decisão. Era eu quem penava juntamente com minhas filhas e conhecia cada pedra do meu sapato e o peso da minha cruz. Eu pensava: "Esquisita e perversa essa família dele, não se preocupa com as crianças!" Primeiro me esconderam a verdade, todos me enganaram, creio que porque não viam o momento de se livrarem dele. Depois ignoraram completamente o meu sofrimento e o das crianças. Já contribuí muito, por quase uma década, suportando uma carga pesada demais. Cheguei ao meu limite. Sei que tentei ajudá-lo de todas as formas que pude, mas ele nunca quis se ajudar, então adeus!

Eu não reunia mais condições, nem possuía estrutura para cuidar dele. Precisava cuidar de duas crianças pequenas que de fato necessitavam dos meus cuidados e eu precisava salvá-las e me salvar.

Com custo consegui livrar a mim e minhas filhas da trágica presença dele em nossas vidas antes que fosse tarde. Trabalhei muito para dar conta da tarefa. Foi uma luta desafiadora, árdua e gigantesca.

E assim passei a cultivar meu triângulo familiar constituído por mim e minhas filhas, numa sociedade fraterna familiar saudável, de conceitos, valores e virtudes adequados para uma boa educação, formação e crescimento sólido e feliz.

Sempre compreendi que não existe um modelo ideal, nem receita de família preestabelecida por conceitos ou preconceitos impostos por padrões tradicionais ou convencionais de modelos prefixados ou rotulados pela sociedade. Defendo que a família ideal é aquela constituída por pessoas, independentemente de gênero, sexo, raça, idade, etnia ou crença, desde que a relação entre todos seja harmoniosa, exista respeito, compreensão, dignidade, bons exemplos e amor. E foi assim que criei minhas filhas!

Meu erro foi casar-me com um homem viciado (embora sem saber), e o conserto desse erro foi a decisão assertiva da separação! Por isso, nunca me arrependi!

PANDEMIA - AVIVA SÉCULO XXI

Minha vida na pandemia foi repleta de desafios, medos, experiências, impactos e efeitos diversos que afetam e afetaram a todos(as) nós! Era início de 2020, cada pessoa vivia a sua vida no seu tempo e do seu jeito, sem imaginar o mal que estava por vir. De repente, o mundo mudou! Nunca mais seria como antes?! Eu era feliz e não sabia? Seria isso?

Precisou um vírus invisível se estabelecer para o ser humano acordar! E poucos acordaram! Talvez a maioria não desperte, mas precisa! E se não acordar? Estaria a humanidade fadada a um desastre ainda maior? Muitas dúvidas, insegurança, ansiedade e nenhuma resposta. *Tínhamos que aguardar, vivenciar, conhecer, maturar, observar, sofrer, evoluir.*

O futuro foi antecipado em muitos aspectos. Desde então, passamos a viver na roda-viva de um mundo novo, sem nenhum preparo. As mudanças estão e estarão acontecendo num efeito cascata galopante. E como será o mundo pós-pandemia? Quem sabe?

Creio que dependerá das mudanças que o ser humano promover. *Colhemos o que plantamos!* Convivemos com a existência do bem e do mal, mas somos capazes de discernir o certo do errado e temos a liberdade da escolha. Somos responsáveis pela regência de nossas vidas e protagonismo da nossa história.

Resta saber o que queremos ser e que futuro buscamos ter. Nessa jornada cada um é parte fundamental na construção desse mundo novo, que pode, deve e precisa ser melhor que o percorrido, mas só depende de nós!

Estamos vivendo a maior crise da humanidade causada pela covid-19. Muitos disseram isso, mas será? Vejamos. Já tivemos a terrível peste da lepra; em 1918, a pior pandemia do século XX, a gripe espanhola, que matou mais de 50 milhões de pessoas no mundo; entre outras doenças devastadoras. Surgiram outros tantos vírus, como o HIV/AIDS, SARS-COV, MERS-COV, pandemia de H1N1/influenza e suas variantes, surto de ebola, dengue, varíola, zika, chikungunya, outras bactéria, fungos ou vírus, como o vírus da fome, da violência, da ignorância, do preconceito, do racismo, e tantas mais doenças que existem.

Minha visão de mundo, ao avaliar o passado, agregada à experiência do marcante momento com o novo coronavírus, levou-me à observação e percepção de enxergar a humanidade com um novo olhar. Antes vale uma reflexão: esse vírus é o "mal de 2020" ou o "acorda, século XXI"?

Entendo que não podemos repetir falhas ou erros do passado. Hoje temos a nosso favor o avanço da ciência, da medicina e da tecnologia com recursos de ponta, além de avançados estudos que nos mostra e nos alerta para nosso crescimento pessoal, intelectual e espiritual. Não estamos mais em 1918, e sim mais de 100 anos depois. Precisamos evoluir amplamente com visão logística, científica, futurista, mais humanizada e sem retrocesso.

A mudança brusca causada pela pandemia levou-me a mundos que eu não conhecia e, claro, imprescindivelmente, à autorreflexão.

No início do isolamento social, apesar do medo do desconhecido, foi até prazeroso, pois há muito não ficava tanto em casa e gosto de estar nela. Creio que muitos tiveram essa mesma sensação (o ideal seria desfrutarmos desse nosso porto seguro com a liberdade de ir e vir que antes tínhamos). Quando somos proibidos de algo, geralmente não reagimos bem, e nosso comportamento fica muito afetado. *A sede de liberdade é inata ao ser humano!*

Descobri que estava me envolvendo e absorvendo demais toda a carga de informação destruidora causada pela pandemia, atrelada ao impacto da veloz mudança radical em minha vida, presa, em regime de liberdade condicionada, que me levava a certa desordem emocional, profissional, espiritual.

Abalada com a precariedade ainda maior dos moradores de rua, os sem-teto, os dependentes químicos, os desabrigados, que passavam a ter maior necessidade do básico, "como um simples prato de comida", que a cada dia ficava mais escasso por não ter pessoas nas ruas, nem restaurantes, lanchonetes ou bares abertos. Esse panorama dificultava a possibilidade de alimentação dessas pessoas, "qualquer que fosse", num cenário extremamente apavorante. Dessa mesma cruel forma acontecia as dificuldades de sobrevivência dos animais de rua.

Os Centros de Acolhimento e Apoio às pessoas em condição de rua são de quantidade insuficiente. E muitos desabrigados não querem ir para esses abrigos, porque não abrem mão da sua liberdade ou de seus bichos de estimação, geralmente não aceitos nos abrigos"

A liberdade tão sonhada de todos nós, cada um na sua particularidade e realidade, leva-nos a questionar se ela de fato existe ou se não passa de um sonho comum de todos. Quanto aos animais de estimação, infelizmente ainda são bem discriminados e poucos lugares aceitam seu ingresso. Isso é muito triste (animais também sofrem, têm necessidades e sentimentos).

Pude constatar uma verdade dura. O "fique em casa" para os moradores da periferia era ordem ao suicídio, uma vez que a maioria deles mora num barraco colado a outro, com um ou dois cômodos, um banheiro (quando tem). Ausência de saneamento básico, boa parte sem água encanada para higiene prioritária e elevado número de pessoas ocupando microespaço físico. Todos respirando o mesmo ar parado, porque muitos desses barracos não têm janela para circulação do ar. Ambiente propício a propagação de vírus, contágio e aumento de mortes. Daí a dificuldade de manter esse contingente "dentro de casa" e conter a pandemia. *Como resolver esse grave problema?*

Ficava tensa, preocupada, e pensava: "Tomara que a ciência descubra o mais rápido possível vacina para esse mal."

Percebi que essas pessoas, até então "invisíveis", saíam do anonimato, tornando-se "visíveis devido a um vírus invisível" (quanta ironia). Essa vulnerabilidade passava a incomodar a sociedade, mais que antes, pela visibilidade e consequentemente com maior risco e índice de contágio e morte. *Sofria também pela minha impotência de nada poder fazer!*

Espantei-me com a disparidade de realidades para proliferação do vírus. Em conversa com um amigo, soube de prática abusiva das casas de caça-níqueis clandestinas funcionando plenamente no pico da pandemia. Por praticarem atividade ilegal, funcionam completamente fechadas para não chamar a atenção das autoridades, com o agravante de não possuírem janelas (quando tem, ficam fechadas). Esses ambientes ficam com ar-condicionado ligado ininterruptamente, juntamente com a fumaça de cigarros, e não uso de máscara, não exigida, é o que podemos chamar de "espaço da morte ou incubadoras de vírus".

A jogatina não é vício de dependência química, e sim vício de dependência psicológica ou doença psicológica, mas suas consequências são equivalentes às da dependência química.

Esses jogadores, ao contrário das classes vulneráveis, não creem na letalidade da covid-19, desrespeitam os protocolos sanitários, correm riscos (pela doença do vício que os dominam e eles não conseguem parar). Conforme estudo científico, "vício em games é reconhecido como doença pela OMS"[56]. Outra realidade absurda que trazia aglomeração de pessoas na pandemia eram os bailes *funks*.

Por tudo que acontecia tinha medo de ficar depressiva!

Acompanhava as notícias e enxergava em paralelo à pandemia mais tragédias, como brigas políticas; guerras; elevado índice de desmatamento da Amazônia; forte ameaça de aumento de contágio do vírus aos povos indígenas, pela invasão de suas terras; elevação de violência doméstica contra crianças e mulheres pela permanência mais próxima no isolamento... Um horror provocado pela falta de amor e consciência do ser humano. Cheguei a ficar por um tempo longe de noticiários para me desintoxicar e elevar meu campo energético.

---

[56] VIDALE, Giulia. Vício em games é reconhecido como doença pela OMS; conheça os sinais do distúrbio. O Globo, 5 fev. 2022. Disponível em: https://oglobo.globo.com/google/amp/saude/epoca/noticia/2022/02/vicio-em-games-reconhecido-como-doenca-pela-oms-conheca-os-sinais-do-disturbio-25381955.ghtml. Acesso em: 14 jan. 2025.

Por audiência, alguns meios de comunicação extrapolam os limites do respeito e da decência. Agem com total desrespeito ao próximo, sem ética nem humanismo, e exploram as catástrofes, a desgraça alheia, supervalorizam a tragédia e a calamidade coletiva. Trata-se do jornalismo sensacionalista, de péssima categoria, violento, sem nenhum profissionalismo, que exala sangue nos olhos, mas para o qual infelizmente há público, e dá audiência.

Se antes eu já selecionava o que lia e ouvia, tive que ajustar melhor a carga de informação que me chegava. Precisava me poupar para preservar minha saúde, pois corria risco de ficar doente e cética pela vastidão do caos instalado. Infelizmente, fui testemunha ocular de um crime! Não é ficção do livro da *Agatha Christie*, embora eu tenha dado aqui o mesmo nome, mas testemunhei, embora à distância, uma terrível cena de violência contra a mulher.

Era tarde da noite. Primeiro escutei vozes altas, gritos de mulher, e fui até a janela para ouvir melhor de onde vinham os gritos. Avistei, na varanda de um condomínio vizinho, um homem esbofeteando uma mulher. Uma cena apavorante! Imediatamente liguei para a polícia. Senti-me o próprio *James Stewart* no filme *Janela indiscreta*[57] de *Alfred Hitchcock* e eu não era a *Grace Kelly* para ajudar na investigação! Todo meu respeito e solidariedade àquela mulher! As associações que faço aqui são porque, na hora que vi a cena de violência, lembrei-me desse belo filme e do livro. Mas me empenhei para ajudar a mulher e fazer justiça.

Fiquei tensa e de plantão em minha janela, esperando a chegada da polícia. O suposto casal saiu da varanda, fiquei aflita com receio de que a polícia demorasse. Felizmente chegou logo, minutos depois da minha denúncia, o que me deixou gratificada pela eficiência da corporação. A partir daí não sei mais o que houve. *Espero que a mulher tenha ficado bem, se livrado do monstro, e este tenha sido penalizado devidamente, pois essa violência e desrespeito contra a mulher precisam acabar!*

---

[57] JANELA indiscreta. Direção: Alfred Hitchcock. Produção: Alfred Hitchcock. Estados Unidos: Paramount Pictures, 1954. Filme.

Por tudo que acontecia, decidi, "embora distante fisicamente", me aproximar mais de parentes, amigos e vizinhos através dos meios que a tecnologia oferece. Queria saber como estavam, trocar ideias e experiências. Saber se eu me identificava com as experiências deles e se, talvez, eles também estivessem precisando falar ou desabafar com alguém. Quem sabe, até receber uma boa indicação para aquele momento, além de sentir-me útil e mais próxima deles e eles de mim. Minha inquietude me pedia para sair daquela rotina enfadonha. Entrei em ação e criei uma proximidade com meu círculo de amizade, familiares e vizinhos. Foi uma experiência rica e gratificante. A maioria foi receptiva e demonstrava alegria com meu contato, por *WhatsApp* ou telefone.

Acompanhei pessoas que, morando com a família ou sozinhas, estavam com os nervos à flor da pele, com problemas emocionais, psicológicos desencadeados ou desenvolvidos pelo isolamento. Muitas descobriam que não conheciam seus familiares. Algumas diziam: "Acho que nasci na família errada ou sou adotada (sou tão diferente deles)." Essas diferenças cresceram com a convivência 24 horas debaixo do mesmo teto. Foram muitos conflitos, e juntos lutaram pela busca do convívio harmonioso. Esforçaram-se, conscientizaram-se de que não seria tarefa fácil. E, assim, ativaram o bom senso, e no consenso exercitaram a paciência, tolerância e a criatividade. *O respeito e desejo sincero de êxito marcaram presença fundamental para se atingirem os objetivos.* Negociaram a divisão de tarefas, acordaram o uso do espaço da casa, conciliaram as brincadeiras, o espaço das crianças, os horários para todas as atividades e necessidades de todos(as).

Essas famílias foram bem-sucedidas, se conheceram melhor, se reaproximaram, fizeram descobertas importantes sobre cada um e se tornaram mais felizes que antes. Passaram a se gostar mais e a aproveitar bem o momento em família. Os dias para elas ficaram mais agradáveis, mesmo em momento difícil de clausura. Entenderam que o caos existia só lá fora e que a união da família é uma bênção. *Foram vitoriosas e seguramente ficaram mais fortalecidas para o enfrentamento da vida!*

Lamentavelmente houve família desestruturada, sem harmonia, de baixa energia e compreensão, sem paciência nem tolerância, tampouco disposição para mudar. O intenso convívio só agravou os problemas. Houve afastamento, discórdia, mais conflitos, separação de casais.

Como vimos nas mídias, houve crescente violência doméstica, como o feminicídio, uma vergonha para a humanidade em pleno século XXI! Creio que essa crescente violência se dá pela ausência de leis rigorosas e punitivas para solucionar ou pelo menos minimizar essas barbáries. "Esses fatos, não têm recebido a importância adequada!"

O descaso não combate o crime, só aumenta! Esse trágico e infeliz cenário precisa mudar!

Encontrei famílias com sérias dificuldades financeiras, pelos mais variados motivos, por exemplo: demissão do emprego do casal, as pessoas autônomas que perderam a condição de trabalho e renda, ou microempresários que tiveram seu comércio fechado. Todos endividados, desesperados, revoltados, sem perspectivas. Um quadro triste e alarmante!

Muitos que moram sozinhos passaram a ter quadro de solidão pelo isolamento social. Impossibilitados de sair de casa, sentem-se presos, com necessidade de calor humano, afeto e não sabem mais o que fazer para passar o tempo e escapar do esgotamento ou da depressão. Reclamam de tristeza, irritabilidade, insônia. Sofrem de pânico, vazio, tristeza profunda, choro sem controle, entre outros tantos sintomas e doenças desencadeadas. Principalmente as pessoas idosas, as que não gostam de muita coisa ou de nada. Infelizmente, há pessoas que não gostam de filme, programa de televisão, novela, esporte, música, leitura, jogos diversos e nenhuma atividade física. Não sabem nem têm interesse em lidar com computador ou internet, não têm celular, não gostam de cozinhar, não apreciam nada. Assim tudo se complica.

Sem julgar, mas creio que a pessoa que reúne essas condições não sabe nem mesmo o que está fazendo no mundo. Vive sem perspectiva, sem gosto pela vida e nada aproveita, parece até viver à espera da morte. Está num grau de insatisfação elevado e assim prossegue amargurada, tornando-se forte candidata à depressão e a outras doenças. Pessoas assim necessitam de ajuda profissional da área de saúde mental. Com muito jeito, para não magoar ou agravar o problema, orientei que buscasse ajuda, pois esse tipo de comportamento induz a pessoa a ter maior dificuldade de viver bem, principalmente para permanecer no isolamento social. *E é aí que reside o perigo em múltiplos contextos, inclusive "risco de suicídio!"*

Encontrei também pessoas de uma mesma família de bem com a vida, em paz consigo, aproveitando bem seu tempo em casa, aguardando pacientemente o término da pandemia. Uma bênção! E, claro, quis saber como isso se dava, para compartilhar. Disseram-me: — *Basta se conscientizar da real necessidade de todos!* — Excelente receita, não é?

No meio dessa turbulência muitas pessoas sofreram perdas ainda maiores, como mortes de parentes ou amigos pela covid-19 e por causas não conclusivas. Os óbitos ocorreram sem que os resultados dos exames de covid-19 ficassem prontos. Infelizmente tive essa experiência. Perdi um tio cuja causa da morte não foi conclusiva. Disse a mim mesma: fase impactante da pandemia, época difícil até para morrer!

Não houve velório, nem pude ir ao enterro de meu tio, em abril de 2020. Muito triste!

Em meus contatos fiz muitas descobertas interessantes. Houve empresário que entrou em desespero já nos primeiros dias de pandemia, enlouqueceu e tocou o terror. Dois amigos que trabalhavam numa mesma empresa desabafaram comigo sobre suas condições de trabalho "insustentáveis". O horário normal de trabalho da empresa antes da quarentena era de segunda-feira a sexta-feira. No isolamento com o *home office* tudo mudou! Suas chefias passaram a agendar reuniões por videoconferência diariamente antes e após o expediente, de segunda-feira a sábado).

A direção da empresa abraçou o comando da área comercial, as cobranças foram extrapoladas, o *script* de vendas alterado e a abordagem passou a ser extremamente agressiva e abusiva. Ordenavam aos vendedores vender ou vender. Quem não atingisse a meta conforme a nova pauta exigida seria demitido. Obrigavam os funcionários a trabalharem até domingo, "*via online*" e diziam: — E não venham me falar sobre leis trabalhistas e seus direitos, pois eu também quero os meus direitos e quem vai me dar? — Um horror! A diretoria queria voltar ao trabalho presencial.

O presidente alegava que não adiantava querer esconder-se do vírus em casa. Seria melhor que todos voltassem as suas atividades presenciais e logo se infectassem (enquanto ainda havia leito).

Os funcionários não concordaram, ficaram indignados com a postura do presidente e seguiu o *home office*. Meus amigos não aguentaram a exacerbada pressão e se demitiram.

Na quarentena, as demissões seguiram em disparada, ou por via virtual ou por telefone. Momento tenso e preocupante para o trabalhador. Os profissionais de RH nunca foram tão solicitados e importantes no papel de conciliadores. Fase delicada para esses gestores de RH na difícil missão de mediadores entre chefias e funcionários. Triste para quem vai e para quem fica. Ambas as categorias seguem aflitas, com medo das consequências e do futuro. Nas ocorrências aqui descritas, tentei na medida do possível contribuir para a melhoria de todos que precisavam de alento. Era tudo o que eu podia oferecer. Ficava gratificada por saber que meu contato era bem-vindo, conforme me diziam. Eu ficava feliz, sentia-me útil e feliz por ajudar, pouco que fosse. Confesso que, diante de cada expressão de desabafo ou lamento dessas pessoas, pelas quais tenho afeto, e com as quais sofria junto, tentava ajudá-las com palavras de conforto! Recebi *feedback* positivo. Agradeciam-me por ouvi-las e pelas palavras de alento que expressei. *Esse foi certamente meu maior presente na pandemia!*

Não sou beata, carola, jamais fanática por nenhuma religião; tenho respeito por todas. Sou espiritualista, creio em Deus, em Jesus, na Mãe Energia Universal, Maria, mãe de Jesus, e Mãe Natureza. Reconheço a força desses cinco pilares, nos quais acredito e os quais respeito, também creio na Energia Divina que vem deles. E como é importante termos essa força e crença dentro de nós!

Ouvir as diversas e valiosas experiências de minhas amigas, de meus amigos, de parentes e vizinhos(as) (todas no confinamento), algumas das quais compartilhei aqui com você, foi uma experiência única, de rico aprendizado, que, somada às minhas, me serviram de alicerce para manter-me viva e saudável.

Creio que qualquer experiência, seja ela boa ou ruim, é sempre um aprendizado do qual devemos extrair o seu melhor, ver pontos positivos, e procurar não potencializar a parte ruim, para se viver melhor!

Diariamente agradecia por estar viva e saudável, bem como pela minha família, amigos(as) e nossos animais de estimação, que fazem parte da família.

Quando a impaciência, a ansiedade ou a tristeza queriam me visitar, eu não as recebia. Descia para a quadra do meu condomínio e jogava bola, futebol ou basquete (sozinha mesmo e me sentia muito bem). Descobria que a cada chute que eu dava na bola, ou a cada acerto na cesta, era como se estivesse pondo minha ira e meu estresse para fora. Efeito ótimo!

Constatei que o ser humano é um eterno insatisfeito, egoísta e narcisista. Reclama de tudo, outras vezes, quer tanto algo e quando conquista perde para ele a importância, encanto ou valor. É como se o gramado do vizinho fosse sempre mais verde, com jardim repleto de flores mais belas e de perfumes raros. Dessa forma, esse ser insatisfeito é invadido por um sentimento confuso e vazio que o atormenta. Então se pergunta: "Era isso mesmo que eu queria?" E responde a si mesmo. "Infelizmente era!" Então por que não estou feliz? Agora que alcancei o que queria não me importo mais com isso? Alimentei tantas expectativas, no entanto, sinto-me mergulhado num sentimento estranho e busco outra coisa que ainda não tenho.

Lamentavelmente, nem todas as pessoas param para refletir sobre isso e seguem sem lucidez, fora de órbita. E assim inquieta, no automático, em descontrole permanente, essa pessoa não comunga de sentimentos nobres, como gratidão pela conquista do que almejava ou simplesmente gratidão pela vida e saúde que tem. Não aprecia o belo nas pequenas coisas, nem possui sensibilidade para entender os reais valores da vida encontrados nas coisas simples e segue sua estrada numa utopia infinita. Sua vida é traduzida numa verdadeira maratona desenfreada, cheia de compromissos, numa corrida maluca em que não tem tempo para nada, além de trabalho, baladas, viagens (às vezes, estudo). Prioriza o que acha importante para ele(a). Que, na maioria das vezes, é ele(ela) mesmo(a)! Mãe, pai, filhos(as), irmãs, irmãos, avós, avôs, tios(as), amigos(as)? Esses, por vezes, quando muito, ficam com o mínimo das sobras e migalhas. *E, se não policiamos nossos pensamentos, intenções e atos, erramos todo dia, toda hora. Mesmo me monitorando sigo a falhar.*

A quarentena deixou-me mais reflexiva. Entendo que vivemos num planeta dentro do universo, e tudo no universo se move, se transforma e evolui. O progresso faz parte dessa engrenagem, mas tem que haver consciência do ser humano. Nosso planeta Terra passa por transição astronômica. Transformação é o ápice do agora! O ser humano muda ou muda. Não há alternativa. Se não houver mudança, penso que poderemos ter ainda tragédias piores, conforme meu conhecimento e entendimento do plano espiritual.

O ser humano, "nem sempre humano", é muito complexo, porém é um ser adaptável e mutável. Vivemos hoje com a liberdade condicionada, e até quando? Não sabemos!

Com o avanço científico e tecnológico, alinhados a interesses escusos, podemos ter a liberdade cada dia mais controlada, vigiada e limitada (mesmo sem a pandemia).

Vivemos a perda do abraço, do aperto de mão, do toque. Trocados pelas palavras de ordem: "fique em casa", "use máscara", "mantenha o distanciamento físico". É a situação do momento: Não gostou? Problema seu! É o que temos para hoje e se dê por feliz por estar vivo e saudável!

A propósito, no isolamento houve quem descobriu que pode viver bem com pouco.

Diante dessa pandemia cruel, há muito profissional da área da saúde, segurança e outras áreas de primeira necessidade, na linha de frente, que, mesmo temerosos, saem todo dia para trabalhar, se expõem e correm risco de vida, enquanto você, e muitos, podem ficar no conforto do seu lar com a família. Boa parte desses profissionais utiliza transporte público em condições precárias, correndo riscos de se contaminarem! O perigo de contágio para eles é grande, e a vida deles vale tanto quanto a de quem tem o privilégio de poder se isolar.

Defendo que bons médicos(as), enfermeiros(as), técnicos(as), fisioterapeutas, e tantos outros bons profissionais da área da saúde mereçam primeiramente o nosso respeito, mas também reconhecimento em todos os aspectos, inclusive de melhores remunerações, assim como outros profissionais, como bombeiros, profissionais da área de segurança, repórteres, jornalistas, entre outros profissionais de áreas essenciais. *São esses os verdadeiros heróis e heroínas da vida real, mas, infelizmente, não reconhecidos.*

Que bom que, "mesmo sem esforço ou consciência", podemos contar com esses profissionais que se expõem para cuidar de nós e da nossa família. Muitos podem desfrutar do conforto de sua casa. Outros tantos não têm esse privilégio. Muitas pessoas vivem numa verdadeira fortaleza, onde nada lhes falta. Se falta algo, o *delivery* resolve. Temos de acordar para esse novo mundo. Rico, pobre, de qualquer nacionalidade, etnia, gênero sexual, classe social, tiveram que se isolar.

A eterna mania de grandeza, de se achar melhor que os outros por ter situação financeira abundante; ou dizer que é de país rico, de primeiro mundo, verdadeira potência... Era mesmo tudo isso? Agora não é mais... Está tudo nivelado!

A potência de um vírus invisível provou ser maior e reduziu nosso orgulho tolo a nada!

Mesmo assim, ainda existem diferenças. Embora no auge da pandemia os bens materiais não tenham tanto valor, ajudam quem os possuem, no caso de contágio pelo coronavírus, talvez consiga prolongar a vida. Mas nem sempre o dinheiro consegue salvar vidas. Vimos e vemos pobres e ricos, mortos, tratados igualmente: corpos embrulhados em um saco plástico preto, jogado num caixão lacrado, transportado num carro frigorífico até o cemitério, despejados numa cova, como se fossem um objeto qualquer, cobertos por terra, ou cremados, sem direito a velório, flores, cortejo...

Nem a família pôde se despedir de seus entes queridos.

Esse triste cenário é visto nos quatro cantos do mundo. Pessoas queridas que partiram sem tempo nem espaço para despedida. A distância, choro, tristeza, revolta, insegurança, desespero, saudade, sofrimento, medo, arrependimento de não ter estado mais com quem partiu. Remorso por não ter abraçado, amado e beijado mais, ou de não ter dito EU TE AMO! Tarde demais! Essa é a prova real de que somos todos iguais, e de completa fragilidade.

Seria o coronavírus o vírus da igualdade? Sabemos que ele não é preconceituoso, não faz nenhuma distinção, abraça pessoas de qualquer gênero, país, idade, etnia, ricas ou pobres. Veja só que belo exemplo de igualdade ele nos dá! Ele é mais evoluído que a raça humana!

Contudo, há quem esteja ainda em vantagem. Sem dúvida não estamos todos no mesmo barco. Estamos todos vivendo uma grande tempestade, velejando num mar turbulento, porém, em condições distintas: uns em um cruzeiro, outros em navio, outros em barcos, alguns em botes, e tantos outros em nado braçal, sem nenhuma proteção. Esses são os vulneráveis, que ficam na linha de frente do contágio do temido vírus, prestes a sucumbir a qualquer momento, estão à deriva, contando apenas com a proteção divina. Esses e a categoria dos moradores de rua.

Não podemos ser as mesmas pessoas depois dessa experiência! Não é inacreditável? Precisou um vírus invisível nos ensinar a termos gratidão a Deus, pela vida, pela saúde, pela nossa respiração...

Mas nem todos aprenderam! O ser humano ainda não mudou, mesmo diante dessa maldição instalada. Isso é muito preocupante e penso: "O que mais precisa acontecer?" Reflito: *Precisou um vírus para desacelerar o desequilíbrio humano, numa tentativa esperançosa de salvar o planeta de seu predador? Então esse vírus tem causa nobre?*

Parte da sociedade passou a orar mais e buscar a Deus pela dificuldade do momento. Oramos por medo, covardia, desespero. Até céticos passaram a ter fé, e quem tinha pouca crença passou a suplicar por mais fé. Houve certo amadurecimento e união das religiões, algo nunca visto antes. Que coisa linda! Todas numa única voz em prece pelo mundo, por todos os povos, numa mesma corrente de fé, paz, energia positiva, do bem para o bem, não importa a quem. Esse é o modelo ideal, afinal, DEUS É UM SÓ!

A caridade está em alta com muitas frentes de trabalho voluntário em ações de ajuda aos necessitados. Uma bênção! Passamos a valorizar mais a nossa casa, onde quase não ficávamos. Muitos de nós a tratávamos como um hotel. Agora quem sabe percebamos prazer nas atividades domésticas. Talvez descubramos ainda que a casa é nosso mundo particular, nosso porto seguro e que pode ser também nosso lar. Só depende de nós!

As mortes são numerosas em todo o mundo, independentemente da idade. Vemos bebês e idosos com mais de 100 anos se recuperarem do vírus. Também vemos crianças, jovens e idosos morrerem por consequência dele. Razão para crermos que as pessoas que se contaminaram, e permaneceram vivas, deve ser por alguma razão. Por quê? *Será que são pessoas muito saudáveis, com um bom sistema imunológico, ou não era a hora da sua partida? Uma incógnita, não é? Ou é coisa de outra dimensão?*

Sendo falha e muito imperfeita como sou, por diversas vezes, desejei que esse maldito vírus levasse a óbito só as pessoas más. Ladrões, assassinos, estupradores, pedófilos, corruptos, irresponsáveis, estimuladores e sustentadores de guerras, quem maltrata os animais, destrói a natureza, entre outros bandidos, ao invés de levar pessoas boas, crianças e inocentes. Mas aprendi que não devo julgar nem condenar ninguém a nada; tenho que entender que cada ser humano tem a sua missão, seu aprendizado, a liberdade de seus atos, e que todos têm as mesmas oportunidades para se tornarem pessoas do bem. Mas não é fácil ver gente boa partir, enquanto malfeitores seguem neste planeta praticando maldades. Por isso, creio que quem passou pela trágica experiência da covid-19 precisa modificar seu modo de viver, atento(a) para prosseguir com espírito mais humanizado e evoluído; a lei de causa e efeito existe. Pergunte-se: "Que aprendizado essa pandemia me proporcionou e o que farei com ele?" Sempre afirmo que considero um presente esse aprendizado!

O lado bom que esse vírus nos dá é a oportunidade de transformação, renovação e renascimento! Existem pessoas do bem, solidárias, praticantes da caridade, mas ainda são minoria. Prova disso são as guerras e a violência no mundo. Devemos aproveitar essa oportunidade para melhorarmos interiormente, elevarmos nossa espiritualidade. A humanidade caminhava desordenada, desvairada, egoísta, individualista, violenta, sem crença nem respeito aos valores essenciais, como gratidão, caridade, compaixão, entre outros.

Mães e pais terceirizavam a criação de seus filhos sem encontrar tempo para eles. Abandono de crianças e idosos em orfanatos e asilos ou mesmo em suas casas. Desunião, falta de amor ao próximo, aos animais e ao meio ambiente.

Com a quarentena finalmente a fauna e flora puderam respirar um pouco aliviadas. Houve uma substancial redução de poluentes na natureza, que em colapso chorava pelo fim da violação de seus direitos. Animais já não tinham onde morar nem onde se refugiar. Excesso de automóveis nas ruas e estradas despejava alto índice de monóxido de carbono no ar. Oceanos ameaçados, mares e praias agonizavam, imploravam uma trégua pelo excedente de lixo e escassez de oxigênio.

Infelizmente seguem as queimadas e permanece o choro da flora e da fauna, que pedem socorro.

Um triste retrato do poder destrutivo do ser humano! Temos um mundo sucateado que necessita da boa atitude de todos nós, com consciência ambiental para torná-lo saudável e sustentável.

Evidente que, além do sofrimento que a pandemia nos trouxe, teremos os reflexos dela em grande escala e por longo tempo. Certamente a crise econômica vai continuar. Hoje a produção da indústria está em queda, como no comércio; entre outros segmentos, uns mais que outros. Mas temos e teremos outros segmentos em crescimento expressivo. No auge da pandemia, o segmento que está em alta é o *delivery*. Além de sua tendência de crescimento. As vendas on-line continuam em alta, apesar da exploração das pessoas que fazem as entregas. As vendas *online* e o trabalho *home office* vieram para ficar. Creio que surgirão novas frentes de trabalho oriundas de futuras necessidades.

Entendo que temos e teremos menos dinheiro no bolso e que será fundamental priorizar a melhor maneira possível de administrar esse dinheiro, com ações de reeducação de gastos. Será essencial o consumo consciente, sem ostentação e excessos, como antes da pandemia, que era exagerado.

Haverá maior desemprego, muitas pessoas foram e irão para a informalidade. Com a perda de renda, percebe-se uma tendência de novos empreendedores em diversas áreas.

O desnível socioeconômico se escancarou e segue num crescente. Há e haverá maior endividamento e mais fome no mundo, por consequência da crise da pandemia, sem descartarmos a possibilidade de risco de recessão, crise alimentar mundial, com preços de alimentos em níveis elevados, que terá seus reflexos por longa data.

Importante enfatizar que havia um consumismo exorbitante e desnecessário, pessoas sem valores morais, éticos, entre outros, imperava. Acredito que o ser humano cavou sua própria sepultura e fez por merecer chegarmos aonde chegamos, com a presença desse *fantasma, porque não o vemos, porém, mais forte, veloz e destruidor que uma guerra (dependendo do ângulo que se enxergue). Talvez seja essa a terceira guerra mundial (sem armas, diferenciada) que requer atenção e cuidados especiais da área da saúde, dos governantes e da sociedade.*

A responsabilidade é de todos nós. Cada um tem que fazer a sua parte. Essa é a grande missão, preocupação e desafio de todos nós, embora *o maior mistério do mundo seja entender o ser humano, haja vista tantas barbaridades diante do caos!*

Penso que haverá mudanças de comportamento social e de consumo que abrirão oportunidades de novos negócios estratégicos para atendimento dessa futura demanda. Aparecerão novas atividades com necessidade de adaptações de outras áreas, como indústria, produtos e serviços, agricultura e demais segmentos, além da ampliação do trabalho de *home office*, entre outras frentes tecnológicas.

Logo, as pessoas em geral, empregadores e profissionais, precisam essencialmente estar preparadas para essas inovações. As pessoas devem estar sintonizadas com a importância da sua saúde, por ter adquirido hábitos alimentares mais saudáveis no confinamento, maior higienização no manuseio de alimentos, nos cuidados pessoais, com a casa e mais prudência com seu bem-estar. Devem praticar mais atividades físicas para compensar o sedentarismo adquirido na quarentena, em busca de melhor saúde física, além de cursos e terapias, para atingir melhor qualidade de saúde mental e qualidade de vida.

Na área da saúde mundial, enxergo que especialistas tiveram uma experiência intensa, sofrida e com ela adquiriram vasto conhecimento e visão logística sobre o sistema de saúde pública, hoje ineficiente no mundo, bem como sobre o sistema de saúde privado, conforme o caos constatado nessa pandemia. Creio que estarão mais bem preparados e adotarão medidas expressivas para atender às necessidades desse novo mundo, aplicando um modelo funcional mais adequado para não sermos surpreendidos na eventualidade de novos caos. É o que esperamos!

Sou otimista, e assim creio que medicina e ciência unidas buscarão rápidos caminhos para o combate desse e de novos vírus, com vacinas e remédios eficazes.

Na minha opinião, todas as nações deveriam focar essas prioridades, sem dar maior importância às guerras paralelas de medição de força de poder político ideológico ou de qualquer natureza. Sem conspiração ou especulação se o coronavírus é ou não arma biológica criada em laboratório para fins de interesses políticos e comerciais dos países "X" ou "Y". Mas sim que cada nação prossiga com ações preventivas, oferecendo maior segurança com ampla responsabilidade e respeito em seus experimentos de pesquisas, para evitar incidentes destrutivos contra a humanidade e o planeta. Sem calúnias ou buscas incessantes (enquanto a humanidade é devorada pelo coronavírus).

Não há tempo para achar culpados ou suspeitos dos atuais problemas. Difícil comprovar em pouco tempo, ou até futuramente, se o vírus foi fabricado ou não. O que importa agora é imunizar as pessoas no mundo todo. *Depois se proceda à investigação para saber a origem do vírus.*

No presente são fundamentais seriedade e foco na causa principal, concentrados no avanço da ciência, com senso global a favor da vida, priorizando a produção de drogas capazes de aniquilar quaisquer vírus, atuais e novos, bem como a cura do câncer, HIV/AIDS, doenças autoimunes, entre outras enfermidades graves.

Consciência e ética são palavras de ordem para fins de saúde mundial, patrimônio da humanidade, sem visar demasiadamente interesses comerciais e financeiros da poderosa indústria farmacêutica, mas tendo como primazia a vida humana! E só após a descoberta da vacina contra a covid-19 e a imunização da humanidade que se deve dissipar toda e qualquer dúvida sobre a origem do coronavírus. E se houver responsáveis pelo surgimento do vírus, que sejam punidos devidamente pelo caos causado ao mundo, principalmente pelo número de vidas interrompidas e perdidas, sofrimento, dor e terror contra a humanidade.

Entendo que a área da educação terá um grande desafio com o ensino à distância. Estamos na era virtual. O professor, além do conhecimento tradicional, tem que adquirir capacitação técnica para aulas *online*, e os alunos também necessitam desse aperfeiçoamento. *Quem vai promover esse preparo?*

A questão da carência e do despreparo de alunos e professores, principalmente dos alunos desprovidos de condições financeiras, é muito séria. Nem todo aluno de comunidades carentes possui computador e ou internet!

A pandemia evidencia as diferenças entre as pessoas. Fundamental entender isso para apoiar e suprir as necessidades das pessoas vulneráveis. Sabemos que o aluno da periferia não tem os mesmos recursos que alunos de classes favorecidas, o que pode gerar comprometimento do rendimento escolar. *Se o nível de ensino na rede pública nos últimos anos já não era bom no modelo presencial, que dirá no ensino à distância?*

Causa apreensão essa situação. Conheci o estudo à distância antes mesmo da pandemia, e uma experiência em especial me chamou a atenção. Em 2016, acompanhei uma adolescente em uma universidade para a realização de vestibular, com dia e hora agendados. Entrei com a vestibulanda na sala de exame. Só havia uma pessoa fazendo prova à distância no computador da universidade, e o que vi me deixou pasma: a aluna estava com o livro aberto, lendo e respondendo à prova, livre, sem monitoramento! Fiquei tão impactada com a cena que fiz questão de checar o que via. Perguntei à aluna só para ter a certeza: — Você está prestando vestibular? — A moça respondeu-me: — Não, estou fazendo prova. — Importante ressaltar que, se antes da pandemia isso acontecia, com a covid-19 a miséria se agravou, e as pessoas precisam muito mais ir atrás de seu ganha-pão... *As pessoas e as escolas... Aonde isso vai? E que tipo de profissional teremos no futuro com um aprendizado tão falho?*

Outro fator que merece consideração especial é a evasão escolar. De um lado, crianças e jovens, pertencentes à era digital, que reúnem condições financeiras, conheceram a comodidade e o conforto de estudar em casa, via *online*, se adaptaram a esse novo formato, que, para muitos, é mais gratificante que o modo presencial e vão lutar para continuar na zona de conforto de suas casas.

De outro lado, há crianças e jovens que não se adaptaram nem se adaptarão ao estudo à distância por falta de recursos. Não possuem equipamentos eficazes para estudar, o sinal da internet é ruim, isso quando a têm. Ainda há bairros da periferia onde o sinal de internet é inconsistente, com oscilações, outros que nem internet possuem. São precariedades que causam perdas de aulas e, consequentemente, desestímulo, aprendizado comprometido e limitado.

Atuei durante anos na área de RH e ficava perplexa ao constatar que jovens recém-formados no ensino médio, em diversas escolas públicas e também particulares, não conseguiam redigir uma simples redação ou fazer uma conta básica primária de somar ou subtrair. Pelo que me dizem amigos que atuam na área da educação e também professores, a situação permanece assim. Isso antes da pandemia. Hoje não consigo imaginar!

Forte perigo de haver, da parte do ensino público, de modo acentuado, o "finjo que ensino, mas não ensino", e, da parte do aluno, o "finjo que aprendo, mas não aprendo, mesmo assim passarei de ano." O importante é o canudo! Perigo iminente!! A baixa qualidade do ensino e sua superficialidade serão levadas para a faculdade/universidade e para o mercado de trabalho. Creio que afetará a produtividade do país.

Precisamos de EDUCAÇÃO para salvar a nação, porém, de BOA EDUCAÇÃO! Mas quem é que vai promover essa tão necessária educação? Há décadas nenhum governo prioriza a área da educação em nosso país.

Além das aulas não presenciais, espantei-me com os riscos das tantas armadilhas já existente, criadas em tempo recorde na pandemia. São inúmeros cursos livres, estranhos.

Infelizmente o ser humano encontra formas de tirar proveito e vantagens das pessoas em momentos de fragilidades e tragédias. Isso é muito assustador, porém real.

Há espertalhões vendendo promessa de cursos diversos, entre eles, cursos de neurociência, cérebro ágil, mente saudável e feliz, com elevação da autoestima e potencialização da alegria no isolamento social. Garantem que a pessoa está apenas isolada fisicamente, mas estará ativa no meio social "via virtual". Agem como se tivessem descoberto "o segredo da felicidade", de modo simples e via *online*. Infelizmente vendem muitos desses cursos! Precisamos estar atentos contra golpes dessas quadrilhas.

Sabemos que a criatividade se torna mais aguçada diante da crise. Esses sugadores da desgraça coletiva aproveitam momento de obscuridade para exploração. Com abordagens bem elaboradas, exemplos bem articulados, destacam a extrema importância para o equilíbrio emocional, com *scripts* criados por especialistas em *marketing* digital, com linguagens atrativas para essas finalidades e bem convincentes. São muitos os espertalhões que se deram bem, obstinados em vender a qualquer preço para um contingente vulnerável pelas circunstâncias vividas. Principalmente os idosos. Portanto, fiquemos atentos! Fundamental nos protegermos contra essa exploração.

Pelo que pude perceber, infelizmente, muitas pessoas estão e ficarão com sequelas mentais, emocionais e físicas, contraídas ou acentuadas no período da pandemia (quem teve ou não a covid-19), e creio que psicólogos, psiquiatras e tantos outros especialistas das áreas da saúde mental, emocional e também da saúde física terão elevada demanda de trabalho.

Espero que não haja no futuro preconceito nem discriminação dos empregadores na admissão de pessoas que tiveram covid-19. Como há tanto preconceito contra as pessoas, esse risco existe. Importante estarmos preparados para combatê-lo!

Sem generalizar, na esfera política, que é ponto nevrálgico pela sua complexidade, desde concorrência, ganância, disputa de poder, orgulho, ego nas alturas, manipulações, vaidade, ausência de ética, corrupção... a história nos mostra exemplos de má conduta por muitos políticos, e a tendência de eles se especializarem ainda mais na bandidagem para não perder seus cargos ou ser impedidos de assumir novos aumenta. Isso é preocupante!

Costumamos ver políticos se julgarem plenos, absolutos, poderosos, intocáveis, acima do bem e do mal, que se acham verdadeiros deuses. Penso que somente Deus para tocar os corações duros, impuros, frios e maldosos dos muitos dirigentes de nações pelo mundo afora, bem como governadores, ministros, prefeitos e outros tantos cargos públicos. Por outro lado, creio que Deus não se envolve nisso, pois cada pessoa precisa melhorar por si só para crescer e evoluir. É a lei da livre escolha.

É aí que mora o perigo: onde comprar consciência, e quem vai querer comprar?

É necessário que haja consciência dos governantes das nações para promover uma mudança interior, na extração do seu melhor, para concentrar-se nas questões essenciais da construção de um mundo melhor, em que a justiça e a paz reinem entre todos os povos. Este será um grande desafio.

É necessário um movimento com a participação ativa da sociedade, exigindo de seus governantes esse processo de paz e justiça para todos(as) cidadãos e cidadãs. Será isso possível? Estamos conscientes e preparados para agirmos com essa grandeza? Para se atingir mudança dessa magnitude teria que acontecer algo sobrenatural! Ou não! Não há nada como uma boa educação para operar esse milagre! Seria possível ou não passa de minha ingenuidade?

É fundamental que governantes de todas as nações respeitem seu povo, com limite de autoridade, sem abuso de poder, sem estímulo a guerras, muito menos invasão às áreas de conhecimentos específicos, compostas de cientistas, especialistas, estudiosos, por exemplo a área da saúde, em que é imprescindível respeitar as orientações da OMS.

Defendo que o tema saúde deva ser de âmbito médico, científico e não político. Vimos e vemos, em plena pandemia, governantes de algumas nações agirem de modo leigo, alienado, com ceticismo, deboche e descaso. Ignoram a letalidade do vírus existente, afrontam especialistas e sumidades da área da saúde e ciência.

É preciso ter leis claras e rigorosas, que imponham limites para a proteção da humanidade e do planeta. Leis explícitas, que possam afastar definitivamente do poder, sem direito a retornar à vida pública, todo governante malfeitor contra a humanidade e o planeta. O achismo não pode medir força com a ciência! Uma afronta descabida, incompatível e criminosa.

Há muitas disputas políticas e ideológicas, com brigas exaustivas, vaidade de poder, em detrimento da defesa da vida. Enquanto isso, o contágio se acelera, o volume de morte cresce, e o índice de suicídio, de violência e de tantas outras tragédias aumenta em decorrência do quadro caótico em que se encontra a humanidade, para o qual não se dá a devida atenção.

Temos ainda a doença chamada fome, que mata milhões de pessoas todo ano no mundo. E outras doenças, como injustiça, ambição, desigualdade, omissão, ignorância, preconceito, racismo, corrupção, violência, exclusão, pedofilia, homofobia, feminicídio, polícia violenta, que, por negligência em suas operações, ausência de ética e respeito à vida, matam milhões de inocentes, e tantas outras doenças decorrentes da ignorância continuam matando.

Destaco agora uma área extremamente importante: o jornalismo sério, investigativo, comprometido com seu papel, feito com profissionalismo. A imprensa, a mídia, os repórteres, os jornalistas!

O jornalismo tem papel de suma importância na informação e publicação de fatos.

O bom jornalismo ético aponta situações, denuncia fatos, cobra resultados, investiga desajustes, provoca e promove ações de mudanças, e é sem dúvida grande aliado da sociedade, e, portanto, merece nosso respeito. No entanto, essa classe é muito perseguida e desrespeitada por autoridades em muitos países. Lastimável! Alguém já disse: "A imprensa deve servir aos governados e não aos governantes!" Parabenizo aos bons profissionais de jornalismo pelo importante trabalho que realizam. Muitas vezes são ameaçados e agredidos verbalmente e até fisicamente no exercício de suas funções, por incomodar quem não é bem-intencionado.

Meu profundo respeito e agradecimento ao jornalismo com profissionalismo, feito com seriedade, responsabilidade e respeito, sem sensacionalismo, tão somente alicerçado pela verdade e ética!

Ouço muito as pessoas perguntarem: — Quando retomaremos a normalidade? — A antiga, antes da pandemia? Essa, espero que nunca mais! Porque o ser humano andava distante de Deus, da família, despido do amor ao próximo, aos animais, à natureza e ao nosso planeta. Reconheço que corremos o risco, ainda maior, de reconstruirmos uma realidade semelhante ou até pior à que tínhamos antes da pandemia se o ser humano não se edificar. *Triste, porém possível!*

Creio que precisava haver uma freada planetária! Mesmo assim, sem nenhuma certeza ou garantia de que o mundo virá a ser melhor após a pandemia. Só será melhor se a sociedade se mobilizar com a lente da verdade, com igualdade, consciência e amor.

Por outra ótica, entendo que a normalidade virá da nova realidade (se houver) e, com ela, após estabilidade dos novos padrões de vida, conceitos, hábitos, costumes, novos comportamentos em todos os âmbitos de modo efetivo. A partir disso, imagino que será criada uma espécie de termômetro ou indexadores desses novos valores ou regras regidas pela remodelação... Ainda é tudo muito incerto!

Importante lembrar que estamos colhendo o que plantamos há muito tempo. O sistema planetário é paciente, é sábio, mas de tempos em tempos cobra nossa colheita. Basta fazermos uma retrospectiva. E, se não aprendemos por amor, aprendemos pela dor! Conhecemos bem essa frase, não é? Não aponto o dedo apenas para as feridas dos outros, aponto também para as minhas. Já errei muito e continuo a falhar, mesmo tentando melhorar!

Em meio a toda a calamidade pela qual estamos passando, nota-se, infelizmente, que o ser "humano" não mudou. Como diz o dito popular, de médico e louco todo mundo tem um pouco. Surgem especialistas de todas as áreas, em todo lugar, ditando regras. Pessoas leigas, curiosas, atrevidas, ousadas, alienadas que nada aprenderam e abusam da sorte. Outros, maldosos, desocupados, inconsequentes, que alimentam o medo e o desespero das pessoas, destilando veneno com disparo de ódio e *fake news*. É muita irresponsabilidade e crueldade!

Desejo e espero que haja um mundo novo e que esse seja melhor! O de antes estava doente! Mas, e se não houver esse mundo novo, porque nós não mudamos?

As mudanças terão de ser de consciência, comportamental, social, espiritual, em todos os âmbitos. Missão faraônica, quase impossível, mas somos capazes, se quisermos.

Essa mudança transformadora precisa vir do coração.

É hora de dizer "adeus, Ano Velho" e "feliz Ano Novo". E lutar para que esse novo ano seja um ano melhor! *Quero melhorar, estou tentando, será que vou conseguir? E você?*

Por tradição, no dia 31 de dezembro, a zero hora, comemoraremos a entrada de um novo ano, porém sem jamais esquecermos que em 2020 comemoramos a entrada de um Novo Ano a Cada Dia devido ao grande desafio diário de nos mantermos vivos!

Conforme já foi dito, cada ano que nasce é um novo livro em branco à espera de que escrevamos a mais bela história. Então, vamos escrever uma linda história neste ano que está nascendo! O mundo está carente e suplica AMOR!

Essa pandemia foi e tem sido bem dolorosa, mas entendo que temos que extrair dela o lado positivo de um aprendizado e de nosso crescimento. Vencer essa catástrofe, estar vivo e com saúde em 2020, após a ocorrência de milhões de mortes, em todo o mundo, além de inúmeras dificuldades, vacina que não havia, conseguirmos chegar a 2021 é grande bênção!

Sei que você que é do bem, hoje se vê mais forte e agradecido(a) por muitas razões, mas principalmente por sua superação.

Esse meu relato e considerações foram escritos durante a pandemia de março a dezembro de 2020!

Obrigada, 2020, por me permitir resistir a tantas dores. Um período do qual não terei saudade! ADEUS, ADEUS, ADEUS!

FELIZ ANO NOVO!
QUE SEJAMOS PESSOAS MELHORES!

Abri os olhos, é janeiro de 2021, estou viva, sobrevivi, que bênção! E você também, mais bênçãos! Gratidão, gratidão!

Inicio esta nova etapa de minha escrita com profundo e sincero desejo de que você, assim como eu, esteja no planeta Terra, sã(são) e salva(o), mesmo com a saga e o massacre do coronavírus seguindo seu curso a nos terrorizar.

Se você está vivo(a) e com saúde, agradeça e celebre a vida, pois você é um(a) sobrevivente que venceu esse maldito vírus em 2020, assim como eu!

Quase um ano depois, minha felicidade e gratidão por ter superado 2020, com familiares, amigos(as) e tantas pessoas mundo afora, por estarmos saudáveis até o presente. Isso é imensurável! Que seja assim em 2021 e por muitos mais anos!

Por outro lado, minha tristeza é imensa! Sofro por tantas pessoas que partiram e por suas famílias e amigos(as) que aqui ficaram mergulhados(as) na dor. A todas essas pessoas meus mais sinceros sentimentos!

Causa tristeza observar que parte do ser humano não mudou. As guerras infelizmente seguem com terrível panorama de violência e desamor. Em alguns países já chegou a segunda onda dessa horrível pandemia, dessa vez, ainda mais agressiva, fazendo mais vítimas, com variantes de maior e mais veloz contágio.

Parece até que acordei de um pesadelo para viver outro pior!

Relembro o que tivemos no passado, o que temos hoje e penso no que teremos amanhã.

Além da pandemia, autoridades governamentais alienadas, ignorantes, afrontam as orientações dos profissionais especialistas da área da saúde sobre os perigos de contágio. Parte da sociedade, insegura, seguindo exemplos das autoridades governamentais, promove e vive o caos. Não usa máscara, participa de baladas, promove aglomeração, incluindo as chamadas celebridades. No âmbito político não é diferente! Nessa fase percebo também que acontece algo muito ruim. A sociedade, que no início da pandemia foi solidária com os necessitados, na prática de ações de caridade, com o passar do tempo diminuiu a ajuda prestada. Quem doava parou de doar, considerava que já havia contribuído o suficiente. Quem captava doações se cansou por ouvir sempre a mesma resposta: "Não posso, estou ajudando outras frentes, peço desculpa, mas no momento não dá."

Em razão dos tantos nãos, muitos captadores voluntários, entre os quais me incluía, infelizmente interromperam seus trabalhos. Situação complicada, afinal a fome é diária.

Sofria demais com o cenário dramático de prova de desumanidade, como a guerra da Síria, que já completava dez anos. Uma década de guerra em pleno século XXI?

Por tudo isso entendia que não passávamos de Homo sapiens. Pensava: "Afinal, é a sociedade que representa a política ou é a política que retrata uma sociedade?"

Parece até a história do ovo e da galinha: quem nasceu primeiro?

Quem está na vida pública é alguém eleito(a) pela sociedade e retrata o que somos, não é? E quanto à afirmação de que é de cima que deve vir o exemplo?

No mundo da política, muita coisa é ignorada, distorcida, desrespeitada e não cumprida. Corrupção, omissão, extorsão, abuso de poder, ausência de ética, desvio de dinheiro, mentiras e, no auge da pandemia, desvios de insumos prioritários para pacientes da covid-19, verdadeiro genocídio.

Aproveitam-se da desgraça coletiva para aumentá-la ainda mais. Deixam vidas à deriva, interessados apenas em aumentar ilicitamente seu patrimônio pessoal. São fatos presenciados com frequência no mundo da política, divulgado pela imprensa. Uma lástima! *E onde estão as punições? Ainda assim, há pessoas que continuam a apoiar políticos desse naipe. Será que podemos dizer que cada sociedade tem a inteligência e o governo que merece?*

Digo a mim mesma: "Calma, nada de estresse! Vamos exercitar a tolerância, a paciência e a resignação, pois só assim conseguiremos evoluir." Respondo-me: "Sim, mas é possível ter calma diante dessas calamidades?" Temos um horizonte cruel e vergonhoso no mundo, promovido por esse ser chamado humano. Na pandemia, o índice de violência aumentou muito, provocado por esse ser. Aonde vamos chegar? A seguir, uma breve retrospectiva.

Nessa pandemia, na primeira onda, o mundo sofria pelo contágio. Alguns países muito mais, devido à chegada da segunda onda. "Certas autoridades" de países que ainda não tinham se contagiado com a segunda onda permaneciam ignorando-a. Estavam em conflitos políticos, troca de agressões, omissão, deboche, descaso. Davam mais valor à medição de forças de poder do que ao grave caos da pandemia, "completamente alienados e insanos". *Pareciam possuídos, dominados por alguma força do mal.*

E assim vimos a segunda onda da pandemia chegar com força total e dominar diversos países, com elevado contágio e óbitos. Com o sistema de saúde em colapso, tardiamente hospitais de campanha foram montados e precocemente desmontados, quando já havia segunda forte onda com agravantes em outros países que serviam de parâmetro para se espelhar com medidas preventivas. Mas preferiram esperar para ver de perto o caos, até a segunda onda chegar, se alastrar com intensidade, fazendo milhões de contagiados e vítimas fatais. E, mesmo assim, permaneciam com deboche, descrença, nenhum empenho, em marcha lenta, atrasados para ações de medidas emergenciais. Assistiam à catástrofe sem tomar providências cabíveis. Parecia que estavam sofrendo das faculdades mentais.

Muito digo que faço, mas não faço, que compro a vacina, mas não compro, ou que não sei e não sabia, esqueci (sofriam de amnésia temporária por conveniência).

Agiam como se achassem graça dessa moléstia ou até mesmo o "DANE-SE". O vírus não matará a todos, a nação é bem populosa.

Podiam implantar ações de países que tinham criado esquemas funcionais, mas não! Sem governança na área da saúde, tudo funcionava com lentidão, amadorismo, falta de vontade política e desumanidade. Enquanto autoridades de alguns países lutavam seriamente com medidas rígidas para frear o vírus e incentivavam pesquisas com afinco na produção de vacina, autoridades de outros países agiam com puro descaso, ignorando a ciência. Exerciam o papel de dificultadores, jamais facilitadores.

Na ocasião, lembrei-me do saudoso e divertido apresentador de programa de televisão *Abelardo Barbosa*, o popular *Chacrinha*, que criou o jargão *"EU VIM PARA CONFUNDIR E NÃO PARA EXPLICAR"*. O Chacrinha podia brincar com isso na área dele. Na área da saúde isso não é cabível.

Com a síndrome da estupidez, da maldade e da ignorância, faziam descaso da pandemia. Seguem impunes em suas maldades.

Finalmente, em tempo recorde foram produzidas algumas vacinas. Vale deixar aqui o meu, o seu, os nossos sinceros agradecimentos a todos(as) que se empenharam para evitar uma catástrofe maior, como os cientistas, os pesquisadores, os especialistas, os químicos, os médicos, os biólogos, a OMS, enfim, a todos(as) os(as) envolvidos na área da ciência e saúde nessa importante causa. Agradecimentos também aos governantes que agiram com rapidez e respeito à vida, numa supertarefa, com total interesse e empenho pela descoberta e produção de vacinas em tempo recorde e empenho em adquiri-las.

Infelizmente, em alguns países o povo estava em estado de absoluto desespero. Não havia vacina para todos!

Tivemos o triste cenário de médicos em estado de choque por ter que escolher quem internar em uma UTI. Uma difícilima missão, que, em outras palavras, significava: a terrível escolha de quem iria viver ou morrer.

Desprovidos de cuidados básicos, caímos na absoluta precariedade da saúde colapsada e na espera da vacina, que não chegava para todos. Patamar triste, pavoroso e desumano. Vimos pacientes de covid-19 amarrados, agonizando, intubados sem anestesia porque faltava anestésico. Os médicos anestesistas diziam: — Intubar um paciente sem sedação é desumano. — Uma aflição atroz que eu sentia de imaginar a dor e o desespero daqueles pacientes, parentes e amigos(as).

Ficou claro que muitos políticos não tiveram coragem de impor restrições de protocolos sanitários ou comprar vacina. Estavam mais preocupados em manter seus cargos, carreira política, conchavos, coligações partidárias, a tornarem-se impopulares com medidas restritivas na pandemia, ou para a compra de vacinas.

No meio de toda essa tragédia, havia e ainda há pessoas que deciram não tomar a vacina contra a covid-19, qualquer que seja a origem do imunizante. São pessoas que não acreditam na eficácia da vacina mesmo sem conhecimento de causa (por ignorância ou porque sofreram más influências), outras têm medo das reações. Infelizmente tenho parentes e amigos(as) que pensam assim! *A doença mata, a política mata e a ignorância também! E a morte rondando fortemente em toda porta e em toda parte. Um medo atroz nos invadia!*

A sociedade angustiada recorria a quem soubesse informar e perguntava: — Quando teremos vacina para todos? — A resposta não vinha! Os jornalistas perguntavam sobre a vacina e eram maltratados ou simplesmente ignorados por governantes. Atitudes inadmissíveis, de total irresponsabilidade das autoridades, para um momento dramático e de necessidade tão prioritária, A VIDA!

Políticos diziam-se preocupados com a economia e com o desemprego. A sociedade entendia, concordava com essa preocupação, mas essa não era a principal questão para aquele momento, e sim a vacina. Com a população imunizada, a economia voltaria a funcionar sem restrições. *Era difícil para muitos governantes entenderem isso? Por quê?*

A morte nos rondava com mais furor, num cenário, devastador e cruel. O medo da população em se contagiar pelo vírus e logo morrer sem socorro era enorme.

Sentia-me perdida, amedrontada, impotente e na hora lembrei-me da triste frase do nosso Mestre Jesus Cristo na cruz: *"PAI, PERDOA-LHES, POIS ELES NÃO SABEM O QUE FAZEM!"*

Pensei: "Tudo o que posso fazer é ficar em casa e orar. Meu Deus, sou brasileira e quero me orgulhar disso sempre! Meu país é pródigo em riquezas naturais, lindo geograficamente, com um povo que luta e sofre tanto, merecemos uma trégua, necessitamos de saúde! Proteja-nos e aos inocentes". Acreditei em minha prece, a realizei diversas vezes com muitas pessoas, com horário previamente combinado para esse importante ato.

Creio na força e no poder da oração e vibrações positivas que somam forte energia, e feita em conjunto com diversas pessoas é ainda mais poderosa, pois é um momento de grandiosa irradiação positiva e união emanada do mesmo desejo. E o mundo é movido por energia, assim como também nós o somos.

Dada à falta de visão humanista de muitos governantes e autoridades da saúde, falta de respeito às tantas vidas perdidas diante de tamanha tragédia, defendo que esses "responsáveis pela ineficiência" devam ser punidos, banidos, ter seus mandatos cassados definitivamente para nunca mais ocupar cargos públicos. Até o presente nada lhes aconteceu. Estão sempre blindados e inocentados por leis criadas por eles próprios, capazes de promover ações em seu benefício. Além das coligações diversas que oferecem apoio, há o tal foro privilegiado. Acabam se safando para prosseguir em suas irresponsabilidades com vasta injustiça porque sabem que se livrarão das punições. Uma triste vergonha para o país, ainda não é moralizada.

Na CPI da covid-19 não foi diferente. Muitos políticos zombaram dela, não compareciam; quando iam, mentiam ou nada diziam, protegidos pela lei de não promover prova contra si próprio, e muitos tinham *habeas corpus*. Um absurdo, culpados receberem superproteção! Imagino a paciência dos tantos senadores e representantes da CPI. *Ou tudo aquilo foi um teatro? Creio que não! Vamos aguardar o desfecho.*

Por muitas vezes pensei: "Esses governantes não são nada inteligentes! Perdem excelente oportunidade de fazer uma majestosa gestão com destaque e entrar para a história. Bastaria atender às necessidades básicas da população, priorizando a saúde nessa pandemia, com abertura de hospitais de campanha, devidamente equipados, para atendimento a pacientes da covid-19, em tempo hábil, e disponibilizar vacinas para todos, com urgência".

Outra oportunidade de mostrar nobreza de gestos e consciência política seria trabalhar arduamente em prol da vida, dando exemplos a outros chefes de Estado negacionistas de como são comprometidos com o bem-estar de seu povo e, evidentemente, teriam o apoio de toda a sociedade.

Certamente esse governo conquistaria votos futuros para se solidificar como político que respeita a vida e seu povo. Tornar-se-ia um Mártir, um Herói!

Por outro lado, temos uma sociedade não tão diferente dos políticos, mesclada de cidadãs e cidadãos de condutas divergentes. Prova disso, enfatizo a alta violência no mundo e as guerras.

Pela experiência vivida na primeira fase da pandemia, cheguei a crer que o ser humano se tornaria mais conscientizado e espiritualizado conforme vimos pelas diversas manifestações de solidariedade da sociedade e união das religiões. Passado um ano, observo que não houve mudança evolutiva. Muitos alegam cansaço da situação, outros se acostumaram ao modo de vida na pandemia. É exatamente isso que não podemos aceitar.

Você pode estar cansado desse vírus ou de ficar em casa, mas entenda que O VÍRUS NÃO ESTÁ CANSADO!

E no meio de toda a desenfreada catástrofe, ocorriam outras de diversas ordens, como o fim da Lava Jato, criada para apurar denúncias na Petrobras, noutras fases, realizou apuração em contratos do Ministério da Saúde, Caixa Econômica Federal e da Eletronuclear.

A Lava Jato recuperou bilhões de reais para os cofres públicos, com mais de 150 pessoas condenadas, envolvidas em fraude, organização criminosa, entre outros crimes. Muita gente da alta cúpula foi punida e presa. Por que, então, acabar com uma operação dessa magnitude? Qual o real propósito? *Creio que não justifica dizer que é porque não há mais corrupção no país. Sabemos que isso não é verdade, infelizmente! É mais um retrocesso e derrota para o Brasil.*

E, como era sabido e esperado, infelizmente, chega ao Brasil a variante ômicron e mais tantas notícias de natureza assustadora. Disse a mim mesma: *"Basta, não quero acompanhar mais nenhuma notícia. Farei minha parte com afinco e responsabilidade, com pensamento positivo e muita fé de que essa terrível doença vai passar!"*

Por mais que eu tivesse paciência, estava difícil e desafiador conviver com tanta calamidade. Sabia também que a cada dia viva era mais uma vitória! Tudo era cansativo, desgastante, triste, eu pensava: "Não desista, lute, tenha esperança! Não é, nem será fácil, mas jamais desista de lutar com fé." Lute, mesmo que muitos estejam na contracorrente ou sigam na contramão, faça você a diferença.

Para a sorte de todos nós, a essa altura, boa parte da população já estava vacinada. Acreditei e sigo crendo que o mundo precisa de pessoas do bem e conscientes, como você, para contribuir na transformação deste planeta tão sucateado, desvalorizado e sofrido.

Um mergulho interno em busca do autoconhecimento é essencial com certa frequência, e em momentos de crise é primordial. Considero que o maior mistério do mundo é entender a humanidade. *Difícil conviver com os anjos e demônios de cada um e com os nossos.*

Temos que nos policiar contra malfeitores e nos desarmar abrindo o coração para um mundo melhor. Precisamos enxergar que estamos diante de um mundo tridimensional, de dimensão e propósitos mais elevados, entre planeta Terra, ser humano e plano espiritual. *Independentemente de religião!* Esse processo precisa acontecer conosco, "de dentro para fora", de modo genuíno, e somente assim conseguiremos alcançar a transformação necessária para darmos sustentação e elevação ao nosso planeta através da renovação humana! Toda transposição gera reação. Temos que zelar por nossa evolução e salvar nosso planeta, que nos oferece maravilhas.

Vale perguntar a nós mesmos: Estou melhorando como pessoa? Desde o início dessa pandemia eu mudei em quê? Mudei para melhor ou pior? Para pior é um perigo inaceitável, pois toda mudança tem que ser para melhor!

Devemos nos perguntar: Meus pensamentos, intenções, sentimentos e atos estão coerentes, conscientes e condizentes com alguém em processo de crescimento interior?

Devemos nos questionar: O que já fiz ou estou fazendo para ajudar o meu próximo, meu planeta, os animais, a natureza e a mim mesmo de que possa me orgulhar?

O que é que esse novo mundo espera de mim? Como posso ser útil a ele? Não basta dizer: nunca matei, não roubei, nem fiz ou desejei mal a ninguém. E daí? Isso é o mínimo que o universo espera de você! E quanto ao bem que nunca fez? A ajuda ao próximo que nunca deu, nem ao meio ambiente ou aos animais? Ou quando ajudou não foi de coração, e assim não teve valor! Você pode se dar mais! Qual será a sua contribuição? Qual é o seu propósito? Que legado deixará? Tenho me questionado muito sobre tudo isso. Faço sempre essas perguntas para mim.

Espero que, no término dessa calamidade, todos nós estejamos mais ricos de conhecimento, fortalecidos pela experiência, mais espiritualizados pelo aprendizado e, principalmente, mais humanizados. Temos que entender isso e praticar!

Importante pensarmos no que aprendemos até agora com essa rica experiência, e poder dizer que a nossa vida aqui vale a pena. *Justifique essa bênção!*

A mente penaliza, o corpo sofre e a dor fala, grita, não cala, mas também mata! Lute!

Sei que autopromover mudança interior não é nada fácil. Há muito tenho lutado por mudança interior, por me livrar de defeitos e vícios. Tento melhorar a cada dia, em pensamentos, intenções e atitudes, para me elevar. Não é fácil! Vivo a me policiar e confesso que é tarefa árdua e desafiadora, que traz sofrimento, conflitos e medo de não conseguir.

Por vezes dá vontade de desistir até de tentar mais, pois surgem imprevistos para pôr nossa conduta à prova com situações que desviam do foco. Há dúvidas de diversas ordens e sentimentos de fracasso. Além dos questionamentos frequentes aflorados, que geram angústia, insegurança, mais conflitos, incertezas e, principalmente, a dúvida se tenho ou não tentado o suficiente e da forma certa. *E assim vivo a me cobrar todo dia, mas não desistirei.*

Somos os regentes de nossas vidas e responsáveis pelo nosso amanhã e o amanhã dos inocentes, o que aumenta a nossa responsabilidade e nos estimula a consciência.

É tempo de olharmos para dentro de nós e fazermos uma completa autorreflexão. Adquirirmos consciência para enxergarmos a vida, o mundo e o próximo com um novo olhar de compaixão, caridade, justiça e amor. E muita gratidão por estarmos vivos e saudáveis!

Chegamos ao término de mais um ano difícil, de grande dor, muitas mortes, catástrofes diversas, fome, doença, guerra, violência, desordem, horror, sofrimento.

Fundamental entendermos que, se ainda estamos aqui, é por alguma razão!

Sei bem o que estou falando porque sofri perdas irreparáveis nessa pandemia!

A vida segue para nós que aqui ainda estamos e não sabemos até quando. Jamais podemos deixar de sonhar e lutar por dias melhores.

Vamos nos comprometer a melhorarmos como pessoa que somos e só assim poderemos desfrutar de um mundo melhor e mais justo.

Gratidão, 2021, por ter me permitido viver com saúde e permanecer neste planeta. Um ano do qual não terei saudade.

ADEUS, 2021!

FELIZ 2022, 2023, 2025, 2050, 2100, ATÉ O INFINITO!

Gratidão, gratidão por tanta superação! Consegui vencer o maldito vírus por mais um ano, entre tantas outras dificuldades, e aqui estou na chegada de mais um ano, seja bem-vindo, e viva 2022!

É grande a minha felicidade de estar viva e saudável aqui com você e podermos compartilhar as alegrias da vida. Temos motivos para celebrar a vida. Essa é nossa maior bênção. Gratidão por mim, por você, por nossas famílias, amigas e amigos que estão aqui conosco e também aos animais de estimação, que fazem parte da família, os que estão conosco e os que já partiram.

Lamentavelmente em 2021 morreram mais milhões de pessoas em decorrência da covid-19, entre outras doenças também.

Meu sofrimento segue por tantos(as) que partiram e por suas famílias e amigos(as) que aqui permanecem dilacerados(as). A todos(as) esses(as) meus mais sinceros sentimentos! E muita paz aos que partiram. Sem jamais esquecermos que a pandemia da covid-19 não acabou, ela se mantém e não sabemos até quando. Sabemos que estamos suscetíveis a novas variantes e contágio desse terrível vírus. Devemos manter nossos cuidados, tomarmos a quarta, quinta e quantas doses mais da vacina forem necessárias (todo ano, se preciso for, até dissipar essa terrível doença). Assegurar os cuidados preventivos, pensamentos e intenções do bem, nos guiarmos sempre por energias positivas e vibrações elevadas.

Hoje felizmente temos a bênção da vacina para combater esse mal. Vamos tomá-la com consciência, sensatez e respeito à vida.

Não podemos duvidar da vacina da covid-19 ou fazer campanha contra ela. Deixe que os especialistas da área da saúde cumpram com a importante tarefa de nos orientar.

Lembre-se de que desde criança você sempre tomou as muitas vacinas para combater diversas doenças e, por isso, hoje está aqui vivo(a) e saudável. Seus antepassados cuidaram de seus avós e de seus pais, respeitando essa necessidade. Sua mãe e seu pai repetiram esses importantes cuidados com você. Acreditaram nas vacinas e provaram o amor deles por você. *Por que agora essa descrença e revolta sobre a vacina contra a covid-19? Pense nisso e proteja-se; respeite a sua vida, a de sua família e a de outras pessoas.*

As experiências sofridas por nós em todo o planeta nessa pandemia nos deram conhecimento e ferramentas para nos tornarmos mais bem informados, mais fortes e nos cuidarmos melhor em diversos âmbitos. No entanto, observamos que o ser humano não evolui. Estamos presenciando o triste retrocesso humano com a guerra entre a Rússia e Ucrânia.

Divergências políticas e sociais sempre existiram. *Fazem parte da vida em sociedade. O bem e o mal também sempre existiram!* A pandemia não acabou e segue fazendo estragos, evidentemente que em menor escala devido às vacinas existentes, mas não podemos ignorá-la, devemos nos manter atentos, vigilantes, prosseguirmos com os cuidados de higiene, uso de máscaras, não promovermos nem frequentarmos locais com aglomeração de pessoas. Vamos agir com bom senso, praticar o bem, ajudar o próximo e a nós mesmos!

Devemos crer que o bem sempre terá força e poder para combater o mal, principalmente quando há desejo de paz em nós e de nós para o mundo. Oremos pelos povos em guerras. Que os responsáveis pelas guerras tomem consciência, adquiram amor à vida e ao próximo.

Evidentemente que existem também coisas boas acontecendo no mundo. Lamentavelmente essas boas ações não são mostradas com evidência. Talvez não deem *ibope*... Mas temos, sim, muitos cidadãos e cidadãs do bem praticando boas ações, promovendo movimento de caridade, ajudando de muitas formas pessoas, animais e meio ambiente. Creio ainda que o bem sempre vencerá o mal!

Quanto de verdade o ser humano pode aguentar?

Quanto de abandono e crueldade o ser humano pode suportar?

Ou ainda quanto de responsabilidade o ser humano pode ocultar?

Cabe aqui alguns pensamentos de grandes pensadores(as), nobres mulheres e homens!

"Um simples raciocínio para o fim da fome no mundo. Cada dia a natureza produz o suficiente para nossa carência. Se cada um tomasse o que lhe fosse necessário, não haveria pobreza no mundo e ninguém morreria de fome." - **Mahatma Gandhi**[58]

"É melhor morrer lutando pela liberdade do que ser um prisioneiro pelo resto da vida." - **Bob Marley**[59]

"Não existem métodos fáceis para resolver problemas difíceis." - **René Descartes**[60]

"Eu quero ser tudo que sou capaz de me tornar." - **Katherine Mansfield**[61]

"Doer dói sempre. Só não dói depois de morto. Porque a vida toda é um doer." - **Rachel de Queiroz**[62]

Humildemente tomo a liberdade de deixar aqui esse meu pensamento!

"É preciso ter sensibilidade para entender, desejo para sonhar, coragem para lutar e fé para vivenciar um futuro para sorrir" - **Deilza Lessa**

---

[58] A frase tem sido atribuída a ele, mas não há consenso sobre seu contexto.
[59] A frase tem sido atribuída a ele, mas não há consenso sobre seu contexto.
[60] A frase tem sido atribuída a ele, mas não há consenso sobre seu contexto.
[61] A frase "I want to become all that I am capable of becoming" foi escrita por Katherine Mansfield em seu diário no dia 14 de outubro de 1922. Mansfield estava em um estágio avançado de tuberculose e faleceu poucos meses depois, em 9 de janeiro de 1923.
[62] QUEIRÓS, Rachel de. **Caminho de volta**. Rio de Janeiro: Editora José Olympio, 1961.

CONSIDERAÇÕES FINAIS

A nossa memória às vezes falha e achamos que ela nos trai. Creio que sistematicamente, por sabedoria, para nos proteger, ela, por vezes, bloqueia nossas lembranças ruins de modo providencial para nos poupar de sofrimentos maiores. Por isso, considerei importante registrar aqui algumas passagens dessa triste fase da pandemia e suas consequências, as de conhecimento público, e algumas ocorrências particulares, sem acesso das mídias, nem por isso menos importantes, para que possamos conferir quando preciso for e mostrar aos nossos filhos, netos e bisnetos, como cunho de alerta, visando orientá-los diante de eventual futuro caos dessa natureza e magnitude.

A lição há muito nos foi dada, e a cada dia recebemos novas lições. Só nos resta aprender a fazer o dever de casa da forma certa para despertar o bem.

Creio que é chegada a hora de nos tornarmos cidadãs e cidadãos melhores e sermos militantes de causas nobres. Não podemos adiar mais. E não adianta reclamarmos dos políticos, desejarmos um mundo melhor se não melhorarmos nem lutarmos. *Temos que fazer a nossa parte como ativistas de melhorias e cobrarmos por mudança.*

Com esse pensamento, encerro aqui minhas observações, percepções e considerações. Estamos no quinto mês do ano de 2022, com tristes constatações de terríveis ações do ser humano pelo mundo. Mas também coisas boas estão acontecendo. *Vamos intensificar práticas de boas ações, fazer parte delas para criarmos uma atmosfera favorável em nosso planeta e não permitir que o mal cresça.*

Mesmo que você não concorde comigo, e é compreensível e esperado, pois cada pessoa tem seu modo de ser, pensar e agir, respeito totalmente, desde que alicerçado em boas intenções para melhoria coletiva, não podemos ficar imersos na cegueira da indiferença!

Mesmo com pontos de vista divergentes podemos, sim, partilhar interesses comuns, unir forças, ter fé e fazer a nossa parte da melhor forma, com sentimento, desejo, intenção e prece por paz para nós e para o mundo, com mais amor, menos violência e fim das guerras!

Não sou política, tampouco alcanço sua dimensão pela sua peculiar complexidade, mas entendo que seja um mal necessário, de perigo iminente se administrada egoisticamente por conveniência pessoal. Embora a política seja uma arte complexa, todos nós a exercemos no nosso dia a dia, seja na vida pessoal, como forma de organizar nosso modo de vida, seja pelo Estado, na promoção do bem de todos. Se mal exercida pelo poder público, pode ser danosa para a sociedade.

Defendo este pensamento do grande *Martin Luther King Jr.*: "Quem aceita o mal sem protestar coopera com ele"[63].

Expus aqui minha opinião, meu protesto, minhas considerações e percepções sobre questões prioritárias administradas com descaso, entre tantas outras supérfluas acolhidas com preferência ou prioridade, com as quais não concordo, muito menos as aceito calada!

Agradeço a oportunidade que você me deu para compartilharmos este livro.

Que tenhamos e emanemos mais amor para as pessoas, para os animais, ao meio ambiente, ao nosso planeta!

Que a consciência da prática do bem nos contagie grandemente!

Desejo de coração a verdadeira evolução humana!

Gratidão por sua atenção!

Foi um prazer estar com você nesta viagem! Somos a esperança do nosso planeta Terra!

Deilza Lessa

---

[63] KING, Martin Luther Jr. **Por que não podemos esperar**. Tradução de Sérgio Tellaroli. São Paulo: Editora Pioneira, 1965.

CONVITE

Convido todas as mulheres a conhecer o Movimento do seu Despertar Interior, o chamado Sagrado Feminino, é sobre o poder que vem de dentro e que necessitamos emanar, compartilhar, para que, com essa união de forças, fortaleçamos nossa autoestima, autoconfiança, eliminemos crenças limitantes, elevemos nossas energias, realizemos a tão fundamental conexão de empoderamento.

O Sagrado Feminino é uma filosofia de mulheres ao redor do mundo que busca acessar sua deusa interior.

Fundamental resgatar a importância das mulheres ancestrais da sua linha familiar.

Agradeço a todas as mulheres da minha linhagem, as quais possibilitaram esta minha existência.

Meus sinceros agradecimentos, em especial, à minha querida e saudosa mãe, mulher forte e lutadora, que se encontra em outra dimensão; às minhas filhas, mulheres guerreiras, destemidas, pelas trocas de ensinamentos, carinho e amor; e a todas as mulheres, minhas ancestrais, o meu eterno respeito!

Gratidão também a todos os meus antepassados.

Dedico este livro a toda pessoa deste planeta, que de alguma forma necessita ou venha a necessitar de inclusão social, acolhimento e justiça.

Despeço-me desta viagem que fizemos, agradeço sua atenção (de coração) e, com carinho, ofereço a você, mulher, a você, homem, e a todos os gêneros, este meu pensamento:

É preciso ter sensibilidade para entender, desejo para sonhar, coragem para lutar e fé para vivenciar um futuro para sorrir

Deilza Lessa

Terei imenso prazer em receber suas considerações sobre esta obra:
dvivarte@yahoo.com.br
deilzalessa@gmail.com

Indique este livro para um(a) amigo(a).
Maiores informações sobre este livro, entre em contato:
dvivarte@yahoo.com.br ou deilzalessa@gmail.com